KB067564

매장 대화법

매출이 2배로 뛰는

매장
대화법

왕젠쓰 지음 | 김태성 옮김 | 장정빈 감수 | 전현미 추천

율곰

매장 대화법

초판 1쇄 발행_ 2016년 9월 20일
초판 6쇄 발행_ 2021년 1월 5일

지은이_ 왕젠쓰
옮긴이_ 김태성
펴낸이_ 이성수

펴낸곳_ 올림
주소_ 07980 서울시 양천구 목동서로 38, 131-305
등록_ 2000년 3월 30일 제300-2000-192호(구:제20-183호)
전화_ 02-720-3131
팩스_ 02-6499-0898
이메일_ pom4u@naver.com
홈페이지_ http://cafe.naver.com/ollimbooks

ISBN 978-89-93027-84-6 03320

이 도서의 국립중앙도서관 출판예정도서목록(CIP)은 서지정보유통지원시스템 홈페이지(http://seoji.nl.go.kr)와 국가자료공동목록시스템(http://www.nl.go.kr/kolisnet)에서 이용하실 수 있습니다.(CIP제어번호 : CIP2016021329)

고객의 지갑을 여는 말

'신은 디테일에 있다(God is in the details)'고 한다. '악마는 디테일에 있다(The devil is in the details)'는 말도 있다. 모두가 작은 일 하나에서 성패가 결정된다는 뜻을 담고 있다. 이 말은 판매와 서비스 현장에서도 그대로 통한다. 탁월한 기업, 우수한 판매원은 고객의 마음을 사로잡는 디테일로 차별화된 경쟁력을 만들어낸다. 물컵에 묻어 있는 얼룩 하나까지 세심한 신경을 쓰고, 서로 다른 고객의 필요와 취향을 감안하여 그에 맞게 대화를 이끌어간다.

한 전기회사가 에너지 절약을 위한 이벤트를 실시한 적이 있었다. "현재보다 40%의 에너지가 절약된다"며 공사 신청을 받았는데, 신청 비율이 15%에 불과했다. 그런데 "이 문에 있는 작은 틈을 보세요. 이와 같은 틈을 다 더하면 집 안 전체에 야구공 크기만 한 커다란 구멍이 있는 겁니다"라고 설명했더니 신청률이 4배 이상 높아졌다.

성공하는 판매원들은 고객이 '최선의 선택'을 '빠르게' 할 수 있도록 돕는다. 제품의 기능이나 장점을 일일이 설명하기보다 고객에게 돌아가는 혜택과 가치를 눈앞에 펼쳐놓듯 생생하게 표현한다. 그에 반해 실패하는 판매원은 오로지 판매에만 열을 올린다. 고객이 제품을 둘러보거나 생각할 여유도 주지 않고 제품 관련 정보를 나열하여 자신의 '목표' 달성에 급급한 모습으로 일관한다.

이 책은 저자가 수많은 판매 현장에서 직접 보고 겪은 사례들을 분석하고 응용한 결과로, 매장 매출을 극대화하는 현실적 방안을 제시한다. 특히 고객관계를 어렵게 만드는 대화의 장벽을 제거하고 원활한 소통과 공감을 통해 고객의 마음과 지갑을 여는 대화의 디테일에 초점을 맞추었다. "오전에 배워 오후에 활용할 수 있으며, 매장의 문제를 실질적으로 해결해주는 책"이라는 20만 판매원의 평가 그대로, 실용성과 응용성이 뛰어난 '판매의 교과서'라 할 만하다. 이 책을 따라 실천하다 보면 고객 감동과 매출 향상을 눈으로 확인하게 될 것이다.

장정빈
숭실대학교 경영대학원 겸임교수

무엇이 판매원의 발목을 잡는가

나는 이 책에 앞서 2권의 책을 썼다. 기대 이상의 반응을 얻었다. 《의류는 어떻게 팔아야 할까》는 1년여 만에 20쇄를 찍었고, 판매량이 10만 부를 돌파하면서 오랫동안 베스트셀러 자리를 지켰다. 《판매원은 이렇게 말해야 한다》 역시 출판과 동시에 전국적으로 뜨거운 반응을 보이며 3개월도 채 되지 않아 3만 부가 판매되면서 베스트셀러에 이름을 올리게 되었다. 많은 경영자들이 두 책을 세트로 해서 단체로 구매하겠다는 뜻을 표하는가 하면, 다음 책을 기다린다는 독자들의 문의도 줄을 이었다. 이러한 성원에 나는 큰 기쁨과 보람을 느꼈다.

이 책은 앞선 두 책의 성격과 특징을 그대로 계승하면서도 실전 상황을 한층 강화했다. 고객이 매장에 들어오는 순간부터 매장을 나설 때까지의 전 과정에서 판매원이 고객의 사정과 요구를 정확히 파악하여 과학적이고 합리적인 방법으로 자신의 행동을 통제하고 결정함으로써 고객의 마음을 사로잡아 자연스럽게 거래를 성사시킬 수 있게 했다. 고객을 상대하는 매장에서 흔히 놓치기 쉬운 문제들을 정확히 겨냥하고, 업계의 최신 사례들을 활용하여 판매원이 무엇을 어떻게 해야 하며 왜 그래야 하는지를 구체적으로 알려주려고 노력했다. 또한 어떻게 하는 것이 거래를 성사시키는 데 유리한지, 어떻게 해야 거래 성사의 방해요소를 피할 수 있는지도 자세히 설명했다.

매장에서는 항상 예기치 못한 다양한 유형의 문제와 부딪힌다. 그중에서도 가장 큰 문제는 성공으로 가는 길에 놓인 수많은 걸림돌들이다. 판매라는 목표를 달성하기 위해서는 이러한 걸림돌들을 발견하고 지혜롭게 해결하기 위한 방법을 강구해야 한다. 그렇지 못하면 골치 아픈 문제가 그림자처럼 따라다니면서 불쑥불쑥 우리의 발목을 붙잡게 된다. 따라서 매장에서의 판매는 끊임없이 문제를 발견하고 해결하는 과정이라고 할 수 있다.

어떤가? 당신은 근무 중에 이러한 문제에 부딪힌 적이 없는가? 인테리어도 훌륭하고 면적도 다른 어떤 매장보다 넓은데 고객들이 찾지 않아 속을 태운 적이 있는가? 설사 들어온다 해도 대충 둘러보기만 하고 서둘러 매장을 떠나는 고객들을 보지 않았는가? 상냥하게 인사를 건네는데도 고객이 미지근한 반응을 보이거나 아예 거들떠보지도 않을 때에는 어떻게 하는가? 온갖 방법으로 관심을 유도해보지만 요지부동인 고객, 상품을 마음에 들어 하면서도 결정을 내리지 못하고 한 번 더 생각해보겠다거나 필사적으로 가격을 깎으려 드는 고객도 적지 않다.

이럴 때 당신은 어떻게 하는가? 능히 해결해나가고 있는가? 매번 부딪히는 문제지만 아직 자신이 없는가? 상관없다. 이 책이 당신을 더욱더 탁월한 판매원으로 만들어줄 뿐만 아니라, 곤혹스러운 문제들로부터 해방시켜줄 것이기 때문이다. 나는 당신이 이 책의 내용을 제대로 이해하고 그 가운데 10%만 활용해도 실적을 크게 향상시킬 수 있을 것이라고 확신한다.

내가 이렇듯 자신 있게 말하는 이유는 분명하다. 내가 8년이라는 시간을 들여 직접 조사하고 연구, 정리, 검증한 것으로 수백 곳에 이르는 매장에서 실제로 효과를 본 내용들을 책에 담았기 때문이다. 이 책은 출판에 앞서 20만 명에 달하는 현장 판매원들 사이에서 읽혀지고 사용되면서 폭넓은 공감과 함께 "오전에 배워 오후에 활용할 수 있으며, 매장의 실질적인 문제를 해결해준다"는 평가를 받은 바 있다. 전국 유명 브랜드의 사장과 점장들도 나의 작업에 보석 같은 의견을 제공해주었으며, 결과물로서의 가치를 인정해주었다. 실로 이 책은 판매 현장의 온갖 상황을 반영하여 만들어진 '판매의 결정체'라고 감히 말할 수 있다.

나는 진심으로 매장업무에 종사하는 모든 이들에게 이 책을 권하고 싶다. 규모가 크건 작건, 다루는 상품이 옷이건 가구건 관계없다. 이 책을 읽기 전과 후의 차이를 스스로 깨닫게 될 것이다. 매장이 아닌 곳에서의 판매활동에 몸담고 있는 이들에게도 짧은 시간 안에 많은 실적을 올릴 수 있게끔 도움을 줄 것이다.

상하이에서
왕젠쓰

목차

감수의 말 : 고객의 지갑을 여는 말   5

저자의 말 : 무엇이 판매원의 발목을 잡는가   7

01

세상 모든 판매원들의 최대 관심사

: 매장의 이익을 올리는 **특별한 비결**

열심히 하는데도 실적이 오르지 않는 이유   21

바쁜 사장은 좋은 사장이 아니다   32

우수한 판매원은 무엇이 다른가   38

누가 고객을 매장에서 쫓아내는가   43

셀러(seller)가 되지 말고 헬퍼(helper)가 되라   46

고객을 평생 친구로 만드는 법   50

02

당신이 알고 있는 판매는 틀렸다

: 판매원이 반드시 해야 할 일

판매는 파는 것이 아니다	60
판매원이 매장에서 꼭 해야 할 3가지 일	68
고객의 잘못이라고 말할 수 있는 판매원은 누구인가	72
전혀 예상치 못한 고객의 반응에 대하여	79

03

도대체 그게 무슨 말이죠?

: 고객을 내쫓는 말, 고객을 부르는 말

고객을 편안하게 하라	88
어느 판매원의 시 같은 화술	105
'동일시'하라, 설득력이 배가된다	119

04

고객 스스로 설득하게 하라

: 소수의 판매원만 아는 고급 소통의 기술

고객을 설득하는 것은 고객 자신이다   134

이익을 줄 것인가, 고통을 줄 것인가   138

말하지 않는 고객에게는 문제를 부여하라   145

많이 들으면 절반은 성공이다   158

05

고객이 온다. 무슨 말부터 꺼낼까?

: 부드럽게 시작하는 고객과의 첫 만남

고객을 맞기 전에 판매원이 가져야 할 마음가짐 둘   167

고객이 셋이면 응대방식도 셋   172

인사할 때는 깊이 파고들어   177

발을 조심하라   184

누구나 찾고 싶은 매장 분위기 연출법   191

06

보면 보인다

: 판매의 답을 알려주는 고객 탐색

고객이 원하는 건 좋은 제품이 아니다   200

명의처럼 하라   203

어떤 상품이 고객에게 맞을까?   209

07

그에게 빨간 옷을 입혀라

: 판매의 성패를 가르는 고객 체험

오이를 팔 때는 왕 할머니처럼   215

뭔가 특별한 느낌이 필요해   230

"입어보세요"라고 말하지 마라   235

판매단가를 획기적으로 끌어올리는 비법은?   241

08

답하라, 문이 열릴 것이다

: 고객의 이견 처리는 어떻게?

무엇이 고객을 의심케 하는가 250

원치 않는 고객의 속마음을 읽어라 259

고객의 이견을 처리하는 '황금법칙 4단계' 268

가격, 깎아주어야 하나 말아야 하나 274

09

결제의 신은 누구 편인가

: 거래 성사율을 획기적으로 높이는 비법

무엇이 거래 성사율을 좌우하는가 296

5가지만 알면 거래 성사 문제없다 301

사고 나서도 고객은 불안하다 306

10
고객은 언제, 무엇에 감동하는가

: 고객을 팬으로 만드는 기적의 서비스

평생 구두만 신겠다   314

진정한 감동은 관계 후에 찾아온다   316

서비스는 달라야 서비스   318

01

세상 모든
판매원들의
최대 관심사

매장의 이익을 올리는 특별한 비결

고객이 사고 싶게 하라

나는 오랫동안 매장의 운영 실태를 점검하고 매출 증대를 도와주는 전문 강사로서 각 분야의 영업점 컨설팅과 직원교육에 주력해왔다. 그러다 보니 각 분야의 영업점 사장과 점장, 판매원들과의 접촉도 매우 빈번한 편이다. 이들에게 최대 관심사가 무엇인지 물어보면 돌아오는 대답은 놀라울 정도로 한결같다. 가게에 고객이 없다, 경쟁이 너무 치열하다, 판매 실적이 나아지지 않는다, 재고가 많이 쌓인다, 이윤이 크지 않은데 재정적 어려움만 더 가중되고 있다와 같은 대답들이다!

대부분의 사람들이 많건 적건 비슷한 문제들에 부딪히게 된다. 당신도 예외는 아닐 것이다. 사실 어떻게 매장의 영업이익을 향상시킬 수 있을 것인가 하는 것은 모든 소매상과 영업점 사장, 점장 및 판매원들의 가장 큰 관심사라고 할 수 있다. 그럼에도 불구하고 여전히 속 시원한 해결책에 목말라하고 있다.

영업이익을 향상시키는 것은 꾸준하고도 체계적인 관리를 통해 가능한 것이지, 절대로 짧은 시간에 이루어질 수 있는 일이 아니다. 사장과 점장, 판매원들이 매장의 인적·물적·공간적·환경적 요소와 같은 다양한 요소들의 상호관계를 절묘하게 조정하고, 정확한 관념과 의식·소질·

능력 등을 구비하여 영업이익을 높일 수 있는 진정한 비결을 터득해야만 가능한 일이다.

알고 보면 거래를 성사시켜 영업이익을 높이는 비결은 아주 간단하다. 이 장의 내용에 따라 학습을 계속하고 지체 없이 실천하기만 한다면 그 효과는 분명하게 나타날 것이다. 이미 20만이나 되는 증인들이 그것을 보여주지 않았는가.

열심히 하는데도
실적이 오르지 않는 이유

한번은 산둥(山東) 룽청(榮成)에 있는 중형 백화점 왕화(王華)쇼핑몰에 초청되어 11일 동안 모두 네 차례에 걸쳐 판매직원 교육훈련 과정을 진행하게 되었다. 강의가 끝난 뒤에 한 학생이 개인적으로 나를 찾아와 말했다.

"왕 선생님, 저는 다른 동료들에 비해 부족한 점이 조금도 없습니다. 심지어 어떤 분야에서는 점장보다 뛰어납니다. 하지만 아무리 고생해서 힘들게 일해도 한 달에 받는 돈은 겨우 1,000위안 정도밖에 안 되는데, 아무래도 이건 좀 불공평한 것 같습니다."

사실 우리 주위에는 이런 생각을 갖고 있는 직원들이 적지 않다. 그들은 언제나 회사가 공정한 평가를 하지 않아 사장이 자신에게 너무 적은 보수를 준다고 생각한다. 그리고 무능한 동료가 오히려 더 큰 성공을 거두게 된다며 불평한다. 이에 나는 "그렇다면 왜 회사를 떠나지 않는가?"라고 반문하게 된다. 더 궁금한 것은 "왜 그들이 그렇게 적게 가져가는 것일까?" 하는 것이다.

몇몇 브랜드 상품에 대해 현장 조사와 교육을 진행하는 과정에서 자주 국내 각 분야의 우수 점장들이나 판매원들과 대면할 기회를 가질 수 있었다. 그들과의 접촉과 교류를 통해 나는 마침내 왜 그들의 수입이 자신의 능력이 훌륭하다고 생각하는 다른 판매원들의 두세 배에 달하는지 알게 되었다. 사실 이들이 갖고 있는 가장 큰 차별성은 능력이나 외모가 아니라 근무태도에 있었다.

우수한 판매원들은 항상 이런 근무태도를 가지고 있었다. '나는 그저 일개 직원에 불과한 것이 아니다, 내가 바로 이 회사의 사장이다, 나는 임무에 최선을 다하고 맡은 일에 반드시 책임을 진다.' 반면에 수입에 늘 불만인 직원들은 근무하는 내내 직원의 마음을 갖고 있었다. 그들은 항상 다른 사람이 자신에게 빚을 지고 있다고 생각하기 때문에 일을 할 때도 늘 대충대충 불성실하게 한다. 이처럼 전혀 다른 두 근무태도가 결국 확연히 다른 보수와 직업의 운명으로 이어지는 것이다.

직원 마인드를 버리고 사장 마인드로

우리 모두가 자신을 위해 일을 한다면 어떻게 될까? 아마도 모두들 100% 최선을 다할 것이다. 그렇게 되면 근무성과가 직원 마인드로 일할 때보다 높아질 것이고, 그만큼 보너스도 더 많아질 것이다. 또한 근무하면서 항상 사장의 마음으로 업무에 전력을 다하면 언젠가는 자연스럽게 사장의 눈에 들어 더 큰 신임을 받게 될 것이다. 장기적으로 볼 때 얻는 것이 훨씬 더 많아진다. 일이 우리에게 주는 보답은 단지 임금에만 그치지 않는다. 우리는 일을 통해 끊임없이 능력을 향상시키고 경험을 축적하며 인격을 도야하는 동시에 뛰어난 업무 습관을 기르게 된다. 그리고 이런 것들은 평생 우리에게 무궁무진한 이익을 가져다준다.

사장들은 누구나 온갖 수단과 방법을 동원하여 다양한 혜택으로 우수한 직원을 붙잡아두려 한다. 그가 항상 주인의식을 가지고 업무에 임함으로써 큰돈을 벌 수 있도록 도와주기 때문이다. 우수한 직원은 어쩌다 다른 기업으로 이직하더라도 새로운 사장에게 환영을 받는다. 사장이라면 누구나 이러한 직원을 뽑기를 희망하기 때문이다. 또 언젠가 자신이 직접 창업하여 회사를 경영하게 되더라도 그는 충분히 성공할 수 있을 것이다. 과거의 근무경험을 통해 이미 사장으로서 갖춰야 할 모든 능력이 다 훈련되어 있기 때문이다.

따라서 우리 모두 냉정하게 따져보고 자문해볼 필요가 있다. '나는 과연 주인의식을 갖고 일하고 있는가?' 만일 그렇지 못하다면 지금 당장 자신의 근무태도를 바꿔야 한다. 감히 장담하건대 주인의식을 가지고 일하는 태도를 반년만 유지해도 반드시 근무환경과 성과에 커다란 변화가 생길 것이다.

남을 위해 일하지 마라

스스로 항상 누군가를 위해 일하고 있다는 생각으로 일하다 보면 100% 최선을 다하지 않게 되고 일 처리도 대충대충 하게 된다. 결국 성과도 부진할 것이고 보너스도 적을 것이다. 사장의 눈총을 피하기 어려울 것이고, 일자리도 오래 유지하지 못하게 될 것이다. 어딜 가든 모두의 기피대상이 되어 평생 이곳저곳을 전전할 것이다. 수동적인 태도로 일을 하다 보면 표면적으로는 사소한 이득을 얻는 것 같지만, 사실 가장 큰 피해를 입는 것은 자기 자신이다.

직장에서 큰 발전을 이루고 더 많은 임금을 받으며, 즐겁게 일하고, 나아가 언젠가 자신의 회사를 갖게 되기를 원한다면, 지금 이 순간부터라도 사장의 마음으로 일해야 한다는 사실을 스스로 인지할 수 있어야 한다. '나는 과연 오늘 그런 태도로 일했는가?'

평생 집을 지어 온 늙은 장인이 있었다. 그가 지은 집은 하나같이 정교하기 이를 데 없었다.

어느 날 그가 사장에게 그만 퇴직을 하고 고향으로 돌아가 아내와 편안한 말년을 보내고 싶다고 말했다. 그의 뜻이 확고한 것을 확인한 사장이 그에게 말했다. "마지막으로 집을 한 채만 더 지어주게. 집이 완성되는 날 떠나도 좋네."

장인은 대답 대신 고개를 끄덕이고는 즉시 작업에 착수했지만 마음은 이미 일을 떠나 있었다. 빨리 집을 짓기 위해 장인은 적지 않은 부분에 전과 같은 공력을 들이지 않았다. 여기에 벽돌 한 장을 빼먹지 않으면 저기에 못을 하나 덜 박았다. 결국 집은 금세 완성되었다.

사장이 완성된 집을 점검해보고는 빙긋이 미소를 지으며 말했다. "오랫동안 나와 함께 일해준 대가로 이 집을 자네에게 선물하고 싶네." 사장의 이 한마디에 장인은 아연실색하고 말았다. 정말 체면이 말이 아니었다. 평생 훌륭한 집을 그렇게 많이 지었는데, 정작 자기 집은 이렇게 엉망이 될 줄을 몰랐던 것이다.

사장이 그 집을 자기에게 주리라는 것을 미리 알았더라면 장인은 절대로 그렇게 짓지 않았을 것이다. 모든 것을 되돌릴 수 있다면 얼마나 좋을까마는, 그것은 이미 불가능한 일이었다.

전국 각지를 돌아다니며 강의를 하면서 나는 늘 학생들에게 진심으로 외친다. 평생 쥐꼬리만 한 임금을 받고 싶지 않다면, 존엄성 있게 일하고 싶다면, 언젠가 지금의 일마저 잃고 싶지 않다면, 지금부터라도 일에 대한 관념을 바꾸고 사장의 마음으로 일하라고. 그러면 언젠가는 자연스럽게 사장 같은 사람이 되어 사장과 비슷한 수입을 얻게 될 것이라고. 그렇지 않으면 정말로 언젠가는 일할 기회마저 잃어버릴 수 있다고.

당신이 늘 자신의 수입이 적다고 불평하는 직원이라면 이렇게 묻고 싶다. "당신은 정말로 사장과 같은 근무태도를 갖추고 있는가? 아직 갖추지 못했다면 무엇을 더 기다리는가?"

지금 당장이라도 고용된 직원으로서의 마인드를 버려야 한다. 마인드를 바꾸면 자신이 하는 일의 동력과 결과가 확연히 달라진다. 물론 사장의 근무태도 또한 갖춰야 한다. 그러면 구체적으로 어떻게 해야 할까?

우선 4가지 측면에서 이전의 부정적인 사고와 근무태도를 개선하는 것으로부터 시작해야 한다.

판매원이라는 직업은 결혼에 불리하다?

여성의류회사 저장싼차이(浙江三彩)패션의 후베이(湖北)지역 총대리점이 개최한 전시회에서 강의할 때의 일이다. 한 가맹점 사장이 한 말에 나는 상당한 충격을 받았다. 가맹점의 판매원 하나가 사직서를 제출했는데, 그 이유가 뜻밖에도 판매원이라는 직업이 자신의 결혼에 마이너스 요소로 작용하지 않을까 걱정되기 때문이라는 것이었다.

얼핏 듣기에는 사소한 우스갯소리로 들릴지 모르겠지만 분명 우리 주변에는 항상 자신의 직업을 하찮게 여기고 자신의 직업이 창피하다고 여기는 판매원들이 있는 것이 사실이다. 그런 사람들은 마음속으로 자신의 직업을 오랫동안 종사할 일이 아니라 잠시 거쳐가는 일이라고 여긴다. 그러니 어찌 우수 판매원이 될 수 있겠는가. 자신의 업무를 좋아하지 않고 인정하지 않는 사람이 어떻게 일을 잘할 수 있겠는가?

자신의 일을 통해 보다 많은 수입을 얻고 자신의 운명을 바꾸고자 한다면 반드시 자신의 직업을 정확하게 인식하는 작업이 선행되어야 한다. 판매원이라는 직업이 비록 누구나 선망하는 것은 아니지만 매우 중요한 직업임에는 틀림없다. 하고 싶다고 할 수 있거나 잘할 수 있는 직업이 결코 아니다. 우수한 판매원이 되려면 소통과 진열, 고객 심리파악 및 판매 기술 등 다양한 분야의 지식을 갖춰야 한다. 또한 판매원은 절대로 장래가 없는 직업이 아니다. 지금 경제계에서 대단한 위세를 자랑하는 인물들도 처음에는 판매원부터 시작한 사례가 아주 많다. 중국 최고의 여성복 브랜드인 베이징 화이트칼라 패션 유한공사(北京白領時裝有限公司)의 먀오홍빙(苗鴻冰)회장은 일찍이 최종 판매단계에서 직접 판매를 담당했던 사람이다. 경영자가 된 후에도 그는 회사의 중고위급 간부들에게조차 최종 판매단계에서 판매원의 역할을 체험할 것을 요구했다.

우리는 모두 스스로에게 다시 한 번 물어보아야 한다. '현재의 직업에 내가 적합한가? 나는 우수한가? 실적은 뛰어난가?' 이에 대한 대답이 부정적이라면 마음을 차분히 가라앉히고 자신의 직업을 진지하게 고민하기 바란다. '왜 나는 현실을 고려하지 않고 높은 이상만 추구한단 말인가? 또 무슨 이유로 이 직업을 경시한단 말인가? 이런 기본적인 일조차 제대로 하지 못하면서 무슨 일을 더 할 수 있단 말인가?'

힘든 일은 피하는 것이 상책?

우리는 현재의 자리에서 맡은 바 책임을 다해야 한다. 그렇지 않으면 자신의 존재가치를 상실하게 된다. 판매원들은 일하는 과정에서 이런저런 문제에 부딪히게 마련이다. 예컨대 과다한 재고, 부진한 실적, 경쟁상대로부터의 타격, 고객의 불만 등이 그것이다. 이럴 때 상황을 회피하거나 자신의 처지를 비관하는 행위는 곤란하다. 이로움은 없고 해로움만 남는다.

한 장사꾼이 말 두 필을 사서 전문적으로 이사를 돕는 장사를 시작했다. 짐을 실을 때 흰 말은 늘 뒤에서 달려 이사 속도에 안 좋은 영향을 미쳤다. 이에 주인은 흰 말의 등에 실린 짐 일부를 덜어 앞에 가는 붉은 말의 등에 얹었다.

하지만 흰 말의 속도는 여전히 느렸다. 주인은 다시 물건 하나를 더 내렸다. 그렇게 계속 가다 보니 흰 말 등에 실려 있던 짐이 모두 붉은 말에게 옮겨가게 되었다. 흰 말이 득의양양한 표정으로 슬며시 약을 올리며 말했다. "붉은 말아, 마음껏 뽐내보렴. 능력 있으면 고생이라고. 하하. 날 좀 보라고, 얼마나 가벼운데!"

목적지에 도착한 후 영리한 주인은 계산을 하기 시작했다. '흰 말은 일도 못하는데 매일 먹이를 줘야 할까? 과연 그럴 필요가 있을까? 없으니만 못한 말은 차라리 팔아버리는 것이 낫지 않을까?'

다음 날 장사꾼은 곧바로 흰 말을 팔아버렸다.

우수한 판매원들은 위기에 직면했을 때를 오히려 자신의 가치를 증명할 기회로 삼고, 온갖 수단과 방법을 동원하여 사장을 도와 문제를 해결한다. 따라서 종종 평소보다 훨씬 능동적으로 책임을 부담하고 사장에게서도 더 큰 신임을 얻게 된다. 그들은 이런 식으로 사장과 소통한다.

▸ 사장님, 이번 달 실적이 부진한 것은 매장에 들어오는 고객의 수가 너무 적었기 때문입니다. 다음 달에는….

▸ 사장님, 이번 달 실적이 부진한 것은 상품의 진열이 잘못되었기 때문입니다. 다음 달에는…

▸ 사장님, 이번 달에 품절과 재고가 발생한 것은 저희가 물건의 수량에 대해 숙지하지 못했기 때문입니다. 즉시 시정하겠습니다.

▸ 사장님, 건의사항이 있습니다. 다음 달에는 물건의 위치를 약간 조정하는 것이 좋을 것 같은데, 어떻게 생각하십니까?

당신은 많건 적건 실적 부진이나 재고 과다 등의 문제로 골치를 앓아본 적이 있을 것이다. 그때 어떻게 했는가? 위와 같은 방법으로 사장과 소통했는가? 혹시 이렇게 불평을 늘어놓지 않았는가?

▸ 사장님, 저희 물건 가격이 너무 비싼 편입니다.
▸ 사장님, 건너편 가게의 행사 때문에 영업에 지장을 받아 이번 달 실적이 부진합니다.
▸ 사장님, 저희 물건은 품질도 떨어지는 편이고 들여오는 데도 문제가 있습니다.
▸ 사장님, 이 브랜드는 광고를 너무 적게 합니다.
▸ 사장님, 올해는 날씨가 좋지 않아서….

만일 당신이 이런 식으로 불평을 늘어놓는 유형이라면 하루빨리 상습적으로 책임을 피하고 핑계를 대는 사고방식을 고쳐야 한다. 이런 태도로는 어떤 문제도 해결하지 못하고 사장에게 실망만 안겨주면서 평생 삼류 직원에 머물 수밖에 없다.

만두보다 다이아몬드가 좋다?

우리 소매업계에는 일그러진 자화상이 하나 있다. 직원들의 이직이 아주 빈번하다는 것이다. 그 이유는 여러 가지일 것이다. 개인적인 이유로 이직하는 경우도 있고, 업무 분위기가 좋지 않아 이직하는 경우도 있으며, 직업의 장래성을 판단하여 이직하는 경우도 있을 것이다. 일부 사람들은 대우 때문에 이직을 하기도 한다. 하지만 나는 단순히 급여 때문에 이직하는 것은 결코 좋은 방법이 아니라고 생각한다.

여기 질문이 하나 있다. 5자오(角. 10자오가 1위안임)짜리 만터우(饅頭. 중국 만두)와 5,000만 위안짜리 다이아몬드가 앞에 놓여 있다. 그중 하나를 선택할 수 있는 기회가 한 번만 주어진다면 당신은 어떤 것을 선택하겠는가? 대부분의 사람들이 다이아몬드라고 대답할 것이다. 그렇다면 상황을 바꿔서 당신이 사막에서 닷새 동안 아무것도 먹지 못한 상태라고 한다면 어떻게 하겠는가? 역시 동일한 선택을 하겠는가? 아닐 것이다. 내가 전에 조사해본 바에 따르면 이런 상황에서는 95% 이상의 사람들이 만터우를 선택했다. 왜 이런 결과가 나온 것일까?

가치가 선택을 좌우하기 때문이다. 언제나 무엇이건 문제를 해결하는 데 도움을 줄 수 있을 때 비로소 가치가 생긴다. 판매원으로서의 가치도 마찬가지로 회사를 위해 얼마나 많은 가치를 창출하는가에 따라 결정된다. 자신의 보수에 불만이 있다면 사장이 난관에 직면했을 때 그를 도와 문제를 해결한 적이 있는지를 자문해볼 줄 알아야 한다. 더 많은 보수를 받고 싶다면 지금부터라도 사장이 지시한 일을 잘해내고 사장을 위해 더 많은 가치를 창출하기 위해 능동적으로 행동하면 된다. 그러다 보면 더 많은 수입을 얻는 일이 생각만큼 어렵지 않다는 사실을 깨닫게 될 것이다.

안 되면 사장 탓?

저장 융지(永吉)지역에 강연 초청을 받아 간 적이 있었다. 강연이 끝나고 나서 주최 측의 요청으로 사람들과 토론을 벌였다. 그런데 그 자리에 있던 한 점장이 자신의 가게가 왜 원활하게 운영되지 못하는지 설명하면서 모든 창끝을 다른 사람들에게로 돌렸다. 사장의 생각이 낙후되어 있고 직원들의 능력이 부족하다는 식이었다. 반면에 경쟁 브랜드의 사장에 대해서는 칭찬을 아끼지 않았다.

중국 속담에 "자식은 자기 것이 예쁘고, 마누라는 남의 것이 예쁘다"는 말이 있다. 남의 부인은 보면 볼수록 괜찮아 보이고 자기 아내는 보면 볼수록 마음에 들지 않는다. 왜 그럴까? 이는 사물을 바라보는 시각이나 방식과 관련되어 있다. 사람들은 삐딱한 시선으로 자기 아내를 바라보면서 돋보기를 들이대듯 결점을 찾아내려고 한다. 그에 따라 결점은 자연히 더 커 보이고 결국에는 함께 지낼수록 더 불편해지면서 하루 종일 부딪히게 되는 것이다. 반면에 남의 부인에 대해서는 호의적인 시선으로 바라보면서 현미경으로 장점을 찾아내듯 하므로 볼수록 마음이 흐뭇해지는 것이다.

절대로 자신의 사장을 무시해서는 안 된다. 그가 사장이 될 수 있었던 것은 분명 그럴 만한 장점이 있기에 가능한 일이었다. 자신이 일하는 상점도 그렇다. 그곳은 당신에게 월급을 주고 가족을 부양할 수 있게 해주는 생계의 원천이다. 우리가 할 일은 남의 떡이 더 커 보이는, 현실에 맞지 않는 생각에서 하루빨리 벗어나 자신의 매장에서 주어진 일을 성실하게 수행하는 것이다. 이것이 바로 자신의 가치를 높이는 가장 확실한 방법이다.

바쁜 사장은
좋은 사장이 아니다

해마다 상품전시회나 영업인 연례회가 열린다. 그럴 때마다 사장들을 상대로 한 각종 강연회가 빠짐없이 개최된다. 기업들이 영업점 사장과 점장들의 의식과 능력을 단계적으로 양성하고 제고하는 일이 반드시 필요하다고 판단하고 있기 때문이다. 이러한 경향은 기업의 실력을 과시하는 동시에 자신들이 영업점 사장을 얼마나 중시하는지를 암시하는 것이기도 하다.

강연을 하면서 나는 사장들이 약속이나 한 듯 강연 중간의 휴식시간에 핸드폰을 꺼내들고 고개를 숙인 채 마치 타이핑 연습이라도 하듯 문자메시지에 답을 보내고 전화를 걸어 바쁘게 뭔가 지시를 내리는 모습을 보게 된다. 그야말로 무슨 최전방 작전본부를 연상케 한다. 내가 웃으면서 다가가 뭐가 그리 바쁜지 물으면 사장들은 대부분 똑같은 대답을 한다.

"어쩔 수가 없어요. 무슨 일이든 일일이 지시하지 않으면 매장이 제대로 돌아가지 않거든요."

이해는 된다. 규모가 작기 때문에 사장이 모든 것을 관리하는 것이다. 부부 둘이서 혹은 겨우 한두 명의 직원을 데리고 물건의 구매와 진열, 판매, 재고관리, 수납의 업무를 모두 처리한다. 사장이 점장과 판매원을 겸

하면서 고객서비스 업무까지 도맡아야 한다. 하지만 사업이 잘되어 규모가 커지고 수십 명의 직원을 두게 된다 한들 그러한 행태가 달라질까? 사장이 모든 일을 직접 처리하려 드는 것은 직원의 능력이 부족하다고 느끼거나 믿을 만한 직원이 얼마 되지 않는다고 여기기 때문이다. 그런 사장에게 사람이 많아지면 일은 더 복잡해진다. 어찌 사장이 피곤하지 않겠는가.

당신 곁에도 이러한 사장이 있지 않은가? 나는 오랜 시간 동안 이와 유사한 사장들의 모습을 수없이 보아왔다. 사장은 현장 감독자처럼 매일 직원들을 감독하고, 직원들은 사장이 감독할 때만 열심히 일하는 척한다. 이 같은 불신의 분위기에서 일하다 보면 사장 자신이 힘들어지는 것은 물론 직원들의 의욕과 일의 효율성도 서서히 떨어지게 된다.

큰 사장은 사람을 키우고, 작은 사장은 자기가 일한다

라오왕(老王)과 샤오왕(小王)이 함께 낚시를 하게 되었다. 구경꾼들은 연못 안의 물고기가 쉽게 낚이는 것을 보고는 줄줄이 낚시도구를 빌려와서는 그들을 따라 물고기를 낚았다. 하지만 정확한 낚시 기술을 파악하지 못했기 때문에 물고기를 많이 낚지는 못했다.

이때 샤오왕이 낚시 도구를 내려놓고는 그들과 흥정을 했다. "내가 당신들에게 낚시 기술을 가르쳐주겠소. 대신 그 대가로 각자 다섯 마리를 낚을 때마다 한 마리씩 내게 주시오."

구경꾼들은 일제히 고개를 끄덕여 그의 제안을 받아들였다. 이리하여 샤오왕은 낚시 선생님이 되어 한 사람 한 사람 기술을 가르쳐주고 자세를 바로잡아주기 시작했다. 몇 시간이 지나 샤오왕의 어망에는 물고기가 가득해졌다. 반면에 라오왕은 여전히 그 자리에서 묵묵히 물고기를 낚고 있었다. 여전히 근면하고 낚시 기술도 샤오왕보다 뛰어났지만, 그의 어망에는 물고기가 손가락으로 셀 수 있을 정도만 들어 있을 뿐이었다.

어째서 기술이 좋은 라오왕이 샤오왕보다 물고기를 적게 낚은 것일까? 라오왕은 혼자서 물고기를 낚았지만 샤오왕은 여러 사람들의 도움을 받아 물고기를 낚았기 때문이다. 이 이야기는 우리에게 팀 관리의 원리를 정확히 말해준다.

소규모 점포를 운영하는 현재 수준에 만족한다면 몰라도, 더 사업을 키우고자 하는 사장이라면 반드시 용인술을 갖춰야 한다. 큰 사장은 사람을 부리지만 작은 사장은 바쁘게 일만 한다. 큰 사장들은 자신의 능력과 자원이 무소불능이 아니라는 사실을 잘 알기 때문에 자원을 활용하고 직원들의 적극성을 유도하는 데 능하다. 이들은 매일 어떻게 하면 우수한 인재를 곁에 둘 수 있을까 고민하는 동시에 직원 양성을 위해 지속적인 투자를 아끼지 않는다. 반면에 작은 사장들은 매우 근면하고 유능함에도 불구하고 지나치게 자신에게만 의지하면서 다수의 힘을 소홀히 여긴다. 게다가 대개 배우는 것을 싫어하고 뭐든 자신이 직접 해야만 직성이 풀리기 때문에 평생을 고생하고도 사업은 늘 제자리걸음이다.

일에서는 기준을, 사람에게는 감정을

1만 개의 컵을 만들려고 할 경우 가장 간단하고 빠른 방법이 무엇일까? 누구나 쉽게 생각할 수 있는 방법은 컵 모양의 금형을 만들어 계속해서 복제해내는 것이다. 이는 체인점 운영의 가장 큰 특징인 표준화와 같다. 처음에 틀을 만들 때는 비교적 많은 시간과 정력이 소요되지만 일단 틀을 완성하고 나면 그다음 작업은 아주 수월해지는 것이다.

마찬가지 원리로 관리의 표준화는 매장관리를 보다 단순화하고 규범화함으로써 틀에 박힌 작업들을 모두 일정한 프로그램에 따라 돌아가게 하면서 또 다른 복제를 가능하게 해준다. 따라서 사장이나 점장은 반드시 본점의 기준에 맞추어 매장운영 프로그램을 수립해야 한다. 이것이 매장을 근본부터 강화하고 확장할 수 있는 가장 좋은 방법이다.

물론 중소형 매장의 세세한 부분까지 기준을 강요할 수는 없다. 단지 원칙을 위반하지 않고 신속하고 융통성 있게 처리하는 방법을 배울 필요는 있다. 특히 직원 관리에서는 방법의 탄력성에 주의해야 한다. 개인적 감정의 투입에 보다 세심한 주의가 필요하기 때문이다. 사람을 대할 때는 감정을 중시해야 한다. 감정을 중시하면 여러모로 부족한 점이 많은 중소형 매장이 경쟁에서 우위를 차지할 수 있다.

모든 일에 사람을 붙여라

아직도 수많은 매장들이 경험관리와 임시관리의 수준에 머물러 있다.

사장들은 '매장에 사람이 많지 않은 이상 업무를 세분화할 필요가 없다'고 생각한다. 하지만 결코 그렇지 않다. 두 사람 이상만 있어도 분업과 협력이 존재하는 것이다. 저마다 상응하는 직위와 권한, 책무를 분명히 정하는 것이 마땅하다. 그래야 비로소 '모든 일에 적합한 사람이 있고, 모든 사람에게 적합한 일이 있게' 된다. 각자의 책임과 역할이 분명하면 업무에서의 책임회피 현상도 피할 수 있고, 사장도 항상 좌불안석인 상태에서 해방될 수 있다.

채용은 왼 주먹, 육성은 오른 주먹

일반적으로 중소 규모의 상점에는 우수한 직원이 부족한 편이다. 이런 현상은 지방 도시로 갈수록 더욱 심하다. 따라서 소매점 사장들은 양손을 모두 사용하여 공격할 줄 알아야 한다. 직원 모집이 왼 주먹이 되고 양성이 오른 주먹이 되어야 하는 것이다.

우수한 직원은 모집을 통해 구하기 어렵다. 설사 어떻게 해서 구한다고 해도 비교적 높은 비용을 지불해야 하는 등 유지하기가 쉽지 않다. 따라서 모집은 보조적인 수단밖에 되지 못한다. 내부 양성을 통해 모집의 한계를 보완하고 직원들의 능력을 향상시키는 것이 훨씬 바람직하다. 내부적으로 양성된 판매원들은 안정적으로 소매점의 성장에 기여하게 된다. 이는 이미 내가 전국의 소매점들에서 눈으로 확인한 사실이다. 그런 의미에서 사장이 훌륭한 양성 지도자가 되어야 함은 물론이다.

권위에 의지하되 권력은 사용하지 않는다

사장은 직원들의 감독관이 아닌 지지자가 되어야 한다. 이것이 높은 이윤을 창출하는 매장의 사장들이 가져야 할 역할이자 위치다.

훌륭한 사장들은 사람은 누구나 감시받기를 싫어한다는 사실을 잘 알고 있다. 그래서 지속적으로 직원들의 업무에 편리한 환경을 조성하고, 그들이 곤란한 문제에 직면했을 때 적절한 지지와 도움을 제공하며, 매사에 솔선수범함으로써 리더로서의 권위를 세워나간다. 이처럼 사장이 리더로서의 매력을 갖추고 있으면 직원들은 사장이 있건 없건 항상 동일한 기준과 애사심으로 근무하게 된다. 이것이 바로 권위에 의지하여 매장을 관리하는 것이다.

반면에 매일같이 소리를 지르고 화를 내는 사장들은 지나치게 권력을 남용하면서 사소한 일에까지 간섭하려 든다. 또한 직원들을 엄격하게 관리하여 내부 관계를 긴장시키고 직원들에게 부정적 정서를 키우게 한다. 그 결과 매장의 실적은 하락하고 직원들의 이직율도 높아진다. 과학적 관리가 안 되는 것은 더 말할 것도 없다.

우수한 판매원은
무엇이 다른가

나는 정말 많은 판매원들을 만나보았다. 그런데 대부분 모르는 게 많았다. 그들은 하나같이 자신의 일을 잘하고 싶어 하면서도 자신과 우수 판매원 사이에 어떤 차이가 있는지 알지 못했고, 일 처리 과정에서 곤혹스러움을 느끼고 있었다. '고객이 네 번씩이나 찾아왔는데 어째서 거래가 이루어지지 않는 걸까? 혹시 내가 이 일에 맞지 않는 사람은 아닐까? 왜 나는 한 달에 1,000위안밖에 받지 못하는 걸까? 왜 내 동료는 나보다 높은 월급을 받는 것일까? 나는 어떻게 해야 5,000위안의 임금을 받을 수 있을까?'

나는 판매원들이 고객들과 직접 대면하는 매장에 대한 100여 차례의 조사와 연구를 통해 1,000위안의 월급을 받는 보통의 판매원과 5,000위안의 월급을 받는 우수 판매원 사이에 현저한 차이가 있음을 알아냈다.

배우는 게 좋아 vs 쉬는 게 좋아

학습을 좋아하는 것은 우수 판매원의 공통된 특징이다. 업무가 아무리 바빠도 그들은 시간을 내서 뭔가를 배우려 노력한다. 그들은 자주 서점에 가서 판매기술이나 매장관리 등에 관한 전문서적을 구입하여 읽는다. 그들은 업무 중에도 늘 학습의 태도를 유지하면서 계속해서 성공의 경험을 정리하고 실패의 교훈을 받아들인다. 휴식을 취할 때에도 경쟁업체의 매장을 구경하거나 관찰하면서 자신의 직업 민감도를 높여나간다. 따라서 그들은 전공지식의 기초가 튼튼하고 다방면의 지식을 보유하게 되며, 이를 바탕으로 능숙하고 수월하게 판매를 하기 때문에 자연히 실적이 높고 많은 보수를 받게 된다.

이에 비해 보통 판매원은 항상 현재의 상태에 만족하고, 문제에 직면했을 때에도 깊이 이해하려 들지 않으면서 미룰 수 있으면 가급적 미루려고 한다. 그들은 한 번도 능동적으로 재충전을 하지 않고 서점에 가는 경우도 적으며, 휴식시간은 인터넷을 하거나 잠을 자면서 보내버린다. 그들은 즐거운 표정을 짓지 않으며, 늘 판매원이라는 직업이 자신의 인생에서 어쩔 수 없는 선택이었다고 푸념한다. 끝까지 열심히 해보겠다는 생각을 하지 않으며, 일을 잘하기 위해 어떤 노력을 해야 하는지 학습할 생각은 더더욱 하지 않는다. 그들은 자신의 수입이 우수 판매원들보다 적다는 사실에 대해서만 불평하고 세상을 원망하고 사장을 비난한다. 그러면서 이 세상에서 자기만큼 흠 없는 사람도 없다고 말한다.

당신도 스스로에게 물어보기 바란다. 학습을 위해 한 달에 어느 정도의 시간을 투자하는가? 도서 구입을 위해 한 달에 얼마의 돈을 투자하는가? 만일 이 분야에 지불하는 비용이 적다는 사실을 알았다면 당장 고쳐야 한다. 현재의 투자가 미래의 예금이라는 사실을 명심하고, 우수 판매원들처럼 학습에 투자하는 것을 즐길 수 있어야 한다.

능동적 vs 수동적

나는 최종 판매단계의 분위기와 매출의 상관관계를 연구하면서 매장 직원들의 근무 분위기가 어떤지를 유심히 살펴보았다. 일반적으로 직원들이 적극적이고 능력적이며 활력이 넘치는 매장은 실적이 항상 평균 이상의 수준을 유지했다. 반면에 직원들의 사기가 저하되어 있고 소극적이며 수동적인 매장들은 예외 없이 실적이 저조했다.

우수 판매원들은 고객을 응대할 때 온몸에 활력이 넘치고 얼굴에서 우울한 느낌을 전혀 찾아볼 수 없다. 그들은 항상 충만한 자신감과 자존감으로 고객들에게 세심하고 따스한 서비스를 제공한다. 그리고 이 모든 것들이 고객들에게 깊은 인상을 주고 판매에 영향을 미친다. 자연 실적이 높아질 수밖에 없다. 다른 판매원들은 이와 정반대다. 그들은 늘 우거지상을 하고 있거나 냉담한 표정을 짓는다. 마치 고객들이 자신에게 빚을 지기라도 한 것처럼 고객에 대한 서비스가 소극적이고 피동적이다. 실적이 떨어지는 것이 절대 이상한 일이 아니다.

방법을 찾는다 vs 핑계를 찾는다

의외로 많은 판매원들이 고객을 응대할 때 인사하는 단계에서 곤혹스러움을 느낀다고 한다. 예컨대 고객이 매장에 막 들어서면 판매원이 재빨리 다가가 친절하게 맞이하게 되는데, 고객은 판매원의 이런 성의를 무시하고 본체만체한다. 이에 판매원은 뒤에서 왔다 갔다 하면서 구매를 유도하기 위해 많은 이야기들을 꺼내지만 고객은 대꾸도 하지 않고 대충 상품들을 둘러보다가 말도 없이 휙 나가버린다. 물건을 사면서 괜히 트집을 잡아 속을 뒤집어놓는 고객도 있다.

당신은 근무하면서 이와 유사한 상황에 부딪힌 경우가 있는가? 그런 경우 당신은 고객의 침묵과 트집에 어떻게 대응했는가? 이럴 경우 보통의 판매원들은 종종 자신을 위한 핑계를 찾는다. '이 고객은 원래 물건을 살 마음이 없었어. 단지 구경만 하러 왔을 뿐이야' '이 사람은 돈이 없어서 애당초 우리 물건을 사지도 못했을 거라고' '이 사람은 경쟁업체에서 보낸 스파이가 틀림없어.' 그러면서 고객이 자신을 본체만체하는 이유를 고객의 잘못으로 돌린다. 자신의 문제를 간과하고 스스로를 용서한다. 그 결과 동일한 상황이 매번 되풀이된다.

우수 판매원들의 생각은 다르다. '방금 내가 무슨 실수를 했지?' '혹시 인사하는 방식이 잘못되었나?' '고객과의 간격 유지에 개선할 점이 있지 않나?' 하면서 자신의 실패 원인을 찾아 개선하려는 노력을 게을리하지 않는다. 그 결과 근무 중에 유사한 상황이 반복해서 발생하는 빈도가 점점 줄어들게 된다.

동일한 문제를 놓고도 우수 판매원과 보통 판매원의 관점과 대응방식은 이처럼 확연히 다르다. 우수 판매원은 자신의 모습을 비춰보면서 부족한 점과 개선방법을 구함으로써 완벽을 기하려고 노력하지만, 보통 판매원은 핑계를 찾고 책임을 다른 사람에게 전가하기에 급급하다. 그 안에는 자신에게 문제가 없다는 것을 증명하고 자신을 용서하려는 심리가 깔려 있다.

당신은 문제에 직면했을 때 방법을 찾는 사람인가, 핑계를 찾는 사람인가?

누가 고객을
매장에서 쫓아내는가

고객을 쫓아낸다는 말에 놀라는 사람이 있을 것이다. 어떻게 하느님과도 같은 고객을 쫓아낼 수 있단 말인가? 애걸복걸하면서 우리 매장에 들어와 달라고 사정해도 모자랄 판에 어떻게 그럴 수 있는가 말이다. 하지만 실제로 고객을 쫓아내는 행동을 일삼는 판매원들이 있다. 그런데도 그들은 그런 사실을 모른다. 2가지 원인, 즉 능력 부족과 고객 경시 때문이다.

입어보라는데 왜 그러지?

상하이에 있는 엘리나화장품회사에 강연하러 가려고 청두(成都)에서 비행기를 기다리고 있을 때였다. 공항을 둘러보다가 꽤나 넓고 인테리어가 훌륭한 어느 고급 남성복 전문점에 들르게 되었다. 붉은색 재킷이 매우 특이해 보여 상표를 뒤집어보려는데 직원이 재빨리 다가와서는 적극적으로 설명하기 시작했다.

"선생님, 방금 들어온 신상품입니다. 마음에 드시면 한번 입어보시죠."

당신의 매장에서도 이렇게 하는가? 이런 행동은 적절한 것일까, 아닐까? 그 판단은 전적으로 고객한테 달려 있다. 직원의 말은 고객에게 "마음에 들면 입어보고, 입어보는 것은 마음에 든다는 뜻이니 마음에 들었으면 사세요. 마음에 들지 않는다면 처음부터 입어보지도 말고, 우리를 귀찮게 하지 마세요"라는 뜻으로 들릴 것이다. 이처럼 큰 위험을 무릅쓰고 옷을 입어볼 고객이 있을까? 대답은 분명 "아니오"일 것이다.

이와 유사한 사례는 어느 매장에서도 쉽게 발견할 수 있다. 세상에 고객을 쫓아내고 싶은 판매원은 한 사람도 없을 테지만, 그만 자기도 모르게 이런저런 실수를 범하는 것이다. 그것은 바로 판매원으로서의 능력이 부족하고 고객과 소통하는 방법을 모른다는 말과 같다. 관객의 마음으로 연기하는 연극인이 되어야 하는데, 고객을 붙잡고 싶은 마음이 앞선 나머지 고객을 쫓아내는 결과를 초래하는 것이다. 이 얼마나 큰 비애인가.

이게 비싸다고요?

언젠가 푸젠(福建)성 후두(虎都)남성복의 초청으로 강연을 하게 되었다. '우수 점장 워크숍'이라는 타이틀로 전국 각지의 점장들을 불러놓고 교육을 실시하는 중이었다. 강연을 며칠 앞두고 나는 베이징에 갔다가 남성복 매장들을 대상으로 한 차례 현지 조사를 진행하게 되었다. 그때 마침 후두남성복과 이웃하고 있는 또 다른 브랜드의 매장에 들렀다가 퇴근을 앞두고 있는 직원들과 마주쳤다. 하루 종일 서 있느라 직원들은 심신이 몹시 피곤했을 터였다. 나도 그런 사정을 염두에 두고 조심스럽게 판매원에게 다가가 순모 양복 한 벌의 가격을 물었다. 판매원은 제자리에 그대로 선 채 옷을 힐끗 쳐다보고는 건성으로 가격을 알려주었다. 나는 내심 기분이 상했지만 일부러 그녀에게 다시 물어보았다.

"너무 비싸군요. 이렇게 좋은 물건은 필요 없는데, 더 싼 것은 없습니까?"

놀란 표정으로 그녀가 말했다.

"이게 비싸다고요? 여기 있는 물건은 거의 다 그 정도 가격이에요. 그보다 훨씬 비싼 것도 있는 걸요."

"미안합니다, 아가씨. 저는 그렇게 비싼 물건은 사고 싶지 않거든요. 좀 더 저렴한 것은 없습니까?"

그녀가 정색을 하면서 짧게 내뱉었다.

"없어요! 옆 가게로 가보세요."

그녀는 말을 마치기가 무섭게 돌아서더니 더 이상은 귀찮다는 듯 눈길도 주지 않았다. 졸지에 내쳐진 나는 어이가 없었다.

판매원은 매장에 들어오는 고객을 선택할 수 없다. 오직 모든 고객에게 친절을 다해야 할 뿐이다. 만일 판매원이 그때그때의 상황이나 일시적인 감정을 효과적으로 조절하지 못한다면, 친절은커녕 고객을 무시하는 결과를 낳을 수 있다. 따라서 모든 것을 고객 중심으로 삼는 판매원으로서 자신의 본분을 한시도 망각해서는 안 된다.

고객은 판매원인 우리가 어떻게 일해야 하는지에 대해 가장 큰 발언권을 가진 존재다. 최후의 재판관인 셈이다. 그들을 존중하지 않고 어찌 실적이 좋아지길 바라겠는가. 기억하라. 우리를 실패로 이끄는 것은 경쟁상대나 고객이 아니라 바로 우리 자신이라는 사실을.

셀러(seller)가 되지 말고
헬퍼(helper)가 되라

전국을 돌아다니며 강연을 하다 보면 사람들로부터 종종 이런 질문을 받곤 한다.

"왕 선생님, 왜 고객과 소통하는 것이 점점 더 어렵게 느껴지는지 모르겠습니다. 그들은 늘 제 말을 믿지 못하는 것 같은데, 제가 어떻게 해야 하나요?"

당신도 이런 의문을 가져본 적이 있을 것이다. 분명한 것은 고객이 우리의 말을 믿지 못하는 한, 우리가 무슨 말을 해도 아무런 소용이 없다는 것이다. 그렇다면 어떻게 해야 고객들로 하여금 우리의 말을 믿게 할수 있을까? 단언컨대, 그것은 고객을 상대하는 판매원의 생각을 바꾸는 것이다. 흔히 판매원들은 자신의 책무가 물건을 파는 데 있다고 생각한다. 하지만 틀린 생각이다. 판매원의 책무는 물건을 파는 것이 아니라 고객의 구매를 돕는 것이다.

수많은 매장들이 장기간 부실한 실적을 기록하는 근본 이유가 무엇인지 아는가? 오로지 물건을 팔 생각만 하고 고객의 구매를 도우려 하지 않았기 때문이다. 우수 매장에서는 그렇게 하지 않는다. 그들은 직원들에게 고객이 최선의 선택을 할 수 있게끔 도움을 주라고 강조한다. 이를 위해 꾸준한 교육을 실시한다. 그들이 고객의 신뢰를 얻어 안정적인 성장을 지속하는 이유가 여기에 있다.

광저우에서 강의할 때의 이야기이다. 어느 대리점의 사장님이 고집을 피우다시피 밥을 사겠다고 해서 함께 식사를 하게 되었다. 우리 일행 몇 사람이 음식점에 들어가 자리에 앉자마자 종업원이 메뉴판을 가져왔다. 나는 습관적으로 종업원에게 이 음식점의 특별요리가 무엇인지 물어보았다. 영리한 종업원이 즉흥적으로 대답했다. "저희 집의 특별요리는 남아프리카에서 직접 공수해온 말린 고래고기입니다. 아주 신선하고 맛도 좋지요."

종업원이 열심히 설명했지만 나는 그 호화로운 음식을 주문하지 않았다. 오히려 종업원의 권유에 의심이 들었다. 이어서 그가 몇 가지 음식을 더 추천해주었지만 나는 더 이상 그의 말을 고려하지 않게 되었다. 그가 적극적으로 추천할수록 더 그랬다. 이미 내 마음속에서 그에 대한 신뢰가 깨져버렸기 때문이다.

우리 매장에도 이런 직원이 있지 않을까? 고객의 마음은 헤아리지 않은 채 물건만 팔려고 발버둥치는 직원에게서 고객은 등을 돌린다. 고객은 바보가 아니다. 판매원의 권유가 진정으로 고객을 위하는 마음에서 나온 것인지 아닌지를 훤히 간파하고 있다. 그렇다면 우리는 어떻게 해야 할까? 이에 대한 해답을 알려주는 또 다른 사례가 있다.

푸젠성에 있는 어느 운동용품점의 초청으로 선양(瀋陽)의 뤼다오(綠島) 삼림공원에서 강연을 하게 되었다. 전국의 영업점들이 모여 상품전시회를 열고 있었는데, 강연이 끝나고 나서 어느 사장님이 정중히 나를 저녁 식사에 초대했다. 3가지 요리를 주문하자 담당 종업원이 이렇게 말했다.

"선생님, 동북지역에는 처음 오셨죠? 이곳 동북지역은 음식의 양이 많은 편입니다. 두 분이서 요리 3가지면 충분합니다. 제 생각에는 여기에 탕만 하나 더 주문하시면 될 것 같습니다. 일단 드시고 부족하면 다시 주문하셔도 됩니다. 음식을 낭비하면 안 되지 않겠습니까?"

종업원의 세심하고 따뜻한 말에 우리 두 사람은 몹시 감동하며 오늘 정말 훌륭한 종업원을 만났다고 생각했다. 우리는 그의 제안대로 탕을 하나 더 주문했다. 그런데 술이 세 순배 돌고 나자 안주가 조금 부족해 보였다. 우리는 다시 그 종업원을 불러 동북지역의 특별 음식을 추천해달라고 부탁했다. 그리고 그의 추천에 따라 음식을 주문했다. 심지어 메뉴판을 보지도 않았다. 계산할 때가 되어 살펴보니 마지막에 주문한 음식은 앞서 주문한 3가지 음식과 탕을 합친 가격의 2배 가까이나 되었다. 하지만 속았다거나 아깝다는 생각은 전혀 들지 않았다.

식사를 마치고 나는 생각해보았다. 이 종업원은 어떻게 우리 자신도 모르는 사이에 아무런 경계심도 없이 지갑을 열게 만들었을까? 매장의 판매원들도 그의 이런 기술을 배워야 하지 않을까?

고객이 기꺼이 지갑을 열게 하고 판매실적을 끌어올리는 비결은 다른 데 있는 것이 아니다. 고객에게 신뢰감을 주면 된다. 어떻게 하면 될까? 고객의 신뢰를 얻기 위해서는 우리 자신의 관념부터 바꾸어야 한다. 절대로 물건을 팔려고 하지 말고 고객의 구매를 도와주려고 애써야 한다는 것이다. 그렇게 해야만 판매원은 물론 상품에 대한 신뢰가 생겨나 고객의 지갑이 열리게 된다.

가슴에 손을 얹고 자문해보라. 진심으로 고객의 구매를 도우려 했는지, 아니면 자신의 이익을 위해 물건을 추천했는지.

고객을 평생 친구로
만드는 법

고객이란 무엇인가? 어떤 사람은 이렇게 말할 것이다.

"그야 간단하죠. 고객은 하느님입니다. 따라서 우리는 모든 것을 고객을 중심으로 생각합니다."

이렇게 대답하는 사람도 있을 것이다.

"고객은 친구입니다. 따라서 우리는 고객을 친절하고 다정하게 대해야 합니다."

모두 맞는 말이다. 하지만 나는, 고객은 우리 판매원의 구애를 기다리는 여자이고, 판매원은 여자에게 구애하는 남자라고 생각한다. 판매원의 최고 경지는 고객을 평생의 친구로 만들어 그로 하여금 우리와 오래도록 거래하게 만드는 것이다. 이는 마치 두 남녀가 한동안의 연애를 거쳐 '친구'에서 '부부'가 되면서 두 사람의 관계가 더욱 공고해지는 것과 같다.

최선을 다하되 절대 강요하지 않는다

여자를 열심히 쫓아다닌다고 해서 반드시 그와 오랫동안 함께 살 수 있으리라는 보장은 없다. 마찬가지로 우리가 고객들과 열심히 소통하고 거래를 성사시키기 위해 최선을 다하더라도 그들에게 구매를 강요할 수는 없는 노릇이다. 그런 면에서 우리는 평생 확률게임을 벌이고 있는 셈이다. 우리 브랜드가 얼마나 유명하고, 우리 매장이 얼마나 아름답고, 우리의 판매기술이 얼마나 우수한지에 상관없이 매장에 들어오는 모든 사람에게 우리 상품을 구매하게 할 수는 없는 것이다. 단지 비율을 높일 수 있을 뿐이다. 예컨대 우리는 학습을 통해 예전에 30%이던 거래 성사 비율을 10% 상승시킬 수 있을 것이다. 하지만 여전히 60%의 사람은 우리 상품을 구매하지 않는다. 그렇다고 조급해할 필요는 없다. 중요한 것은 우리의 실적이 이전보다 나아졌다는 사실이다!

우리는 꾸준한 개선을 통해 조금씩 거래 성사 비율을 높여나가되 100%의 거래 성사를 기대해서는 안 된다. '일을 꾸미는 것은 사람이지만 성사시키는 것은 하늘'이라는 이치를 언제나 명심해야 한다. 우리가 할 일은 오직 맡은 일에 최선을 다하는 것이다. 최선을 다하면 고객이 알아줄 것이고, 설사 거래가 이루어지지 않더라도 누구를 원망하거나 후회하는 일은 없을 것이다!

오늘은 잃어도 내일은 얻을 것이다

선전(深圳)의 속옷 브랜드인 '이신(衣馨)내의'의 요청으로 세미나를 진행할 때의 일이다. 한 영업점 사장이 몹시 다급하다는 듯 내게 물었다.

"왕 선생님, 새로 문을 연 매장에 한 가지 어려운 문제가 생겼습니다. 개업 직후 석 달 동안은 고객들이 꽤 있었는데, 석 달이 지난 뒤로 그 숫자가 점점 줄어들고 있습니다. 이유가 뭘까요?"

사실 이는 많은 영업점들이 공통적으로 부딪히는 상황이다. 물론 원인은 여러 가지가 있을 것이다. 경쟁업체 때문일 수도 있고 상품이나 서비스의 문제일 수도 있을 것이다. 내가 단골고객들의 구매율 등 관련 통계자료를 분석해본 결과에 의하면 문제의 주된 원인은 2가지, 바로 경쟁업체와 서비스였다. 매장이 처음으로 문을 열 때는 시장에 경쟁상대가 거의 없기 때문에 독점적인 지위를 누릴 수 있다. 찾아오는 고객도 많고 매출도 가파르게 상승한다. 하지만 일정한 시간이 지나서 매장의 서비스 수준에 문제가 나타나고 경쟁업체까지 등장하게 되면 고객이 분산되고 매장의 지위가 하락하게 된다.

하지만 우리가 정작 두려워해야 할 것은 당장의 구매율 저하나 경쟁업체의 출현이 아니다. 그것보다는 우리 브랜드가 고객들에게 어떤 이미지로 다가가고 있는지, 고객들이 미래에도 우리 매장을 찾을 가능성이 얼마나 되는지에 촉각을 곤두세워야 한다. 만약에 고객들이 자신의 친구들에게 매장에 대한 부정적인 말을 전하고 다닌다면 어떻게 될까? 매장에 들어왔다가 그냥 나가는 고객이야 그날의 매출에 조금 영향을 미칠 뿐이지만, 매장에 대한 안 좋은 소문이라도 나게 되면 매출 하락을 넘어 자칫 문을 닫게 될 수도 있다.

판매의 최전선에 있는 판매원들이 최대한 진실하게 고객을 대하고 좋은 경험과 느낌을 줄 수 있어야 한다. 오늘 고객이 좋은 느낌을 받았다면 설령 당장 물건을 사지 않는다 하더라도 다음에 필요할 때 우선적으로 우리 매장을 선택할 수 있기 때문이다. 영수증 하나를 끊지 못했더라도 좋은 인상을 주기만 한다면 평생고객을 얻은 것이나 마찬가지라고 할 수 있다. 이는 내가 매장판매에 관한 교육을 진행하면서 줄곧 강조해온 점이기도 하다.

매장을 안정적으로 운영하기를 원하는가? 그렇다면 '오늘은 잃었지만 내일은 반드시 얻을 것'이라는 자세로 고객을 상대하라.

하늘이 두 쪽 나도 신뢰는 지킨다

고객의 구매 행위는 대부분 중복적이다. 다시 말해서 한 번으로 거래 관계가 끝나지 않는다는 것이다. 어제의 고객이 오늘의 고객이 되고, 오늘의 고객이 내일의 고객이 된다. 따라서 항상 내일을 생각하는 판매를 할 줄 알아야 한다. 그래야 큰 장사를 할 수 있다. 특히 가구나 건축자재처럼 오래 사용하는 내구소비재의 경우는 더욱 장기적인 관점에서 접근할 필요가 있다. 품질도 품질이려니와 지속적인 서비스를 제공할 수 있어야 한다. 그렇게 해서 맺어진 고객과의 관계는 두고두고 오래 가게 마련이다. 신뢰가 뒷받침하고 있기 때문이다.

앞에서도 이미 강조한 바 있지만, 고객과의 관계에서 절대 잃지 말아야 할 것이 신뢰다. 물건을 팔았다 해도 신뢰를 잃었다면 이보다 더 큰 손실도 없을 것이다. 반대로 물건은 팔지 못했지만 신뢰를 얻었다면 이보다 큰 소득이 없다. 가장 안 좋은 것은 고객을 원수로 만들어버리는 경우다. 친구가 되지는 못할망정 원수로 만들어서야 되겠는가. 한번 원수가 된 고객은 어디에서 누구를 만나건 판매원을 욕하고 매장에 대한 불평을 늘어놓을 것이다.

여자 친구는 그만, 아내로 맞이하라

여자 친구와 아내의 다른 점은 무엇일까? 여자 친구는 잔소리를 하지 않으며, 단점보다 장점을 보며, 남들과 비교하기보다 자체로 만족하며, 낭만적이며…. 그에 비해 아내는 사사건건 간섭하고, 단점을 지적하고, 낭만적이지도 못하다. 하지만 여자 친구는 언제 떠날지 모르는 데 반해 아내는 가정의 평화와 질서를 지키며 쉽게 곁을 떠나지 않는다. 여자 친구와 아내의 가장 큰 차이점이 바로 이것이다.

고객을 아내와 같은 사람으로 만들어야 한다. 우리 매장을 언제라도 떠날 수 있는 여자 친구가 아니라, 설사 불편하고 부족한 점이 있더라도 건설적인 조언을 아끼지 않으면서 끝까지 포용할 수 있는 아내와 같은 사람이 되게 해야 한다. 이런 관계를 형성해놓으면 고객과의 소통은 더욱 원활해질 것이고 거래 성사 비율은 높아질 것이며, 매장은 더욱 발전하게 될 것이다.

그러기 위해서는 무엇보다 고객과의 친밀도를 키우는 데 주력해야 한다. 사소한 것 하나라도 놓치지 않고 관심을 보여주며, 가끔은 먼저 연락을 해서 안부를 물을 줄도 알아야 한다. 모든 관계가 그렇듯 판매원과 고객 역시도 호감을 나누고 도움을 주고받을 때 그 관계가 깊어지고 오래가는 것이다. 이것이야말로 매장의 경쟁력을 키우는 최고의 방법이다.

내가 매장의 경쟁력을 평가할 때 가장 중요한 지표로 삼는 것이 단골고객의 구매비율 변화다. 만약 이 비율이 현저히 하락한 것으로 나타난다면 매장에 빨간불이 켜진 것과 같다. 이는 단골고객들이 결코 작지 않은 실망감을 품고 있다는 뜻이기 때문이다. 따라서 우리는 고객을 아내와 같은 존재로 만들었다고 해서 방심하거나 다른 데로 눈을 돌려서는 안 된다. 아내처럼 고객도 귀신같이 감지한다.

  가정도 제대로 경영하지 않으면 위기가 오고 파탄이 날 수 있다. 단골고객도 그렇다. 관리를 소홀히 하는 순간 발걸음을 끊게 된다. 지속적인 관리로 단골손님을 경쟁업체에 빼앗기는 비극이 일어나지 않도록 해야 한다.

02

당신이
알고 있는
판매는 틀렸다

판매원이 반드시 해야 할 일

고객이 사고 싶게 하라

나의 독자들 중에 장바오핑(張保平)이란 사람이 있다. 아이무내의라는 회사의 서남지역을 총괄하는 그를 청두의 한 커피숍에서 만났다. 대화를 나누다가 그가 내게 이런 질문을 던졌다.

"왕 선생님, 매장의 판매원들이 어떻게 해야만 직무를 다한 것이라고 할 수 있겠습니까?"

그때 나는 이렇게 답했던 걸로 기억한다.

"자신이 하지 말아야 하고 유익하지도 않은 일을 하는 것은 직무를 다하지 못한 것이고, 자신이 해야 하고 유익하기도 한 일을 하는 것이 직무를 다한 것이라고 할 수 있지요."

그렇다면 판매원들이 '해야 하는 일'이란 어떤 것들일까?

판매는
파는 것이 아니다

만일 내가 "판매란 무엇이라고 생각하는가?"라고 묻는다면 당신은 어떻게 대답할 것인가? 너무 쉽다고 할지 모르겠다. 하지만 과연 그럴까? 그동안 나는 강연장에서 사람들에게 같은 질문을 종종 던지곤 했다. 하지만 유감스럽게도 아직까지 훌륭한 대답을 내놓은 사람은 하나도 없었다. 매장을 개업한 지 얼마 되지 않은 우수한 인재도 있었고, 10년 이상 장사로 잔뼈가 굵은 업계의 전문가들이 수두룩했는데도 말이다.

그들의 대답은 대개 이랬다. "판매는 고객이 물건을 구매하도록 유도하는 것이다" "판매는 말 그대로 물건을 파는 것이다" "고객의 필요를 충족시키는 것이다" "좋은 물건을 공급하는 것이다"…. 사실 모두 나름대로는 일리가 있는 말이다. 하지만 정답은 아니다. 그들은 여전히 모호한 인식과 부정확한 개념 수준에 머물러 있다. 간혹 "판매는 고객이 물건을 구매하도록 돕는 것이다"라고 말하는 이도 있었는데, 판매의 본질에 가장 근접한 정의를 내렸다고 할 수 있다. 그래도 정답은 아니다. 그것은 판매원의 책무이지 본질적 정의라고 할 수 없다.

내가 판매의 개념을 중시하는 이유는 다른 것이 아니다. 판매원들이 이를 제대로 파악하고 있지 않으면 고객과의 소통은 물론 판매에서도 적지 않은 시행착오를 유발하기 때문이며, 결과적으로 부정적인 영향을 미치기 때문이다.

그러면 판매업에 종사하는 대다수의 사람들이 내린 '판매의 정의'에 따라 우리 주변에서 흔히 발생하는 일을 살펴보기로 하자.

| 매장에서 |

청두에 있는 가정용품회사 하오펑징(好風景)의 의뢰로 전국의 총대리점을 순회하면서 교육을 실시하던 때의 일이다. 대리점의 사장과 점장들이 내게 물었다.

"왕 선생님, 고객이 물건에 매우 만족하고 돈을 지불하려고 하는 차에 옆에서 구경하고 있던 고객이 별 뜻 없이 내뱉은 한마디로 인해 거래가 무산되는 경우가 있습니다. 이럴 때는 어떻게 대응하는 것이 바람직할까요?"

마루와 타일, 의류 등 서로 다른 업계에서 교육훈련을 진행할 때도 적지 않은 판매원들이 내게 이런 상황에서 어떻게 대처해야 하는지 자문을 구했다. 당신도 같은 상황에 처해본 적이 있는가? 그래서 어떻게 했는가? 대부분의 판매원들은 이렇게 대응한다.

| 잘못된 대응 |

판매원 : 고객님, 이 가구는 고객님 댁의 인테리어와 매우 잘 어울릴 뿐 아니라 요즘 아주 인기를 끌고 있는 상품입니다! 어떠십니까, 마음에 드시지요? (고객에게 질문을 던짐으로써 고객의 생각을 한층 더 이해하고 거래

의 성사를 촉진하기 위한 준비를 한다.)

고객 : 네, 디자인이 훌륭하네요. 이곳 브랜드도 괜찮고요. 그런데 가격이 ○○보다 좀 비싼 것 같아요. 500위안만 더 싸게 해주시면 안 될까요? (고객의 이야기로 보아 가격 문제만 해결되면 거래가 성사될 것 같다.)

판매원 : 고객님, 저희 가구가 고객님께서 보신 ○○보다 조금 비싼 것은 사실입니다. 하지만 고객님도 아시다시피 가구는 오랫동안 사용하는 물건입니다. 가격도 중요하지만 품질이 어떤지가 더 중요하지 않겠습니까?

고객 : ….(고객은 말을 하지 않거나 묵인한다.)

판매원 : 고객님께서 현명하게 판단해주세요. 몇 백 위안 더 저렴한 가구는 얼마든지 있겠지요. 하지만 검증되지 않은 물건을 구입하셨다가 큰 불편을 겪을 수도 있습니다. 잘 생각해보세요. (가격에 대한 고객의 민감도가 낮아질 수 있다. 이는 거래 성사의 좋은 징조다. 하지만 바로 그때 문제가 발생한다.)

쇼핑객 : 이곳 가구는 별로네. (한 중년 부부가 매장에 들어와 아무렇게나 가구를 평가하는 탓에 거래가 무산될 위기에 처한다.)

판매원 : 안녕하세요. 어떤 점이 마음에 들지 않으세요? (판매원이 빠른 걸음으로 다가가 중년 부부와 '전투'를 치를 태세를 갖춘다.)

쇼핑객 : ….(고객은 중년부부의 평가를 듣고 구매를 재고해보기로 결정하고는 매장을 떠난다.)

거래가 거의 성사될 뻔한 상황에서 찬물을 끼얹는 쇼핑객의 등장으로 모든 노력이 수포로 돌아가는 경우가 심심찮게 발생한다. 판매원이라면 누구나 겪어보았음직한 일이다. 여기서 드는 의문 하나. 판매원은 왜 마지막 단계에서 눈앞의 기회를 잃어버리고 말았던 것일까? 한마디로 판매원의 잘못이다.

쇼핑객이 끼어들었을 때 판매원은 자신에게 유리한 방향으로 분위기를 이끌기는커녕 도리어 쇼핑객에게 "어떤 점이 마음에 들지 않으세요?"라고 물었다. 어쩌면 당연한 반응처럼 보일 수도 있다. 하지만 이렇게 반응하면 쇼핑객의 입에서 가구의 스타일이나 풍격, 재질, 가격, 서비스 등과 관련하여 예기치 않은 말이 튀어나올 수 있다. 거래를 망치는 그런 말들 말이다. "모양은 예쁜데 오래 못 쓰겠더라고" "다 좋은데 AS가 별로야"와 같은 말을 듣고도 사겠다는 사람이 몇이나 되겠는가.

고객이 발길을 돌리는 것은 판매원의 책임이 가장 크다. 판매원이 나서서 쇼핑객과 '한패'가 되어 고객을 매장에서 쫓아낸 것이다. 더욱 안타까운 것은 이와 같은 상황이 바뀌지 않고 매번 반복되고 있다는 사실이다. 이유가 뭘까? 판매원이 판매의 개념을 오해하고 있기 때문이다.

판매는 고객에게 물건을 팔거나 안내를 해주는 정도의 행위가 아니다. 내가 수년간의 연구와 경험을 통해 얻은 결론은 판매에 대한 기존의 개념과 완전히 다른 것이었다.

'판매는 고객의 구매를 능동적으로 이끌어내는 것이다!'

판매는 고객이 원하는 것을 안내하고 찾아주는 정도의 소극적인 일이 아니다. 고객의 비위를 맞추거나 그의 요구에 전적으로 부응하는 수동적인 일도 아니다. 변덕스러운 고객의 마음에 중심을 잡아주고, 구매라는 형태로 고객의 욕구를 실현시켜주는 일이다. 그러기 위해서는 고객에게 휘둘리지 말고 고객을 이끌어야 한다.

우리는 그동안 능동적으로 고객을 이끌어보지 않았다. 심지어 그 필요성을 인식조차 하지 못했다. 그 때문에 결국 많은 판매원들이 주도권을 고객에게 빼앗기고 이리저리 끌려다니게 되었다. 매장의 업무 효율이 떨어질 수밖에 없었던 이유다.

이제 우리는 거래가 성사되는 방향으로 끊임없이 고객을 이끌어나갈 수 있어야 한다. 방향을 정확히 하여 고객들로 하여금 우리에게 강한 목적성이 있다는 사실을 감지하지 못하게 하면서 자연스럽게 판매라는 최종 목표에 도달해야 한다. 따라서 거래에 유리한 일이라면 어떠한 노력도 불사할 줄 알아야 하며, 반대로 거래에 불리한 일은 최대한 줄이거나 아예 하지 말아야 한다.

우리가 '고객의 구매를 능동적으로 이끌어내는 것'이라는 판매의 새로운 개념을 받아들여 쇼핑객이나 고객의 주의력을 합리적으로 조정하려면 구체적으로 어디서부터 시작해야 할까? 이를 3가지 측면에서 알아보자.

첫째, 당황하지 말고 침착하게 행동해야 한다. 쇼핑객의 말에 당황하게 되면 문제의 처리가 훨씬 더 어려워질 뿐만 아니라 고객에게 정말로 상품에 문제가 있다는 인상을 심어주게 된다. 결국 두 사람 모두 물건을 구매하지 않을 수 있다! 따라서 판매원은 절대로 어떤 상황에서도 흥분하지 말고 끝까지 예의를 다하며 고객의 마음속에 좋은 인상을 남기기 위해 노력해야 한다.

둘째, 진심으로 감사의 뜻을 전하면서 교묘하게 따돌려야 한다. '단순한 쇼핑객(구경꾼)'은 거래에 부정적인 영향을 미치기 때문에 더 이상 그에게 시간을 써서도 안 되고 그럴 필요도 없다. 이럴 경우 우리는 교묘하게 쇼핑객을 따돌려야 한다! 이것이 바로 문제를 해결하는 핵심이다. 진심으로 감사를 표하며 정중하게 주의를 딴 데로 돌리는 것은 좋은 인상을 주면서 쇼핑객에게서 벗어나기 위한 단계이자, 즉시 처리할 수 없는 문제를 잠시 보류하고 문제의 초점을 이동시키는 아주 효과적인 방법이다.

셋째, 고객 자신이 구매의 중심이라는 사실을 일깨워줘야 한다. 판매원이 적절한 질문을 통해 고객의 생각을 이끌어내고 자신의 전문가적 이미지를 부각시킴으로써 고객으로 하여금 중요한 것은 쇼핑객의 관점이 아니라 사용자로서 자신의 실제 느낌과 판단임을 자각하게 해야 한다.

| 실전연습 |

판매원 : 고객님, 이 가구는 고객님 댁의 인테리어와 매우 잘 어울릴 뿐 아니라 요즘 아주 인기를 끌고 있는 상품입니다! 마음에 드시지요?

고객 : 네, 디자인이 아주 훌륭하네요. 브랜드도 괜찮고요. 그런데 가격이 ○○보다 좀 비싼 것 같아요. 500위안만 더 싸게 해주시면 안 될까요?

판매원 : 고객님, 저희 가구가 고객님이 보신 ○○보다 조금 비싼 것은 사실입니다. 하지만 고객님도 아시다시피 가구는 오랫동안 두고두고 사용하는 물건입니다. 가격도 중요하지만 품질이 어떤지가 가장 중요하지

않겠습니까?

고객 : ….

판매원 : 고객님께서 현명하게 판단해주세요. 어떤 가구는 몇 백 위안 더 저렴할 수 있겠죠. 하지만 품질이 안 좋은 회사의 물건을 구입하시면 오히려 더 큰 불편을 겪을 수도 있습니다. 잘 생각해보세요.

쇼핑객 : 이곳 가구는 별로네.

판매원 : 말씀 감사합니다. 두 분은 어떤 물건을 보러 오셨나요? (판매원이 신속하게 고객과 쇼핑객 사이에 서서 벽을 만들고 미소를 지으며 질문한다. 그런 다음 시선을 돌려 쇼핑객을 잠시 기다리게 한다.)

쇼핑객 : 나는 소파나 봐야겠다. (쇼핑객은 다른 관심거리를 찾아 자리를 이동하거나 아무 말도 하지 않을 것이다. 재빨리 그들을 따돌려라.)

판매원 : 샤오장, 이리 와봐요. 여기 두 분 고객님들께서 소파를 구경하고 싶으시다니까 안내해드리세요. (이렇게 해서 쇼핑객이 직원에게 이끌려 나간다.)

판매원 : 고객님, 신발을 신었을 때 편한지 안 편한지는 신발을 신은 사람 자신이 가장 잘 알지 않겠습니까? (쇼핑객이 떠나는 즉시 질문을 던져 고객의 생각을 이끌어내면 고객은 마음속으로 묵인하게 된다.) 고객님, 이미 저희 매장을 여러 차례 방문해주셨기 때문에 진심으로 고객님을 위해 말씀드리는 겁니다! 고객님, 지금 이 가구를 구입하시면 정말 좋은 가격에 구입하시는 겁니다. 보세요…. (진지하고 성실하게 고객을 대하면서 이치를 설명하고, 아울러 고객의 주의력을 상품의 우수성에 맞추게 한다. 그래야 상황을 유리하게 이끌 수 있다.)

새롭게 구성한 모범적 대응방식을 통해 우리는 판매의 개념이 얼마나 중요한지 실감할 수 있다. 판매원은 '최종 판매단계에서 고객의 구매에 유리한 방향으로 고객을 능동적으로 이끌어야 한다'는 사실을 명심해야 한다. 구매의 방향이란 곧 거래의 성사를 의미한다. 거래의 성사에 불리한 어떤 상황이 발생하더라도 판매원은 고객의 생각과 행동을 교묘하게 유도함으로써 최종적으로 거래가 이루어지는 방향으로 나아갈 수 있게 해야 한다. 점장이나 사장들 또한 이러한 개념에 기초하여 판매원과 고객의 소통방식을 감독하고 지휘해야 한다.

다시 한 번 명심하기 바란다. 판매원이 해야 할 가장 중요한 일은 고객을 구매에 유리한 방향으로 이끌기 위해 능동적으로 행동하여 신뢰를 주는 것이다. 자기 자신을 판다는 생각을 가지고 '물건을 파는 것'에서 '고객이 물건을 사도록 이끄는 것'으로 사고와 행동을 전환하게 되면, 고객과의 소통에 막힘이 없을 것이고, 판매율 또한 10% 이상 상승할 것이다.

지금 다시 당신에게 판매가 무엇이고, 판매원이 누구냐고 묻는다면 어떻게 대답하겠는가?

판매원이 매장에서
꼭 해야 할 3가지 일

나는 앞에서 판매원은 고객의 구매를 이끌기 위해 능동적으로 행동해야 한다고 말했다. 그러면 이제 판매원들이 실제적으로 어떻게 해야 하는지에 대해 중점적으로 알아보기로 하자.

판매원들은 늘 판매가 어렵다고 하면서도 어떻게 해야 좋은지를 모른 채 과거와 같은 행태를 되풀이한다. 사장들 또한 피동적인 모습에서 탈피하지 못하는 직원들을 어떻게 능동적으로 변화시킬 수 있는지를 몰라 곤혹스러워한다. 이 같은 악순환을 해결하기 위해서는 먼저 판매원들로 하여금 각기 다른 판매과정에서 어떻게 해야 하는지를 깨닫도록 해야 한다.

판매원이 해야 하는 일이 어떤 고차원적인 기술은 아니다. 판매과정에 비추어보았을 때 아래의 3가지 사항만 제대로 숙지한다면 판매원의 일이 훨씬 간단하고 논리적으로 바뀔 수 있다. 그렇다. 3가지만 잘하면 된다.

첫 번째 일- 고객을 탐색하고 상품의 방향을 정한다

일반적으로 판매원들은 고객이 매장에 들어서기가 무섭게 응대를 시작하려 든다(고객을 맞이하는 방법은 5장에 자세히 나와 있다). 그러면서 고객에 대한 탐색은 시도하지 않는다. 고객의 요구에 대해서는 전혀 알지도 못한 채 상품 소개에만 급급한 모습을 보인다. 이것은 잘못된 응대 습관이다. 탐색의 과정도 없이 무턱대고 응대하게 되면 고객에게 전혀 필요 없는 물건을 소개할 수도 있고, 고객이 불편해하거나 냉담한 반응을 보일 수도 있다.

우수한 판매원들은 고객이 들어오는 순간 응대에 앞서 고객의 요구와 문제부터 탐색한다. 그렇게 하면 잘못 판단해서 생기는 오류의 위험도 피할 수 있고, 응대를 좀 더 확실하고 신속하게 할 수 있기 때문이다(고객에 대한 탐색 방법은 6장에서 구체적으로 다룬다).

탐색을 통해 고객의 요구를 파악하고 나면 매장의 상품들 가운데 무엇이 고객을 만족시킬 수 있을지를 고려해야 한다. 동시에 상품의 기능과 특징, 품질, 장점, 가격, 재고, 시장 상황 등을 재빨리 떠올림으로써 고객과의 소통에 자신감을 갖도록 한다. 이른바 '상품의 방향을 정하는 것'이다.

고객이 매장에 들어오는 순간 고객을 탐색하는 것과 더불어 상품의 방향을 정하는 것, 이것이 판매원으로서 해야 할 '첫 번째 일'이다. 만일 이 일을 생략하거나, 하더라도 제대로 하지 못한다면 시작부터 수동적이고 소극적인 입장에 처할 수 있으며, 심지어 판매의 기회를 완전히 날려버릴 수도 있다.

두 번째 일- 적극 추천하고 체험을 유도한다

기본적으로 고객은 판매원의 말을 귀담아 들으려 하지 않는 경향이 있다. 그보다는 자신이 직접 물건을 느끼고 판단하기를 원한다. 눈으로 살피고 손으로 잡아보면서 다각적으로 시험해보고자 한다. 따라서 판매원들은 고객과의 소통이 시작되면 설명을 많이 하기보다 자신 있는 태도로 고객의 요구에 부합하는 상품을 추천한 다음 구매욕을 자극할 정도로만 간결하게 상품을 소개해야 한다. 물론 소개만으로는 부족하다. 고객이 직접 상품의 세세한 부분과 매력을 체험해볼 수 있도록 해야 한다. 체험을 많이 할수록 상품에 대한 고객의 관심이 깊어질 수 있다.

당신 스스로도 구매의 경험을 떠올려보라. 옷이 마음에 든다고 해서 간단한 사항만 확인한 다음 입어보지도 않고 곧바로 산 적이 있는가? 아마도 그렇지 않을 것이다. 99%의 고객들이 물건을 살 때 충분히 체험하기를 좋아한다. 체험을 통해 자신에게 적합한 물건이라는 확신이 생겨야 비로소 구매를 결정한다. 따라서 판매원은 고객을 긍정적인 체험으로 자연스럽게 유도할 줄 알아야 한다. 이것이 판매원이 해야 할 '두 번째 일'이다. 이를 잘해내느냐의 여부가 고객의 구매에 직접적인 영향을 미친다(고객의 체험을 유도하는 방법은 7장에서 자세히 다룬다).

세 번째 일- 이견을 처리하고 능동적으로 거래를 성사시킨다

매장을 여러 번 방문한 고객이라면 이미 상품의 기능과 장점에 대해 숙지하고 있을 뿐 아니라 유쾌한 체험을 가졌을 수도 있다. 게다가 고객이 제기하는 각종 이견, 즉 가격이나 품질, 스타일, 색상 등에 대한 의문이나 의심을 훌륭하게 처리했다면(이에 대해서는 8장에서 자세히 다룬다) 마지막으로 생각해야 할 것은 어떻게 고객을 상대로 신속하게 거래를 성사시킬 것인가 하는 점이다. 어쨌거나 거래가 성사되어야만 매출을 일으킬 수 있기 때문이다.

따라서 판매원은 거래가 성사되려는 시점에서 신속하고 정확하게 행동해야 한다. 이것이 판매원의 마지막 임무로서 가장 중요한 '세 번째 일'이다(거래 성사에 관해서는 9장에서 보다 상세히 다룬다).

'판매원의 3가지 일'은 일정한 논리적 순서를 갖추고 있지만 결코 고정불변의 성격을 갖는 것은 아니다. 때로는 고객의 요구수준이나 고객응대의 상황에 따라 탄력적인 조절이 필요하다.

'탐색-체험-거래'는 최종 판매단계에서의 기본적인 행동이자 단계적인 작업 목표다. 판매원이라면 반드시 이 3가지 일을 확실히 수행함으로써 고객을 한 걸음씩 계산대로 이끌어야 한다. 이는 앞에서 말한 판매의 정의를 매장에서 실제적으로 구현하는 길이기도 하다.

고객의 잘못이라고 말할 수 있는
판매원은 누구인가

혹시 '판매원의 3가지 일'에 대해 여전히 감이 잡힐 듯 말 듯하지 않은 가? 그래도 걱정할 것 없다. 나와 함께 매장에서 자주 발생하는 사례들을 연구, 토론해보면 '3가지 일'을 저절로 실감할 수 있게 될 것이다.

| 매장에서 |

전에 선전의 푸파이(蒲牌)패션이 주최하는 전국 가맹점 상품전시회 준비를 위해 한 가맹점을 방문하여 조사하게 되었다. 그때 한 판매원이 무척 곤혹스러워하며 내게 물었다. "왕 선생님, 어떤 고객은 한참 동안 설명을 해드려도 전혀 관심이 없다는 듯 아무 말도 하지 않습니다. 그러다가 불쑥 가격을 물어보고는 제가 미처 대답하기도 전에 나가려고 합니다. 이런 경우에는 어떻게 대처해야 할까요?"

| 잘못된 대응 |

판매원 : 고객님, 어서 오세요!

고객 : …. (아무 말 없이 손을 뻗어 옅은 노란색 치마를 만지작거린다.)

판매원 : 고객님, 이 치마는 신상품입니다. 한창 유행하고 있는 한국

72

스타일로 만들어서 패셔너블하면서도 착용감이 아주 편안하지요. (판매원이 '자화자찬'을 하기 시작한다.)

고객 : …. 예복으로 적당한 옷이 있을까요? (고객이 아무 말 없이 혼자 매장 안을 돌아보다가 갑자기 판매원에게 질문을 던진다.)

판매원 : 예복을 찾으시는군요. 이쪽에 아주 많이 있습니다. 이리 오시지요. 여기 이 붉은색 치마가 잘 어울리실 것 같네요. 우아하면서도 결혼식에 어울리는 색이라 많은 분들이 구입하시거든요. 고객님께도 아주 잘 어울릴 것 같습니다. (고객이 치마를 보고 확실히 마음에 드는 기색을 보인다.)

고객 : 가격이 얼마죠?

판매원 : 별로 비싸지 않습니다. 1,200위안밖에 안 해요. (판매원이 직접적으로 가격에 대한 판단을 내리는 것은 피해야 한다.)

고객 : …. (고객이 말을 하지 않는 것은 가격이 예산을 초과했기 때문일 수 있다. 그는 다시 옷을 쳐다보고는 돌아서서 매장을 나간다.)

| 실전코칭 |

이런 상황에서 판매원들은 '고객의 마음은 도무지 종잡을 수가 없다'며 불평을 늘어놓는다. 그러고는 '내가 잘못한 것도 없는데…'라며 몹시 억울해한다. 그런데 정말로 잘못한 것이 없을까?

문제의 해결은 원인을 찾는 것에서 시작된다. 말없이 돌아서는 고객을 어찌할 것인가의 문제도 그 원인이 무엇인지를 파악하는 일로부터 해결의 실마리를 찾을 수 있다. 고객이 원인인가, 아니면 판매원 자신이 원인인가? 나는 판매원 자신이 문제의 원인이라고 생각한다. 고객이 원인이라면 고객을 바꾸지 않는 한 영원히 해답을 찾을 수 없다.

자신은 아무런 잘못이 없다고 생각하는 판매원들에게서 흔히 나타나는 현상이 있다. 똑똑함을 지혜로, 청산유수와 같은 설명을 훌륭한 안내로 착각한다는 것이다. 판매원으로서 할 일을 다 했으니 자신은 문제없다는 식이다. 하지만 그것은 하나만 알고 둘은 모르는 것이다. 판매원들이 고객을 상대할 때 가장 경계해야 하는 것은 고객의 느낌을 고려하지 않고 자기 말만 하는 것이다. 이처럼 끊임없이 재잘대는 고객응대 방식은 고객에게 불쾌감만 전달할 뿐이다. 일방적으로 상품의 장점만 소개하는 것은 결코 고객이 기대하는 것이 아니다. 당연히 고객은 입을 다물고 물건도 구매하지 않게 된다.

고객을 상대하는 판매원은 누구보다도 자신의 언행을 잘 관리해야 한다. 고객이 원하는 바를 행하고 고객이 듣고자 하는 말을 해야지, 자신이 해야 할 말이나 주어진 역할에만 충실해서는 곤란하다. 위의 판매원에 대해서 말하자면, 고객이 먼저 예복으로 적합한 옷이 있느냐고 물었을 때 취한 행동에는 큰 문제가 없었다. 문제는 그다음이었다. 고객에게 옷을 소개하면서 수동적으로 고객이 가격에 대해 묻기를 기다렸고 가격을 알려주는 것도 너무 일찍, 그리고 단도직입적으로 자기 판단을 개입시켰다. 옷을 소개하면서 그 여세를 몰아 고객을 '두 번째 일'로 이끌었어야 했는데 말이다. 그랬다면 높은 가격이 오히려 고객에게 입어보고 싶은 욕망을 자극했을 수도 있다. 가격을 알려주는 것은 판매원이 해야 하는 '세 번째 일'이다. '두 번째 일'을 하기도 전에 '세 번째 일'로 몰아갔으니 결과가 좋을 리 없었던 것이다.

판매원은 능동적으로 고객의 요구를 이해한 다음, 적극적으로 고객의 요구에 부합하는 상품을 추천해야 한다. 상품을 소개하고 나서 고객이 흥미를 보이면 즉시 입어보도록 유도함으로써 고객이 상품과 친해지는 기회를 부여해야 한다.

이와 같은 분석에 근거하여 잘못된 대응을 새롭게 바꾸어보자. 아마도 그 결과가 확연히 달라질 것이다.

| 실전연습 |

판매원 : 고객님, 어서 오세요!

고객 : …. (고객이 말없이 손을 뻗어 옅은 노란색 치마를 만지작거린다.)

판매원 : 고객님, 이 치마는 신상품입니다. 한창 유행하는 한국 스타일로 만들어서 패셔너블하면서도 착용감이 아주 편하지요. 어떤 장소에서 입을 옷을 찾으시나요? (옷을 착용할 자리 등의 상황을 알아서 질문한다.)

고객 : 결혼할 때 입을 옷을 보고 싶은데요.

판매원 : 와, 축하드립니다. 고객님, 예복이라면 저희 가게에 아주 많이 있습니다. 이쪽으로 오시지요. 여기 이 빨간색 치마가 특별히 잘 어울리실 것 같네요. 우아하면서도 결혼식에 어울리는 색이라 많은 분들이 구입하셨거든요. 고객님께서 입으시면 분명 잘 어울리실 겁니다. (간결하고 명쾌하게 상품의 특징을 소개하고 고객의 반응을 살핀다.)

고객: …. (고객이 치마를 본 뒤 마음에 드는 기색을 보인다. 이때 판매원은 여세를 몰아 고객에게 착용해볼 것을 권한다.)

판매원 : 고객님, 옷은 보기만 해서는 제대로 알 수가 없어요. 이쪽에 탈의실이 있으니 우선 한번 입어보시지요! 고객님, 이쪽으로 오세요. (즉시 판매원의 '두 번째 일'을 진행하여 고객의 판매를 유도함으로써 판매를 향해 한 단계 전진한다.)

고객 : …. 이 치마 가격이 얼마나 되죠? (착용 후 마음에 든 고객이 자발적으로 가격을 묻는다.)

판매원 : 아시다시피 이 브랜드는 원단과 품질을 가장 중시하기 때문에 조금 비싸게 보일 수도 있어요. 하지만 그럼에도 불구하고 아주 반응이 좋은 상품입니다. 지금은 1,180위안이면 구매하실 수 있지요. (고객이 판단하기에 앞서 가격이 조금 비싸다는 점을 암시한다. 이렇게 하면 고객의 호감을 얻는 동시에 옷의 가치를 높일 수 있다. 그러고 나서 마지막으로 가격을 알려준다.)

고객 : 옷은 좋은데 가격이 비싸네요…. 이렇게 하죠. 정말 마음에 드는데 1,000위안에 주시면 살게요. (고객이 먼저 가격을 부르는 것은 일단 옷이 마음에 든다는 것을 의미한다.)

판매원 : 아, 고객님. 값이 좀 비싸긴 하지요. 하지만 고객님, 도와드리고 싶어도 정찰제라서 제가 해드릴 수 있는 것이 없네요. 고객님, 옷을 사실 때 가격도 물론 중요하지만 입었을 때 얼마나 마음에 드는지가 더 중요하지 않겠어요? (고객의 마음을 이해해주면서 긍정적으로 반문함으로써 생각을 유도한다.)

고객 : … 그야 그렇죠. (고객이 미소를 지으며 묵인하거나 또는 고개를 끄덕이며 긍정을 나타낸다.)

판매원 : 물론입니다. 만일 옷이 마음에 들지 않으면 결혼식 날 기분에
도 영향을 미칠 것이고, 나중에도 다시 입고 싶어지지 않을 겁니다. 그런
옷은 가격이 100위안 싸다고 해도 실은 더 비싼 셈이지요. 그렇지 않겠어
요? (고객이 만족스럽지 않은 옷의 부정적인 결과를 생각하도록 유도한다. 고객
이 대답을 하든 안 하든 관계없이 얘기를 계속한다.) 보세요. 이 치마는 고객
님께 아주 잘 어울릴 뿐 아니라 품질도 좋습니다. 이런 옷은 앞으로도 자
주 입게 될 겁니다. 그러니 전체적으로 보면 지금 100위안 남짓 더 지불
하신다고 해도 훨씬 이득인 셈이지요. 그렇지 않겠습니까?

고객 : … 정말 말씀을 잘하시네요. (고객이 미소를 지으며 긍정적인 인사
말을 건넨다. 이때 머뭇거리지 말고 즉시 '세 번째 일'을 실행에 옮겨 고객의 구매
를 촉진한다.)

판매원 : 그렇게 말씀해주시니 감사합니다. 고객님, 이 옷은 샘플이니
새 것으로 갖다 드릴게요. 잠시만 기다려주세요. (고객의 대답을 기다리지
말고 그 즉시, 느긋한 듯 신속하게 다음 행동으로 들어간다. 고객이 만류하지 않
으면 구매를 결정했다는 뜻이다.)

판매원은 항상 자신과 고객의 소통이 현재 '판매원의 3가지 일' 가운데
어느 단계에 와 있는지 스스로 자각하고 있어야 한다. 고객이 순간순간
어떤 문제를 제기하더라도 판매원은 그것을 처리해주고 나서 동시에 자
신이 아직 완수하지 못한 일을 상기하면서 자연스럽게 판매의 단계를 밟
아 나가야 한다. 이것이 판매에서 소통의 효율을 극대화하는 방법이다.
그렇지 않으면 우리는 분명 피동적이 되고, 판매실적 또한 떨어지게 될

것이다.

잊지 말기 바란다. "문제를 해결하는 것은 물론 중요하다. 하지만 더욱 더 중요한 것은 문제를 해결한 뒤 판매과정을 진전시키는 일이다!"

전혀 예상치 못한
고객의 반응에 대하여

바로 앞에서는 '판매원의 3가지 일'을 순서에 따라 차분하면서도 확실하게 전진시켜나가는 것이 얼마나 중요한지를 실례를 들어 설명했다. 그런데 간혹 판매과정의 진행을 어렵게 만드는 순간들이 찾아온다. 전혀 예상치 못한 고객의 반응과 마주했을 때가 그렇다. 그러한 예들 가운데 대표적인 것이 상품 자체에 대한 고객의 우려가 제기되었을 때인데, 이에 순발력 있게 응대하지 못해 어려움을 겪는 판매원들이 의외로 많다. 아래의 판매원도 그런 사람 가운데 하나일 것이다.

| 매장에서 |

2008년에는 두 번이나 광둥(廣東)의 후이저우(惠州)에 다녀왔다. 이름난 캐주얼 브랜드 진스웨스트의 전국 상품전시회에 초정을 받아서였다. 그전에 조사차 청두(成都)에 있는 진스웨스트 전문매장을 찾아갔다가 한 판매원과 뜻하지 않은 언쟁을 벌이게 되었다.

당시 나는 매장을 둘러보다가 어떤 청바지를 가리키며 스타일과 품질은 모두 훌륭하지만 옷감이 조금 두꺼운 것 같다고 말했다. 7월의 청두는 조금 더운 날씨였다. 그런데 내 말이 채 끝나기도 전에 판매원이 말을 가로챘다. 아래는 그때의 상황을 재구성한 것이다.

|잘못된 대응|

판매원 : 고객님, 이 바지가 잘 어울리실 것 같은데, 한번 입어보세요. (적극적으로 고객에게 착용을 권한 점은 훌륭하다.)

고객 : 옷감이나 스타일, 품질은 모두 훌륭한데 조금 두꺼운 것 같군요. (고객은 청바지를 마음에 들어 하고 있다. 지금 문제는 그가 느끼기에 옷이 조금 두껍다는 것이다.)

판매원 : 두껍다고요? 이게 어디가 두꺼워요? 아니에요, 청바지는 모두 이 정도 두께는 돼요. (설득력이 없는 말로 고객을 이해시키려 한다.)

고객 : 음, 하지만 제 생각엔 조금 두꺼운 것 같은데요. (판매원의 설명에 설득력이 부족했던 것이 분명하다.)

판매원 : 고객님, 바지는 조금 두꺼운 것이 좋아요. 그래야 쉽게 헤지지 않고 입었을 때 핏감(옷을 입었을 때의 느낌)도 좋아요. (조금 전에는 두껍지 않다고 하더니 지금은 다시 인정하면서 견강부회 식으로 장점을 말하고 있다.)

고객 : 됐습니다. 다른 곳에 가보는 게 낫겠군요.

|실전코칭|

많은 판매원들이 단선적인 사고로 고객의 우려를 불식시키려 든다. 문제를 얼렁뚱땅 넘기려는 것이다. 위 판매원도 같은 우를 범하고 있다. '너무 두껍다'는 고객의 이견을 자기 기준에 따라 쉽게 처리하려고 했다. 자신에게 유리한 방향으로 고객을 이끌지도 못했다. 이러한 판매원은 고객

에게 문제를 기계적이고 융통성 없이 처리한다는 느낌을 주어 구매욕을 떨어뜨린다.

나는 판매원들에게 고객이 어떤 문제를 제기하든 최대한 고객의 말에 동의함으로써 자신과 고객의 거리를 좁히고, 자신에 대한 고객의 호감을 높인 다음 방법을 다시 강구하여 이슈를 전환하거나 해결하라고 말한다. 앞의 사례에서는 다음의 방법에 따라 '두껍다'는 문제를 '덥다'는 문제로 교묘하게 전환할 수 있다. 그러고 나서 '두 번째 일', 즉 고객의 착용을 유도해야 한다.

| 실전연습 |

판매원 : 고객님, 이 바지가 잘 어울리실 것 같은데, 한번 입어보세요.

고객 : 옷감이나 스타일, 품질은 모두 훌륭한 편인데 조금 두꺼운 것 같군요.

판매원 : 좋은 지적이세요. 전에도 한 단골고객님께서 처음에 그런 말씀을 하신 적이 있으세요. 그런데 입어보신 뒤에는 통풍이 잘되는 ○○ 옷감을 사용했기 때문에 전혀 덥지 않다는 사실을 알게 되셨죠. (먼저 고객의 우려를 인정한 다음 화제를 돌려 교묘하게 고객의 우려를 '두껍다'는 것에서 '덥다'는 것으로 전환한다.)

고객 : …. (고객이 반신반의한다.)

판매원 : 이렇게 하세요, 고객님. 더운지 안 더운지 제 말만 들어서는 모르시니까 직접 한번 입어보세요. 자, 이쪽에 탈의실이 있으니 입어보세요. (판매원은 문제를 해결한 뒤, 즉시 판매원이 해야 할 '두 번째 일', 즉 체험을

유도한다.)

　고객 : …. (고객이 묵묵히 판매원을 따라 탈의실로 간다.)

　판매원은 어떤 경우라도 절대 고객과 언쟁을 벌여서는 안 된다. 일단은 거의 무조건적으로 고객의 말을 긍정하고 나서 화제를 돌려 판매원이 의도하는 방향으로 고객을 자연스럽게 이끌어가야 한다. 그러면 십중팔구 고객의 우려가 구매의 성과로 이어지게 할 수 있다.

03

도대체 그게
무슨 말이죠?

고객을 내쫓는 말, 고객을 부르는 말

고객이 사고 싶게 하라

매장의 매출액에 영향을 미치는 것들에는 무엇이 있을까? 주지하다시피 회사의 경영방침과 상품구성, 매장관리, 경쟁상황, 판촉행사 및 직원 서비스와 같은 요소들이다. 그렇다면 이 가운데서 가장 직접적이고도 중대한 영향을 미치는 요소는 무엇일까?

사람들마다 제각기 다른 답을 내놓겠지만, 나의 답은 분명하다. 바로 '직원의 서비스'가 매장의 매출로 직결된다는 것이다. 이것이 수년간 전국의 매장을 답사하고 수많은 판매원들과 만나 대화하고 나서 얻은 마지막 결론이다.

확실히 고객은 누구나 매장을 들어설 때 우수하고도 저렴한 상품에 대한 기대를 품는다. 하지만 정작 그들의 구매욕을 실현시키고 더 큰 구매로 연결되도록 만드는 것은 제품보다 판매원의 서비스다. 결론적으로 고객은 편안하고 쾌적한 분위기와 세심하고 훌륭한 서비스를 더 강하게 원하고 있다고 할 수 있다.

최근에 나는 새로이 200여 곳에 달하는 매장을 현지조사하면서 이전에 비해 경영방식과 관리기술이 하루가 다르게 발전하고 있다는 사실을 발견했다. 기업들의 브랜드 홍보가 갈수록 전방위적으로 이루어지고 매장의 인테리어도 더욱 세련되어지고 있으며, 개장하는 플래그숍(시범 매장)도 점점 대규모화되고 있다. 하지만 그러한 하드웨어적 측면의 발전에 비해 최종 판매단계의 교육훈련에는 여전히 충분한 투자가 이루어지지 않고 있다. 그 결과 비체계적이고 과거 답습적인 인적 요소가 매장의 매출증대에 큰 걸림돌로 작용하는 실정이다.

여기서 나는 우리 판매원들에게 절실히 요구되는 3가지 능력 즉, 프로정신과 전문성, 소통능력을 중점적으로 다루려고 한다.

프로정신 : 판매원의 근무태도와 심리조절 능력을 가리키는 것으로 자발성에 관한 문제라고 할 수 있다.

전문성 : 종사하는 분야에 대한 판매원의 전문지식의 정도를 가리키는 것으로 능력에 관한 문제라고 할 수 있다.

소통능력 : 판매원의 고객서비스 수준을 가리키는 것으로 근무 방법과 효율에 관한 문제라고 할 수 있다.

신속하고도 지속적으로 매장의 실적을 향상시키고 싶다면 이 3가지 측면에서 판매원들의 문제점을 상시적으로 확인하여 집중적으로 교육훈련을 실시해야 한다.

고객을
편안하게 하라

매장에서는 사람과 사람 사이의 소통의 예술이 절대적으로 필요하다. 고객이 매장에 들어와서부터 떠날 때까지 판매원은 언제 어디서든 고객과 소통할 수 있어야 한다. 소통을 통해 판매원은 고객의 요구를 이해하고 고객에게 상품을 추천함으로써 최종적으로 거래를 성사시키는 것이다. 고객이 물건을 구매할지의 여부와 얼마만큼 구매할지는 대부분의 경우 판매원의 소통능력과 밀접한 관계가 있다. 특히나 상품의 동질화가 갈수록 심각해지는 오늘날에는 고객의 선택 기회도 점점 많아지기 때문에 고객이 물건을 구매할 때 가격 대비 성능을 고려하는 것 외에 판매원이 얼마나 고객들을 편안하게 해주는가 하는 것이 갈수록 더 중시되고 있다.

우수 판매원은 능숙하게 언어 소통의 예술을 구사함으로써 고객들을 편안하게 해주는 반면, 보통의 판매원들은 상투적이고 기계적인 언어를 구사하거나 고객에게 낭패감을 주어 더 이상 매장에 머물고 싶지 않게 만든다. '한마디 말로 고객을 웃게도 하고 내쫓기도 하는' 것은 우리 매장에서 매일같이 벌어지는 일이다.

나는 광둥 중산(中山)에 위치한 유명한 가구업체인 야오방(耀邦)가구의 초청을 받아 '금메달 점장 훈련캠프'에서 교육을 진행한 바 있다. 이를 위해 광저우(廣州)시 베이터(鎭特)관리컨설팅의 장방리(張邦立) 사장과 함께 매장에서 사전조사를 실시했다. 조사를 마치고 돌아오는 길에 장 사장이 나를 야오방가구의 맞은편에 위치한 다른 유명 가구 브랜드의 전시관으로 데리고 갔다.

그런데 어쩐 일인지 전시관이 이상할 정도로 썰렁했다. 판매원 두 사람만이 한가롭게 잡담을 나누고 있었는데, 우리가 들어오는 것을 보고도 자리에서 꼼짝도 하지 않았다.

"이 소파 가격이 얼마나 합니까?" 장 사장이 판매원에게 물었다.

"몇 천 위안 해요." 판매원은 고개도 돌리지 않은 채 무성의하게 대답했다.

"몇 천 위안이라니 정확히 얼마란 말씀인가요?" 장 사장이 재차 물어보았다.

장 사장이 약간은 불쾌한 어조로 나오자 판매원은 그제서야 천천히 소파 앞으로 걸어 나오더니 나른한 목소리로 말했다. "오천 위안은 넘어요."

"대체 오천 위안을 얼마나 넘는다는 거요?" 장 사장이 더 이상 참지 못하고 화를 냈다.

하지만 판매원은 오히려 불쾌한 듯 얼굴을 찡그리며 말을 받았다. "여기 가격이 적혀 있잖아요. 숫자를 읽을 줄 모르세요?"

판매원의 냉담한 반응에 우리는 그저 쓴웃음을 지으며 매장을 나올 수밖에 없었다.

이 판매원에게는 2가지 면에서 큰 문제가 있다. 다름 아닌 근무태도와 소통능력이다. 우선 이 판매원은 고객을 위해 서비스해야 한다는 판매원으로서의 기본 역할조차 제대로 인식하지 못하고 있다. 그러다 보니 자신이 고객보다 윗사람이라도 되는 양 거들먹거리며 귀찮게 하지 말라는 식으로 행동하는 것이다. 판매원에게 '고객은 하느님'이라는 생각이 없으면 이처럼 고객을 무시하는 태도를 보이기 십상이다.

또한 이 판매원은 소통능력에도 문제가 있다. 언어의 전달이 불명확한 데다 매번 수동적으로 고객의 질문에 답했다. 고객과의 소통에서 무성의한 반응을 보임으로써 고객에게 불쾌감을 준 것이다. 어떤 형태로든 고객에게 불쾌감을 주는 판매원은 차라리 없느니만 못하다.

판매원으로서 가져야 할 근무태도와 소통능력은 교육과 훈련을 통해서만 개선되고 축적될 수 있다. 아래의 모범사례를 보자.

|실전연습|

고객 : 이 소파는 얼마나 합니까? (고객은 단순히 가구를 둘러봤을 뿐 자세한 이해를 하고 있지는 않다.)

판매원 : 고객님, 정말 안목이 있으시네요. 이 소파는 올해 나온 상품들 중에 가장 고급이에요. 모두 이태리산 최상급 소가죽을 사용한 데다

수공으로 만들어서 가격이 조금 비싸지요. (우선 고객을 칭찬한 다음 상품의 장점을 이야기함으로써 상품의 고급스러운 이미지를 심어준다.)

고객 : 그래서 가격이 얼마나 되는데요?

판매원 : 고객님은 정말 운이 좋으세요. 정가는 5,800위안인데 마침 저희가 세일행사를 하고 있어서 지금은 12% 할인된 가격 5,104위안에 구입하실 수 있습니다.

고객 : 물건은 좋은데 가격이 좀 비싸네요.

판매원 : 혹시 다른 매장에서 비교해보신 다른 브랜드의 제품이 있으신가요? (대단히 훌륭한 질문이다. 고객에게 자주 이런 질문을 던져 고객의 구체적인 생각을 이끌어낼 수 있도록 해야 한다.)

고객 : ○○ 브랜드는 스타일이나 색상, 재질이 모두 여기 제품과 비슷한데 가격은 4,800위안밖에 안하던데요.

판매원 : 말씀하신 ○○ 브랜드가 저희보다 300위안 정도 싼 것은 사실입니다. 하지만 고객님, 생각해보세요. 단순히 외관만으로 소파의 품질을 판단하실 수 있겠습니까? (적극적으로 고객의 의견을 인정하면 의외의 호감을 얻을 수 있으니 많이 사용하는 것이 좋다. 동시에 질문을 통해 고객이 구매의 기준을 새롭게 정립할 수 있도록 유도해야 한다.)

고객 : 그럼 뭘 더 봐야 하나요? (고객은 우리 상품에 매료되어 있는 것이 분명하다.)

판매원 : 고객님, 가구를 구입하는 것은 채소를 사는 것과는 다릅니다. 사용기간이 길기 때문에 신중하게 구입해야 하거든요. 소파가 고객님에게 적합한지를 판단하기 위해서는 외관보다 물건의 품질, 환경보호지

표, AS 등을 잘 살펴보시는 것이 더 중요하지 않을까요? (통속적인 비유로 고객에게 정확한 구매관념을 심어주어야 한다. 하지만 지금 당장 조급하게 물건을 어떻게 '볼 것인지'를 이야기할 필요는 없다.)

고객 : 맞는 말이군요. 모두 고려해볼 필요가 있겠네요.

판매원 : 고객님께서 보신 이 소파는…. (앞에서 충분히 바탕을 깔아둔 만큼, 이제는 이 소파의 매력을 소개하고 고객의 주거환경을 확인하는 단계로 나아간다.)

고객과의 사이에서 발생할 수 있는 어떤 문제도 합리적인 소통기술만 잘 운용하면 얼마든지 해결할 수 있다. 그렇다면 구체적으로 우리는 어떻게 해야 하는 것일까? 판매원들이 가장 우선적으로 고려해야 할 사항은 '고객이 편안하게 느끼도록 이야기 하는' 것이다. 불편함을 느낀 고객은 결코 판매원의 이야기를 들으려 하지 않는다. 고객이 편안하게 느끼도록 하기 위해서 판매원들은 다음의 몇 가지 사항에 유의해야 한다.

고객의 언어로 장점을 이야기하라

한 서생이 땔감을 사러 갔다. 땔감장수를 만난 그가 "땔감을 멘 자여"라며 손짓으로 그를 불렀다. 장수는 왜 그러나 싶었지만 지레짐작으로 땔감이 필요한가 보다 생각하고 챙겨가지고 서생에게로 갔다.

서생이 땔감을 보더니 "가격(價)이 기하(幾何)오?" 하고 물었다.

장수가 '가(價)' 자를 듣고는 가격이 얼마인지를 묻는 것이라 짐작하고 말해주었다.

이에 서생이 머리를 가로저으며 말했다. "땔감을 멘 자여, 이 땔감은 외부는 실(實)하나 내부는 허(虛)하여 연(煙. 연기)만 많고 염(焰. 불꽃)은 적을 것이니 감해주구려."

이번에는 땔감장수가 한참을 생각해보았지만 서생이 무슨 말을 하는지 알 길이 없었다. 결국 그는 땔감을 챙겨 그 자리를 뜨고 말았다.

땔감장수가 자리를 뜬 이유는 서생이 알아들을 수 없는 어려운 말을 썼기 때문이다. 상대방이 이해할 수 없는 언어가 소통을 방해하고 거래를 가로막는다. 그런데도 고객이 모르는 자기들만의 은어나 전문용어를 써가며 안내하는 판매원들이 종종 있다. 이는 물건을 팔지 않겠다는 뜻을 고객에게 과시하는 행위와 다를 것이 없다.

우수한 판매원들은 고객을 위한 긍정의 언어를 사용한다. 고객의 입장에서 충분히 납득할 수 있는 말로 원하는 것을 질문하고 상품의 장점을 설명하고 고객이 얻게 될 이익을 소개한다. 고객이 가장 큰 관심을 갖고 있는 것이 무엇인지를 잘 알고 그에 맞게 설득력 있는 언어를 구사한다.

언어의 설득력을 높이기 위해서는 어떻게 하는 것이 좋을까? 특히나 전문적인 설명을 요하는 경우라면 이를 어떻게 풀어가는 것이 효과적일까? 아래에서 몇 가지 유형을 살펴보도록 하자.

고객님, 저희 샤샤홈패션의 베갯속은 모두 주입식 성형방식을 사용했습니다. (도대체 주입식 성형방식이 무엇이고 얼마나 유익한지 알지 못하는 고객은 영문을 몰라 어리둥절해한다. 이런 방식이 고객에게 구체적으로 어떤 이익을 주는지 보충해서 설명한다면 좋은 결과를 얻을 것이다.)

▸ 고객님, 저희 샤샤홈패션의 베갯속은 모두 주입식 성형방식을 사용했습니다. 이렇게 하면 베갯속을 오랫동안 사용하셔도 푹신푹신한 탄력이 줄어들지 않고 물로 세탁한 뒤에도 변형이 되지 않습니다.

고객님, 저희 스유마루는 방수소재와 지능형 무접착제 공법을 사용하여 이음새가 아주 조밀할 뿐 아니라 바닥재의 사방에도 밀랍방습 기술을 사용했습니다. (전문적인 설명은 그야말로 고객의 인내를 시험하는 것과 같다. 고객이 금방 알 수 있는 말로 장점을 소개하면 분위기를 바꿀 수 있을 것이다.)

▸ 고객님, 저희 스유마루는 방수소재와 지능형 무접착제 공법을 사용한 데다 바닥재 사방에 밀납방습 기술을 적용했습니다. 이런 공법처리를 거치면 마루의 이음새가 더욱 촘촘해져 물기가 스며드는 것을 방지할 수 있고, 습기가 비교적 많은 환경에서도 바닥재가 변형되거나 곰팡이가 피는 일 없이 안심하고 사용하실 수 있습니다.

고객님, 보십시오. 저희 전방가구의 전신거울은 뒷면에 보조판과 고정 고무벨트가 장착되어 있습니다. 다른 제품들은 대개 못으로 고정시키고 있지요. 심지어 유리틀에도 못을 사용하고 있는데 저희는 다릅니다. (이 정도라면 훌륭한 편이다. 하지만 고객은 못을 사용하는 것과 고정 고무벨트를 사용하는 것, 그리고 보조판이 장착된 것이 어떤 이로운 점이 있는지 알 수 없다.)

▸ 고객님, 자세히 보세요. 저희 전가구의 전신거울은 뒷면에 모두 보도판과 고정 고무벨트가 장착되어 있습니다. 이렇게 하면 거울을 단단히 고정할 수 있어 파손될 가능성이 거의 없습니다. 반면에 다른 제품들은 못으로 고정시키고 유리틀에도 못을 사용하여 받침을 만들기 때문에 깨지기 쉽고 자칫 사람이 다칠 수도 있습니다.

고객님, 일반 형광등은 밝기가 불안정하고 깜박거림 현상이 나타나는 경우가 있습니다. 하지만 저희 회사의 시력보호용 전등은 컬러액정 모니터 조명기술을 사용하고 있습니다. 이 기술의 가장 큰 특징은 깜박거림 현상이 전혀 발생하지 않고 광원이 대단히 안정적이라는 것입니다. (고객은 깜박거림과 안정적인 광원이 사람에게 어떤 영향을 미치는지 모를 수 있다.)

▸ 고객님, 일반 형광등의 최대 단점은 광원이 불안정하고 깜박거림 현상이 발생한다는 것입니다. 이런 형광등 아래서 장시간 책을 읽으면 눈이 피로해지고 급격한 시력 저하를 일으킬 수도 있습니다. 하지만 저희 회사의 시력보호용 전등은 컬러액정 모니터 조명기술을 사용하여 안정적인 광원을 유지하며 깜박거림 현상도 전혀 발생하지 않습니다. 이런 전등 아래에서는 장시간 책을 읽어도 눈이 피로하지 않고 눈을 안전하게 보호할 수 있지요.

명확히 파악하고 구체적으로 표현하라

한 무리의 손님들이 식사를 하러 식당을 찾았다. 제일 먼저 들어온 손님이 종업원에게 말했다. "여기요, 여기 차 좀 주세요!"

종업원은 한꺼번에 많은 손님들이 몰려들자 아연 활기를 띠면서 흥분한 모습을 보였다. 그대로 찬찬히 인원수를 센 다음 손님에게 말했다. "손님, 열네 분이신데 두 테이블에 나눠 앉으시는 게 어떻겠습니까?"

제일 먼저 들어온 손님이 씁쓸하게 웃으며 말했다. "이봐요, 아가씨, 차를 달라고 했잖소!"

종업원이 황급히 다시 숫자를 세어보았지만 역시 열네 명이었다.

"이봐요, 아가씨, 차를 달라니까 뭘 세고 있는 거요?" 손님이 큰소리로 투덜댔다.

종업원이 억울하다는 듯 울먹이며 말했다. "손님, 저는 돼지띠거든요!"

이 우스운 이야기는 우리에게 한 가지 중요한 이치를 말해준다. 다름이 아니라 고객과 소통할 때는 반드시 상대방의 뜻을 명확히 헤아려야 한다는 것이다. '뭘 세고(數) 있느냐'는 손님의 말을 '무슨 띠(屬)냐'로 잘못 알아들어서야 되겠는가(중국어에서 數와 屬는 발음이 같다).

고객의 의도를 분명히 파악하지 못했을 경우에는 재빨리 다시 확인해야 한다. 그럴 때도 명확한 언어를 사용하는 것이 무엇보다 중요하다. 고객이 오해하는 일이 없도록 해야 하기 때문이다. 판매원이 말할 때마다 고객이 무슨 뜻인지 일일이 확인해야 한다면 얼마나 피곤하겠는가.

나는 그동안 교육훈련을 진행해오면서 일반적으로 판매원들이 불명확한 언어를 즐겨 사용하면서 이를 언어의 예술로 간주한다는 사실을 발견했다. 하지만 이는 고객들에게 불쾌감을 주거나 심지어 화를 초래할 수도 있다. 다음의 예들을 살펴보자.

고객 : 이곳 제품은 쇼핑몰 행사에 참여하지 않나요?

판매원 : 고객님, 저희는 지금 잠시 쇼핑몰 행사에 참여하지 않습니다. (참여하는지 안 하는지 판매원의 대답이 불명확할 뿐 아니라 안내가 수동적이고 소극적이다.)

▸ 고객님, 저희 브랜드는 이번 쇼핑몰 행사에 참여하지 않습니다. 하지만 가격 면에서 확실히 조정을 한 데다 500위안 이상을 구매하시면 사은품도 드리니까 전과 다름없는 혜택을 누리실 수 있습니다. 고객님, 우선 들어오셔서 적당한 제품이 있는지 살펴보세요. 자, 어서 들어오세요. (고객에게 이번 행사에 참여하지 않는다는 사실을 분명히 알려주고, 곧이어 다른 이점을 부각시킴으로써 고객을 가게 안으로 인도하고 있다.)

고객 : 여기 제품은 얼마 정도 사용하면 문제(퇴색이나 변형, 녹슬음 등)가 발생하나요?

판매원 : 고객님, 일반적으로 이 제품은 설명서대로만 잘 사용하시기만 하면 일반적으로 그런 문제가 나타나지 않습니다. (어떻게 하는 것이 '잘 사용하는 것'인가? '일반적으로 그런 문제가 나타나지 않는다'는 것은 그래도 문제가 나타날 가능성은 있다는 뜻 아닌가? 이런 모호한 표현은 고객의 구매욕구를 약화시킬 수 있다. 단언해서도 안 되지만 선명한 언어를 쓰는 것이 좋다.)

▸ 고객님, 좋은 지적이십니다. 전에 몇몇 저희 단골고객들께서도 비슷한 걱정을 하신 적이 있지요. 하지만 제가 이 일을 한 지 5년이 됐는데,

이 제품을 구입하신 많은 분들이 다른 분들에게도 저희 상품을 소개해 주세요. 지금까지 고객님께서 말씀하신 상황은 발생한 적이 없습니다. 그러니 안심하고 사용하세요. (단언하지 않고 예를 들어 설명함으로써 고객에게 신뢰를 주고 있다. 거래가 성사되고 나면 고객에게 올바른 사용법을 알려준다.)

고객 : 가격을 좀 더 깎아주실 수 있나요? (고객이 제품에 만족을 표하면서 가격을 흥정하고 있다.)

판매원 : 고객님, 싼 게 비지떡입니다. 이 정도면 이미 최저가예요. (고객에게 여지를 남기는 표현은 곤란하다. 고객의 질문에는 진실하고 자신감 있게, 명확하게 답함으로써 처음부터 가격 조정에 대한 환상을 품지 않도록 해야 한다.)

▶ 고객님, 여러 곳을 비교해보셨다면 저희 제품의 품질이 믿을 만하다는 걸 아셨을 겁니다. 정말 죄송합니다. 가격은 정말로 도와드릴 수가 없네요. 이 점 양해해주시기 바랍니다. 대신 최고의 품질과 서비스를 제공해드리겠습니다. 사실 손님께서는 이런 점들도 대단히 중시하고 계시지 않나요? (고객의 질문에 분명하게 답하면서 브랜드의 가치를 진실하게 알려준다.)

언어는 진실하게, 자신감은 충만하게

교육 중에 한 사람이 말했다. "왕 선생님, 요즘 고객들은 갈수록 다루기가 쉽지 않습니다."

또 다른 사람이 물었다. "왕 선생님, 고객이 마음에 들어 하는 상품이 그 사람에게 어울리지 않을 때 이 사실을 알려줘야 할까요?"

이런 질문을 받으면 나는 보통 이렇게 반문한다. "만일 그 고객이 당신 가족이라면 어떨까요? 과연 그를 어떻게 해보려고 들까요? 상품이 그에게 어울리지 않는다고 알려줄까요?"

고객을 상대하는 사람은 진실해야 한다. 진실함은 모든 판매기술의 바탕이다. 진실하지 못한 사람은 고객을 현혹시킬 수는 있을지 몰라도 겨우 푼돈밖에 벌지 못한다. 진실한 사람만이 큰돈을 벌 수 있다. 진실함 때문에 잠시 손해를 보는 경우도 없지 않지만 종국에는 그것이 더 큰 이익을 불러온다. 진실함에 더해 때로 기교가 필요할 때도 있다. 하지만 그 안에 진실함이 담겨 있어야 한다. 진실함 위에 기교를 더한다면 금상첨화일 테지만 그렇지 않다면 역효과를 부를 뿐이다.

판매원은 진실함 외에 자신감도 가져야 한다. 뛰어난 실적을 자랑하는 우수 판매원들은 고객을 대할 때 항상 넘치는 활기와 자신감으로 고객을 감화시켜 자기편으로 만듦으로써 고객이 쉽게 거절하지 못하게 만든다.

현악기를 정교하게 만들기로 이름난 장인이 있었다. 고객이 악기를 보러 올 때마다 그는 자신의 아이를 소개하듯 신이 나서 악기를 소개했다. 자연히 그의 악기는 아주 잘 팔렸다.

한번은 그가 악기를 조율하다가 자신이 만든 악기에 약간의 하자가 있다는 사실을 우연히 알게 되었다. 심각한 문제는 아니었고 전문가들조차 소리의 차이를 구별하기 어려운 정도였다. 하지만 완벽주의자였던 그는 그 악기를 팔고 나서 마음속에 그림자가 드리워지고 말았다.

이후로 장인은 고객이 악기를 보러왔을 때 더 이상 전처럼 당당할 수 없었고, 심지어 말수도 크게 줄어 고객이 질문을 해야만 겨우 대답을 하곤 했다. 자칫 말을 잘못했다가 사람들에게 탄로 날까 두려웠기 때문이다. 이로부터 그의 악기장사는 급격히 쇠퇴하기 시작했고 결국 문을 닫고 말았다.

판매원의 자신감과 활기가 매장의 성패를 좌우한다. 어깨를 축 늘어뜨린 채로 힘없이 서 있는 판매원을 보고 물건을 사고 싶어 하는 사람은 없을 것이다. 사람이 저런데 물건은 오죽하랴 하는 생각이 절로 들기 때문이다.

푸젠(福建) 취안저우(泉州)의 한 유명 스포츠 브랜드인 훙싱얼크(鴻星爾克)의 요청으로 전국순회교육을 담당한 적이 있었다. 충칭(重慶)에서 강연할 때 한 가맹점 사장에게서 들은 이야기다.

한번은 그가 물건을 들여왔는데 점장이 그에게, 몇 가지 신발은 스타일과 색상이 별로인데 가격은 비싸서 팔기 어려울 것 같다고 말했다. 그때는 그러려니 했는데 한 달 뒤에 점장이 다시 그를 찾아왔다. "사장님, 지난번에 말씀드린 신발들은 한 켤레도 팔리지 않았습니다. 제가 팔리지 않을 거라고 말씀드리지 않았습니까?"

상품에 대한 확신이 서야 판매도 잘되는 것이다. 그런 면에서 '상품의 첫 번째 고객은 다른 사람이 아닌 바로 판매원 자신'이라고 할 수 있다.

판매원이 자신의 상품에 자신감이 없으면 진열할 때도 눈에 띄지 않는 구석에 놓게 될 것이다. 설령 고객이 그 상품을 발견한다 해도 판매원은 자신 있게 소개하지 못할 것이고, 기꺼이 추천하기란 더더욱 어려울 것이다. 결국 이런 상품들은 팔리지 않은 채 악성재고로 남을 확률이 크다.

다시 한 번 기억하기 바란다. 눈에 보이지는 않지만 판매원의 진실함과 자신감이 고객의 구매를 좌우하는 강력한 요소다.

고객을 무시하게 되는 3가지 요인

사람은 누구나 다른 사람에게 존중받기를 원한다. 고객도 다르지 않다. 매장을 방문했을 때 판매원으로부터 존중받기를 바란다. 이는 아주 자연스러운 일이다. 그런데도 여전히 매장에서는 고객을 소홀히 대하는 일이 다반사로 일어난다. 고객의 당연한 기대를 나 몰라라 하여 고객을 머쓱하게 만들고 판매기회를 영영 날려버리곤 한다. 참으로 안타까운 일이 아닐 수 없다.

이에 대해 어떤 판매원들은 "내가 왜 고객을 존중하지 않겠는가? 우리는 모두 고객을 하늘처럼 모신다"라며 이의를 제기할지도 모른다. 하지만 그렇게 말하는 사람들조차 자기도 모르게 고객 존중에서 벗어난 모습을 보일 때가 있다. 이유가 뭘까?

정서적 요인에서 비롯된 무시

정저우(鄭州) 오르도스(鄂尔多斯)캐시미어 총대리점의 요청으로 '금메

달 점장 훈련캠프'에서 강의할 때의 일이다. 한 점장이 내게 물었다.

"왕 선생님, 저희 매장의 직원이 5년 동안 사귄 남자친구와 헤어진 후로 늘 의기소침한 상태로 있습니다. 그러면서 고객과도 여러 차례 마찰을 일으킵니다. 이런 상황에서는 어떻게 해야 좋을까요?"

판매원도 사람이다 보니 사생활에서 겪게 되는 불행한 사건이나 대인관계의 문제 등으로부터 자유로울 수 없다. 그것이 일에도 부정적 영향을 미친다. 걱정이나 불안, 분노, 무기력과 같은 문제의 정서상태로 근무를 하게 되면 업무 효율이 떨어질 뿐 아니라 고객서비스도 나빠지게 된다. 결국 매장의 영업에도 악영향을 낳는다.

우수한 판매원들은 끊임없이 마인드컨트롤을 통해 자신을 일깨운다. 괴롭고 속상한 일이 있어도 일단 출근하고 나서는 일과 사생활을 최대한 분리시키려고 노력한다. 고객은 하느님이고, 고객을 만족시키는 것이 자신의 일에서 최고의 목표임을 상기한다. 하지만 대부분의 판매원들은 그렇지 못하다. 자신의 문제에 매몰되어 빠져나올 줄 모른다. 이럴 때는 점장이나 사장이 나서야 한다. 평소에는 판매원들에게 양호한 근무환경을 제공하기 위해 노력하되, 어려움에 처한 사람이 있으면 업무를 바꾸어주거나 휴가를 주는 등의 신속한 조치를 취해야 한다.

무의식적 행동에서 비롯된 무시

언젠가 광저우의 한 화장품회사 요청으로 교육을 맡아 진행하게 되었는데, 마침 내가 사는 집 근처에 그 회사의 전문매장이 하나 있었다. 이 매장에서 나는 조금 특별한 광경을 목격했다.

날씬하게 생긴 사모님이 꽃무늬 치마를 입어보고 있는데 판매원이 다가가 칭찬의 말을 건넸다. 거기까지는 아주 좋았다. 그러다가 사모님이 약간 유감스러운 듯 판매원에게 말했다. "조금 큰 것 같군요. 더 작은 사이즈는 없나요?"

판매원이 즉시 대답했다. "크다니요? 그렇지 않습니다. 골격이 크셔서 조금 넉넉하게 입으셔야 예뻐요."

말이 끝나기 무섭게 사모님이 정색을 하고 말했다. "누가 골격이 크다는 거예요? 아가씨야말로 골격이 크네요!" 그러고는 치마를 벗어던지듯 하고는 곧장 매장을 나가버렸다.

무심코 던진 판매원의 한마디가 고객을 적으로 돌변하게 만든다. 조심하고 또 조심할 일이다.

일시적인 말장난에서 비롯된 무시

광저우시 베이터관리컨설팅의 장방리 사장과 함께 시장조사를 다니다가 한번은 유명한 오리털의류 브랜드에서 조사를 진행하게 되었다. 판매원이 아주 반갑게 우리를 맞이하더니 한 의류상품을 적극 추천하는 것이었다. 장 사장이 판매원에게 말했다. "장사하는 사람들은 다들 말을 잘하는군요. 하나같이 자기네 물건이 제일 좋다고 하지요."

이 말에 판매원이 불쾌한 기색을 감추지 않고 말장난 하듯 대꾸했다. "그렇게 말씀하시면 저도 방법이 없네요."

내가 판매원에게 다가가 왜 그런 식으로 고객을 대하냐고 하자, 그는 오히려 더 강경한 어조로 말했다. "그러면 어떻게 말해야 하나요? 어떻게 말하든 당신들은 믿지 않으실 거잖아요."

그는 더 이상은 상대하고 싶지 않다는 듯 몸을 돌려 다른 곳으로 갔다.

여기서 우리가 받는 느낌은 한마디로 '고집스러움'이다. 고객을 하느님으로 여기는 서비스라고는 조금도 찾아볼 수가 없다. 그는 고객의 말에 한발도 물러서지 않고 불쾌한 태도로 되받았다. '너희 같은 사람들 때문에 골치'라는 투였다. 어찌 보면 단순한 말장난으로 치부할 수도 있겠으나 한번 생긴 비호감은 엎질러진 물처럼 다시 회복하기 어려운 법이다. 호감이 사라졌는데 구매욕이 생길 리 없다.

판매원은 고객을 상대로 논쟁을 벌이거나 말장난을 칠 이유도, 필요도 없다. 의도했든 안 했든 고객의 심기를 불편하게 하는 것만큼 어리석은 일도 없기 때문이다. 고객의 말문을 막고 고객에게 낭패감을 준다고 해서 무슨 이득이 있겠는가? 절대 고객을 이기려고 해서는 안 된다. 결국 거래의 실패자가 되는 것은 판매원 자신일 뿐이다.

어느 판매원의
시 같은 화술

판매원과 고객의 소통은 단순히 물건과 돈의 거래가 아닌 정서적 교류라고 할 수 있다. 그래서 칭찬이 중요한 것이다. 칭찬은 얼음 같은 고객도 녹이는 소통의 윤활유와 같다.

우수한 판매원들은 칭찬의 말에 뛰어나다. 그들은 사람이 빵만으로 살 수 없다는 사실을 잘 알고 있다. 진심으로 인정받고 칭찬받기를 바라는 사람의 마음을 헤아려 아주 사소한 일에서도 칭찬거리를 찾아낸다. 또한 그들은 칭찬을 하는 데도 기교가 필요하다는 점에 유의한다. 기교가 없으면 도리어 일을 망치게 된다는 것을 터득하고 있기 때문이다.

칭찬에도 때가 있다

그렇다면 언제 고객을 칭찬해야 하는 것이 좋을까? 대부분의 판매원들은 고객이 가게에 들어서자마자 칭찬의 말부터 꺼내려 든다. 하지만 이때의 칭찬은 효과가 별로 없다. 고객에 대한 이해가 깊지 않은 상태에서 던지는 칭찬은 가식적으로 느껴지기 때문이다. 도리어 칭찬의 역효과가 날 수도 있다. 고객의 신발이나 옷차림, 머리모양, 피부 등에 대해 늘어놓는 칭찬이 고객의 심기를 불편하게 만들기도 한다. 소통이 어색해질 수밖에 없다.

내가 최고라고 평가받는 점장들과 우수 판매원들을 관찰하고 조사한 바에 따르면, 칭찬하기에 적당한 시기는 따로 있다. 고객이 상품을 체험할 때처럼 고객과 소통하는 과정에서 칭찬하는 것이 가장 좋다. 그중에서도 고객이 사적인 이야기를 털어놓았을 때나 고객의 이의를 해결했을 때가 최적기라고 할 수 있다.

고객이 이의를 제기했을 때 칭찬하는 법

고객이 이의를 제기해서 이를 해결하는 순간만큼 칭찬하기에 좋은 때도 없다. 고객의 생각이 온통 문제를 향해 있을 때 판매원이 내미는 칭찬의 말은 진실하게 받아들여질 수 있고, 고객의 마음을 즐겁게 할 수 있다. 다음의 대화를 살펴보자.

|실전연습|

판매원 : 고객님, 바지는 입어보지 않고는 잘 몰라요. 우선 한번 입어보세요. 자, 이쪽으로 오세요. (고객이 판매원을 따라 탈의실로 들어간다.)

고객 : …. 조금 작은 것 같네요. (고객이 탈의실에서 나온다. 전체적인 느낌은 괜찮은데 사이즈에 대해 이견을 말하고 있다.)

판매원 : 고객님, 조금 작은 것 같으세요? 혹시 예전엔 옷을 조금 넉넉하게 입지 않으셨나요? (질문을 통해 고객의 생각을 이끌어낸다. 이후 판매원에게 유리한 대답을 고객이 직접 말하도록 유도한다.)

고객 : 네, 거의 그런 편이었죠.

판매원 : 그렇죠? 어쩐지…. 처음에는 익숙지 않아서 불편하게 느끼실 수 있어요. 그래도 이런 스타일의 바지는 이렇게 입으시는 게 제일 좋아요. 게다가 고객님은 균형 잡힌 몸매에 다리도 길어서 이렇게 몸에 딱 맞게 입어야 예뻐요. (우선 고객의 생각에 동의한 다음 화제를 돌려 고객을 칭찬함으로써 거래를 성사시키기 위한 발판으로 삼는다.)

고객 : 그래요? 하지만 조금 걱정이 돼요. …(고객이 머뭇거리며 결정을 내리지 못할 때는 과감하게 밀어붙인다.)

판매원 : 고객님, 오랫동안 같은 스타일로 옷을 입으시면 습관이 되기 쉬워요. 새로운 스타일을 시도해보시는 것도 좋은 방법이지요. 주변 사람들이 고객님을 다른 눈으로 보게 될 거예요. (계속 밀어붙인다.)

고객 : 그 말도 맞는 것 같네요. 좋아요. 아가씨 말대로 해보죠. 한번 시도해볼게요.

판매원 : 고객님, 제 말을 들어주셔서 정말 감사합니다. 얼른 포장해드릴게요.

고객이 사적인 이야기를 꺼냈을 때 칭찬하는 법

정도의 차이가 있을 뿐 사람들은 대개 조금씩이나마 과시욕을 품고 산다. 다른 사람들에게 칭찬과 인정을 받고 싶어 하는 심리가 다 여기서 비롯되는 것이다. 따라서 소통과정에서 고객이 사적인 이야기를 털어놓을 때야말로 인간의 이런 심리를 만족시켜주는 절호의 기회가 될 수 있다. 이때의 칭찬은 더욱 진정성이 느껴져 고객이 진심으로 감사하는 마음을 품게 된다. 반대로 칭찬 없이 무심하게 지나치면 기대를 배반당한 고객이 실망해서 자리를 뜨고 만다.

| 매장에서 |

이탈리아 남성 캐주얼 브랜드 워모(L'UOMO)의 쓰촨(四川) 현지 사업부와 공동으로 교육훈련을 진행할 때였다. 한번은 매장에서 현장수업을 진행하고 있는데, 나이가 쉰 정도 되어 보이는 중년의 남성이 들어왔다. 판매원이 그를 반갑게 맞이하면서 양복 한 벌을 추천하려고 했다.

"안 돼요, 안 돼. 작년에 우리 아들이 칭화대학에 합격해서 양복을 한 벌 해줬는데, 이것과 너무 비슷해요."

모두 들으라는 듯 그 고객이 큰 소리로 말했다.

"괜찮습니다, 고객님. 아드님은 아드님이고 고객님은 고객님이니까요. 게다가 부자가 커플로 입으셔도 아주 보기 좋거든요."

하지만 그는 전혀 뜻을 굽히려 들지 않았다. 할 수 없이 판매원이 그에게 훌륭해 보이는 몇 벌의 옷을 잇따라 추천해주었지만 그는 시종 한마디도 하지 않더니 결국에는 실망한 표정으로 매장을 나가버리고 말았다.

| 실전코칭 |

당신은 문제의 원인이 어디에 있다고 생각하는가? 판매원의 행동이 어땠다고 생각하는가? 만일 당신이라면 어떻게 행동했겠는가?

이 고객이 큰 소리로 아들이 칭화대학에 합격했다고 말한 것은 그런 아들을 둔 자신을 특별하게 생각해달라는 허영심의 표출이었다. 당연히 판매원은 적절한 말로 그의 기대에 부응했어야 했다. 하지만 문제의 판매원은 이런 고객의 심리를 포착하지 못하고 칭찬의 기회를 놓치고 말았다. 오로지 그의 안중에 '옷'밖에 없었기 때문에 결국 고객을 불쾌하게 만들고 자연히 판매의 기회도 상실하게 된 것이다. 만약에 판매원이 대화의 흐름을 타서 고객에게 칭찬의 말로 맞장구를 쳐주고 유사한 다른 상품을 살펴볼 수 있도록 고객을 유도했다면 결과는 크게 달라졌을 것이다.

이와 같은 상황에서의 모범적인 대응방법은 아래와 같다.

| 실전연습 |

판매원 : 고객님, 고객님께서 말씀하신 내용에 비춰보면 저희 회사의 최신 상품인 링클 프리(구김 방지) 가공상품이 잘 맞으실 것 같군요. 색상도 고상하고 스타일도 좋아서 고객님이 입으시면 분명 잘 어울리실 겁니다. (판매원의 말이 채 끝나기 전에 고객이 말을 자른다.)

고객 : 안 돼요, 안 돼. 작년에 우리 아들이 칭화대학에 합격해서 양복을 한 벌 해줬는데, 이것과 거의 똑같아서요. (사람들이 모두 들으라는 듯 큰 소리로 말한다.)

판매원 : 우와, 고객님, 칭화대학은 굉장히 들어가기 어려운 곳 아닌가요? 듣자니 작년에 성 전체를 통틀어 몇 명밖에 합격하지 못했다고 하던데요. 그렇게 훌륭한 아드님을 두셨다니 정말 부럽습니다.

고객 : 뭘요, 허허….

판매원 : 그러면 고객님, 이렇게 하시면 어떨까요? 스타일이 비슷한 양복이 두 종류 더 있는데, 제 생각에는 모두 잘 어울리시는 것 같아요. 자,

우선 한번 보세요.… (칭찬을 한 뒤에 화제를 전환하여 곧장 본론으로 들어갈 수 있게끔 교묘하게 고객을 유도한다. 이때는 고객의 기분이 즐거운 상태이므로 판매원에게 협력할 가능성이 아주 높다.)

고객 : 음…, 그럼 한번 입어봅시다.

판매원 : 네, 감사합니다. 고객님, 이쪽으로 오시죠. ….

속으로 자랑스럽게 여기는 자신의 개인 정보를 스스로 드러내는 고객은 비교적 강한 자아의식을 가지고 있으며 판매원의 인정과 칭찬을 받기를 몹시 바라는 경우가 대부분이다. 이때 판매원이 취할 수 있는 가장 좋은 태도는 잠시 '상품'을 접어두고 '심리'를 공격하는 것이다. 적시의 칭찬 한마디는 고객과 우호적인 관계를 맺어주는 최상의 약효를 발휘한다.

다시 아래의 경우를 살펴보자. 한 여성복 매장에서 내가 직접 목격한 판매원의 고객응대 사례다.

판매원 : 고객님, 안녕하세요! 오랜만에 오셨네요. 이번에 신상품이 많이 들어와서 막 전화를 드리려던 참인데 마침 잘 오셨어요. 정말 반갑습니다. 고객님, 우선 음료부터 한 잔 드시지요. (아주 친절하게 고객을 맞는다.)

고객 : 고마워요. 근데 저희 쓰촨대학에 최근 새로운 규정이 생겼어요. 교수들에게 수업할 때 정장을 입으라고 하는데 집에는 마땅한 옷이 없어서 여기에 어떤 옷들이 있는지 한번 구경하려고 왔어요. (단골고객인데 오늘에서야 자신의 신상을 털어놓는 것 같다.)

판매원 : 고객님, 알고 보니 쓰촨대학 교수님이셨군요! 어쩐지 분위기가 다른 사람들과는 다르시다 했어요. 이렇게 젊으신데 쓰촨대학 교수님일 줄은 전혀 몰랐네요. 쓰촨대학은 100년 역사의 명문대학 아닌가요. …(기회를 놓치지 않고 칭찬한다.)

고객 : 호호. 교수가 뭐 그리 대단한 직업은 아니지요. …(고객이 기뻐하는 것을 보니 판매원의 칭찬이 매우 흡족했던 것이다.)

판매원 : 교수님, 제가 정장을 한 벌 추천해드릴게요. 방금 들어온 신상품인데 어떠세요? (호칭이 금세 '교수님'으로 변했다.)

고객 : 네…. 스타일은 괜찮은데 얼마 전 남편이 선물해준 것과 비슷하네요.

판매원 : 교수님, 그렇게 다정다감한 남편을 두셨다니 정말 복이 많으시네요. 게다가 안목도 높으시고요. 저희 매장에 이 옷과 비슷한 풍격에 교수님께 딱 어울릴 만한 옷이 두 벌 더 있어요. 교수님, 이쪽으로 오셔서 한번 보시지요. …(고객 남편의 자상함과 안목을 칭찬한 다음 고객이 다른 옷을 구경하도록 자연스럽게 유도한다.)

구체적 사실을 들어 칭찬하라

간혹 그런 판매원들이 있다. 늘 칭찬을 하면서도 고객을 불편하게 만드는 판매원들 말이다. 왜 그럴까? 나는 그 원인이 '판매원이 고객을 칭찬할 때 진심으로 말하지 않거나, 부자연스럽게 하기 때문'이라고 생각한다. 진심이 아니거나 부자연스러운 칭찬은 고객이 금방 알아차린다. 그래서 신뢰감을 느끼지 못하고 오히려 불쾌함을 갖게 되는 것이다.

칭찬은 정확한 사실에 근거해야 할 뿐만 아니라 적당하고 구체적인 포인트를 갖추어야 한다. 그래야 신뢰감이 생기고 고객이 기쁘게 반응하게 된다.

| 매장에서 |

광둥의 후먼(虎門)에 본사를 둔 캐주얼 브랜드 이원얼(伊韻兒)에서 강의 요청을 받아 사전에 나의 조수와 함께 청두의 춘시루(春熙路)에서 특색 있는 브랜드 전문매장 몇 곳을 조사하게 되었다. 그중 한 곳을 방문했을 때 마침 판매원이 뚱뚱한 젊은 부인에게 옷을 입혀보고 있었다. 그러면서 주고받는 말이 지나가던 내 귀에 들려왔다.

"언니, 이 옷을 입으니까 몸매가 확실히 드러나시네요."

그런데 힐끗 보기에도 젊은 부인이 입은 바지 뒤쪽의 봉제선이 터지려 하고 배는 고무공처럼 불룩해져 있었다. 판매원의 말에 민망한 듯 젊은 부인이 얼굴을 살짝 붉히며 작은 소리로 말했다. "조금 작은 것 같지 않아요?"

판매원이 유머러스하게 말을 받았다. "괜찮아요, 언니. 이 바지는 탄력이 좋아서 며칠 입으면 조금씩 늘어날 거예요."

이 말에 매장에서 옷을 구경하던 다른 고객들이 큰 소리로 웃음을 터뜨렸고 젊은 부인은 황급히 바지를 갈아입고는 도망치듯 매장을 나갔다.

이 판매원은 칭찬은 반드시 구체적인 사실에 기초해야 한다는 사실을 제대로 인지하지 못하고 멋대로 칭찬하는 바람에 일을 그르치고 말았다. 우수 판매원들이 고객의 장점을 찾아 사실적이고 진심 어린 칭찬을 하는 데 능한 반면에, 보통의 판매원들은 칭찬에 인색하고, 칭찬을 한다 해도 종종 고객의 아픈 곳을 건드린다.

고객의 몸매가 좋지 않을 경우에는 다른 장점을 찾아 칭찬하는 기교를 발휘하는 것이 바람직하다. 피부가 좋으면 그것을 칭찬하고, 피부도 좋지 않으면 눈의 장점을 찾아 칭찬한다. 피부와 눈이 모두 예쁘지 않으면 머리카락의 장점을 찾아 칭찬하면 된다. 요컨대 고객이 가장 자랑스럽게 여기는 구체적인 부분을 찾아 칭찬해야 한다. 다음의 대화는 한 주방가구 업체에서 들은 내용이다.

판매원 : 고객님, 안녕하세요. 저희 매장에는 처음 오셨나요? (고객과의 대화를 유도하기에 유용한 질문이다. 대화의 시작단계에 많이 사용할 것을 권한다.)

고객 : 네, 우선 좀 둘러볼게요. (열에 여섯은 이렇게 말할 것이다. 그리고 나머지 넷은 대꾸가 없거나 거들떠보지도 않을 것이다.)

판매원 : 네, 괜찮습니다. 주방가구를 구입할 때는 꼼꼼히 살펴보는 것이 당연하지요. 그것이 자신과 가족에 대해 책임 있는 태도이고요. (고객의 행동에 동의함으로써 고객의 호감을 사는 동시에 교묘하게 고객을 칭찬한

다.)

고객 : 그렇죠. 요즘은 브랜드가 너무 많아서 어떻게 골라야 할지 모르겠어요.

판매원 : 맞습니다. 요즘은 브랜드가 정말 많다 보니 제품을 고를 때도 시간이 많이 들지요. 게다가 가구는 한번 잘못 선택하면 나중에 얼마나 골치가 아프다고요. 실례지만 댁의 인테리어 공사는 어느 단계까지 진행되어 있습니까? (교묘하게 판매원이 해야 할 '첫 번째 일' 즉, 고객의 사정이나 욕구를 능동적으로 탐색한다.)

고객 : 2주 후면 거의 다 완공돼요. 그래서 오늘 먼저 가구를 좀 봐두려고 온 겁니다.

판매원 : 아, 네. 그러시다면 지금이 주방가구를 보기에 딱 적당한 시기네요. 고객님, 실례지만 존함이 어떻게 되시나요? (우선 고객의 성을 파악하여 이후의 대화에서 활용하도록 한다. 대화 분위기를 호전시키는 효과가 있다.)

고객 : 장 씨예요.

판매원 : 아, 장 선생님이시군요. 장 선생님, 주방가구는 일반 가구와 다릅니다. 반드시 주변의 인테리어나 공간의 구조, 수도, 전기, 가스관과 계량기 등의 구체적인 상황을 고려해서 결정하셔야지 그렇지 않으면 나중에 더 번거로워질 수도 있거든요. 실례지만 주방이 몇 평이나 되나요? (질문을 계속 이어가기 위해 포석을 깔아두는 동시에 고객의 마음속에 인테리어 전문가의 이미지를 심어준다.)

고객 : 여덟 평 조금 넘어요.

판매원 : 장 선생님, 아주 쾌적한 주방이겠네요. 사실 그렇게 큰 주방은 저 같은 사람도 접하기에 쉽지 않거든요(고객이 제공한 정보에 근거하여 넓은 주방면적을 칭찬함으로써 고객의 기분을 좋게 만든다.)

고객 : 괜찮은 편이죠. 저희 국제로열아파트의 주방은 비교적 큰 편이에요. (기분이 좋아지면 고객은 우리에게 보다 많은 정보를 제공한다. 이때 판매원은 그가 대형 고객이라는 사실을 알게 된다.)

판매원 : 우와, 고급 주택에 사시는군요. 그런 주택에 사시는 분들은 다들 성공한 분들이겠죠? 정말 부럽네요. 아, 한 가지 더 여쭤봐도 될까요? 주방의 구조와 채광상태는 어떤가요? (칭찬을 계속하면서 중간중간 질문을 던진다. 뒤이어 상품을 추천하면 비교적 수월하게 구매의 단계로 고객을 이끌 수 있다.)

고객 : 22층에 남향이라 빛은 아주 잘 드는 편이에요.

판매원 : 그러시군요. 고층이라 공기도 좋고 채광도 잘되니 정말 좋으시겠어요. 참, 장 선생님과 가족분들은 어떤 스타일의 인테리어를 좋아하시나요?

고객 : 저는 유럽풍을 좋아하는데 주방에는 별로 어울릴 것 같지 않아서요.

판매원 : 맞는 말씀입니다. 선생님처럼 성공하신 분들은 다들 유럽풍의 인테리어를 선호하시지요. 하지만 주방은 보통 심플하고 시원한 스타일과 색상을 선택하시는 편입니다. (계속해서 고객을 칭찬하면서 상품을 추천할 준비를 한다.)

고객 : 그렇겠군요.

판매원 : 장 선생님, 선생님처럼 말씀이 잘 통하는 분을 만나니 정말 좋습니다. 이제 제가 제품을 보여드릴게요. 주방의 구조와 선생님의 기호를 고려할 때 저희 매장의 최신 제품이 가장 어울릴 것 같습니다. 장 선생님, 우선 이쪽으로 오셔서 제품을 한번 둘러보세요. …(제품을 추천하면서 고객에 대한 칭찬을 계속한다.)

위에서 알 수 있듯이 고객이 제공한 정보에 근거한 적절한 칭찬은 고객의 마음을 가볍고 즐겁게 하여 원활한 소통을 이끄는 촉매제다. 고객이 자기도 모르게 당신의 판매과정에 협력하도록 만든다. 따라서 당신이 의류나 가구, 건축자재, 전자기기, 통신 등 어떤 분야에서 일을 하든 고객과 소통할 때에는 '처음에는 최대한 제품 자체에서 멀리 떨어지고, 고객에게 보다 진심 어린 칭찬을 하는' 좋은 습관을 유지해야 한다.

몰아서 하지 말고 쪼개서 칭찬하라

당신이 네 살짜리 아이를 둔 부모이고 당신 손에 10개의 초콜릿이 있다고 가정하자. 아이에게 초콜릿을 주기 위해 한 가지 방법을 선택해야 한다면 당신은 아이에게 한 번에 10개의 초콜릿을 다 주고 마음대로 먹도록 할 것인가, 아니면 한 번에 하나씩 나누어줄 것인가? 책임감 있는 부모라면 대개 후자를 택할 것이다. 당신도 예외는 아닐 것이다.

이런 이야기를 꺼낸 이유는 초콜릿을 주는 것과 칭찬을 하는 것이 별반 다르지 않기 때문이다. 칭찬을 잘하는 판매원은 한 번에 많은 칭찬을 하지 않는다. 칭찬 포인트를 고객과의 소통과정에 두고 칭찬할 때에도 많은 말을 하지 않는다. 한두 마디의 칭찬이면 고객에게 충분히 자연스러움과 편안함을 느끼게 할 수 있다는 사실을 잘 알기 때문이다. 앞의 사례에서도 판매원은 모두 여섯 차례로 나누어 칭찬을 했고, 매번의 칭찬에서 과장된 언어를 사용하지 않았기 때문에 고객에게 부담없이 다가갈 수 있었던 것이다.

당신은 고객을 칭찬할 때 어떻게 하는가? 몰아서 하는가, 쪼개서 하는가?

칭찬의 효과를 극대화하는 또 다른 방법

다시 한 번 강조하지만 처음 방문한 고객에게는 적절한 예의를 갖추되 함부로 칭찬을 늘어놓지 않도록 한다. 아직 서로를 잘 알지 못하는 상태에서 무턱대고 칭찬을 했다가는 의심을 사고 그것이 반감으로 이어져 자칫 아첨하는 것처럼 비칠 수 있다.

단골고객의 경우에는 고객의 옷차림과 외모, 헤어스타일 등에 변화가 없는지 유심히 살펴서 전과 다른 변화가 있다면 때에 맞추어 진심 어린 칭찬을 해주어야 한다.

직접적으로 하는 칭찬보다 간접적으로 하는 칭찬이 더 위력을 발휘한다는 사실도 알아두기 바란다. 다른 사람의 입을 빌려 칭찬을 하면 효과를 극대화할 수 있다. 예컨대 "네, 조금 전 옆에 계시던 고객님도 사모님이 정말 품격이 있다고 말씀하셨어요"라고 말하는 식이다.

판매 전보다 후에 하는 칭찬이 고객에게 더 깊은 인상을 남긴다는 사실도 염두에 두어야 한다. 고객들은 상품을 구매한 후에도 혹시 손해를 보고 산 것은 아닌지, 자신에게 어울리지 않는 것은 아닌지 의구심을 가진다. 따라서 상품을 판매하고 나서 판매원이 "선생님, 정말 안목이 높으십니다. 이 상품이 저희 매장에서 가장 인기 있는 옷(바닥재, 주방가구, 화장실, 욕실, 타일 등)이에요. 많은 고객들께서 마음에 들어 하셨지요"라고 말해주면 고객의 마음이 한결 편해지고 판매원에 대해 더 큰 신뢰감을 갖게 된다.

'동일시'하라,
설득력이 배가된다

나는 장기간에 걸친 연구와 조사, 각종 교육훈련을 통해 제품을 팔려는 사람이면 누구나 조금이라도 더 빨리 고객을 설득하고 싶어 하지만 결과는 별로 성공적이지 못하다는 사실을 발견했다. 판매원이 제품을 판매하기 위해 노력할수록 오히려 고객은 거래에서 멀어진다는 것이다. 왜 이런 상황이 발생하는 것일까?

원인은 여러 가지가 있을 테지만, 나는 한 가지 중요한 원인을 발견했다. 다름이 아니라 직선적 사고 때문에 판매원들이 매일같이 동일한 실수를 반복하면서도 자신은 전혀 의식하지 못한다는 것이다. 직선적인 사고란 단편적인 대답이나 직접적인 거절을 말한다. 당신은 일찍이 이런 방식으로 고객과 소통한 적이 없는가?

고객 : 이거 얼마죠?

판매원 : 2,500위안입니다.

고객 : 몇 %나 할인해주나요?

판매원 : 신제품이라 할인을 안 합니다.

고객 : 너무 비싸요.

판매원 : 싼 게 비지떡이지요. 저희 제품은 품질이 아주 뛰어납니다.

고객 : 50위안만 깎아주시면 살게요.

판매원 : 죄송합니다. 저희는 정찰제로 판매하거든요.

고객 : 색이 바래지는 않을까요?

판매원 : 저희 제품은 그렇지 않습니다.

고객 : 이 브랜드도 쇼핑몰행사에 참여하나요?

판매원 : 아뇨.

평소에 당신은 매장에서 이와 유사한 상황을 경험한 적이 없는가? 고객의 질문에 단답식으로 응대한 적이 있지 않은가? 그랬다면 진지하게 일깨워주고 싶다. 바로 그 때문에 당신은 매일 한두 개의 제품을 더 팔 수 있었던 기회를 스스로 날려버린 것이다! 그것이 일주일이 되고 한 달이 되고 1년이 되면 얼마나 많은 제품이 판매되지 못한 것인가. 그러면서 판매실적 때문에 늘 고민하고 있다면 얼마나 어리석은 일인가.

직선적 사고가 소통에서의 설득력을 감퇴시키는 주범이다. 그런데도 이 같은 사고에 젖어 있는 판매원들은 자신의 역할에 최선을 다했다며 고객을 탓하고 환경을 불평한다. 자신의 말 한마디 한마디가 고객을 매장에서 내몰고 있다는 사실을 모른 채로 말이다.

전에 푸젠(福建)의 한 유명 가방회사의 요청에 의해 샤먼(厦門)에서 전국의 점장들을 대상으로 강의를 진행하다가 사정이 생겨 중도에 포기한 적이 있었다. 그런데 그즈음에 뜻밖의 수확을 거두게 되었다. 우리 판매원들이 매일같이 되풀이하고 있을지 모르는 고질병, 즉 직선적 사고를 발견해낸 것이다.

내가 청두의 한 매장에 갔을 때 마침 일부 매대에서는 300위안 어치의 상품을 구입하면 300위안에 해당하는 제품을 선물로 주는 대규모 행사가 진행되고 있었다. 나는 판매원에게 그 가방 브랜드도 행사에 참여하는지 물었다. 고개를 숙인 채 자기 핸드폰에 정신이 팔려 있던 판매원이 그 상태로 성의 없이 대답했다. "안 해요!"

매장을 구경하다가 작고 앙증맞은 여성용 배낭을 하나 발견하고는 판매원에게 얼마인지 물었다. 판매원은 그 자리에서 미동도 하지 않고 말했다. "298위안이에요."

내가 깎아줄 수 없느냐고 다시 묻자 판매원이 무표정하게 말했다. "정찰제예요!"

내가 말했다. "다른 세계적인 브랜드들도 전부 가격을 할인해주는데 왜 여기만 안 된다는 겁니까?"

판매원이 더 이상 못 참겠다는 듯 말했다. "저도 어쩔 수 없어요. 회사 방침이에요."

내가 다시 판매원에게 말했다. "나는 여기 단골이라서 1년에 보통 2,000~3,000위안씩 물건을 구입하는데 혜택을 좀 줄 수 없나요?"

어이가 없다는 듯 판매원이 말했다. "고객님, 이곳에서 5,000~6,000위안씩 구매하는 분들에게도 모두 이 가격에 팝니다."

나는 어안이 벙벙했다. 그래도 웬만한 사람들은 다 아는 가방 브랜드인데 판매원의 서비스 품질이 이 정도밖에 되지 않는단 말인가. 더 이상 있고 싶지 않았던 나는 판매원에게 다른 곳을 둘러보겠다고 말하고는 그

곳을 빠져나왔다. 그런 나를 보고 판매원이 무덤덤한 태도로 말했다. "마음대로 하세요. 안녕히 가세요."

그곳에서 고객인 나는 판매원이 했던 여섯 번의 대답에 여섯 번의 상처를 받았다. 그 여섯 번의 대답은 모두 직선적 사고에서 나온 말이었고 한결같이 고객을 매장 밖으로 내쫓는 말이었다. 이후로 나는 교육훈련을 할 때마다 이 사례를 들어가며 매장에서 가장 비용이 많이 드는 것은 제품이나 인테리어, 급여 같은 것들이 아니라 이와 같은 판매원들이라는 사실을 자주 강조하곤 한다. 거금을 들여 좋은 매장을 임대하고 인테리어에 많은 돈을 들여도 직선적 사고의 틀에 갇혀 있는 판매원들이 있는 한 매출이 오를 리 없다. 그들이 매일같이 고객을 내쫓고 있기 때문이다.

성공에도 방법이 있고 실패에도 이유가 있다. 지속적인 성장을 구가하는 브랜드들은 모두 최종 판매단계의 교육훈련에 대한 투자를 아끼지 않는다. 판매원에 대한 투자가 10배, 100배의 성과로 돌아온다는 사실을 잘 알기 때문이다. 하지만 일시적으로 버는 돈에 만족하는 브랜드들은 이와 정반대의 길을 고수한다. 장사가 그럭저럭 잘되면 굳이 직원교육에 투자하지 않아도 이렇게 돈을 벌 수 있지 않느냐고 반문하며 신경을 쓰지 않고, 어려움을 겪으면 장사는 원래 힘든 것인데 교육에 투자해보았자 무슨 소용이 있겠느냐며 소홀히 한다. 결국 그들은 장사가 어찌 되든 상관없이 교육에 관심을 두지 않는다. 그것이 판매 결과에 어느 정도 손실을 끼치는지를 전혀 깨닫지 못하는 것이다. 나는 이런 브랜드들을 두고 더 큰 돌을 들어 자신의 발등을 찍고 있다고 말하곤 한다.

그렇다면 대체 어떻게 해야 할까? 직선적 사고를 '동일시'로 대체하는 것이다. 동일시는 상대방의 입장이 되어 소통하는 방식으로, 고객의 처지와 생각 등을 인정하고 동의하며 이해하는 행동방식이다. 이러한 행동방식은 고객을 편안하게 해줄 수 있을 뿐만 아니라 판매원에 대한 고객의 신뢰감을 제고할 수 있다.

나는 500여 명이 넘는 우수 판매원들을 대상으로 탐문조사를 벌이고 나서 그들이 인정의 기술로 고객과 소통한다는 사실을 발견했다. 뿐만 아니라 보통의 판매원들이 그들의 소통방식을 활용하여 판매에 실제적인 도움을 얻었다는 증거들도 곳곳에서 확인할 수 있었다.

여기서 나는 당신에게 실전에서 활용도가 높은 인정의 표현들을 알려주고, 몇 가지 모범사례를 소개하려고 한다. 이것만 제대로 활용해도 당신은 자신에게 적합한 언어의 모델을 새롭게 창출할 수 있을 것이다.

▸ 고객님, 일리 있는 말씀입니다.

▸ 고객님, 고객님께서 그런 생각(우려, 염려)을 하시는 것도 충분히 이해가 갑니다.

▸ 고객님, 아주 좋은 질문이십니다. 전에 저희 단골고객님들께서도 처음에는 그런 문제를 제기하셨습니다. 하지만 나중에 …라는 사실을 깨닫게 되셨지요.

▸ 고객님, 고객님께서 그런 생각을 하시는 것도 당연합니다. 저라도 고객님과 같은 걱정을 했을 겁니다.

강연을 위해 비행기를 타고 광저우에서 항저우(杭州)로 갈 준비를 하고 있었다. 그런데 갑자기 비행기 이륙시간이 지연되는 바람에 대합실에서 의류상점을 구경하게 되었다. 내가 붉은색 셔츠를 보고 있을 때였다. 나는 전혀 구매할 의사가 없었는데도 점원이 다가와 상투적인 말로 옷을 소개했다. 내가 손이 가는 대로 태그를 뒤집어보고는 별 생각 없이 말했다. "이 붉은색 셔츠는 예쁘긴 한데 입기 불편하고 몇 번 빨면 색이 바랠 것 같네요."

점원이 맹세할 수 있다는 듯 힘주어 말했다. "저희 옷은 절대 그렇지 않습니다."

내가 미소를 지으며 그에게 말했다. "전에 옷을 샀을 때도 다른 분이 그렇게 말했어요. 하지만 나중에는 결국 전부 색이 바래더군요."

그러자 점원이 다소 당황하는 모습을 보이며 말했다. "고객님, 그럼 조금 좋은 옷을 사시지 그러세요."

이 말이 내 심기를 건드렸다. 내가 그에게 따지듯 물었다.

"그럼 이 옷은 좋은 상품이 아니란 말인가요?"

"공항 매점에서 판매하는 상품이니 분명 좋은 옷이겠죠."

"그러면 색이 바래지 않는다고 장담할 수 있습니까?"

내가 다시 매섭게 추궁하니 점원이 조금 주저하는 태도를 보였다. 그러더니 힘이 없는 목소리로 대답했다. "장담합니다."

그의 말을 받아 내가 단호하게 말했다. "이 옷을 살 테니 포장해주세요. 대신 영수증에 '만일 색이 바랠 경우 책임지고 왕복 비행기표를 부담하겠다'고 명기해주세요."

점원이 어리둥절한 표정을 짓더니 곧이어 경계하는 투로 내게 물었다. "손님은 뭐하시는 분인가요?"

내가 그의 눈을 바라보며 강하게 말했다. "물건을 구매하는 고객이잖습니까!"

그때 뜻밖의 일이 발생했다. 점원이 재빨리 몸을 돌려 달아나버리는 것이었다. 내가 쫓아가서 옷을 포장해달라고 했지만, 그는 계산대 뒤에 숨어서 나오려고 하지 않았다.

| 실전코칭 |

이 이야기는 우리에게 직선적 사고의 위험성을 일러준다. 고객이 변색이나 변형, 보푸라기 등의 문제에 대해 묻는 것은 의류매장에서 늘 있는 일이다. 가구매장에서도 고객들이 변형이나 헐거워짐, 녹, 곰팡이, 변색, 오염 등을 염려하여 비슷한 질문을 던진다. 이 같은 문제들은 모두 자연적인 문제에 해당한다. 이른바 자연적인 문제란 일어날 가능성은 있지만 법으로 정한 기준을 벗어나지 않는 문제, 또는 사용방법이나 환경이 적합하지 않아 파생되는 문제를 말한다. 결코 품질문제의 본질에 속하지 않지만 고객들이 특별한 관심을 갖고 자주 묻는 것들이다.

이러한 고객들의 의문에는 어떻게 대처하는 것이 좋을까? 판매원들은 대개 직선적인 사고에 따라 대처하려는 경향을 보이는데, 그렇게 하면 고객의 의심과 전투욕구를 불러일으키기 쉽고 자연히 좋은 결과를 얻을 수 없게 된다. 자연적인 문제들을 처리하려면 다음의 4가지 측면에서 시작하는 것이 효과적이다.

첫째, 인정과 칭찬이다. 누구나 좋은 말을 듣고 싶어 한다. 심지어 하느님도 칭찬은 좋아할 것이다.

둘째, 확신을 주되 단정적으로 말하지 않는다. 확실한 증거를 제시하며 자신감 있게 말하되, 문제의 발생 여부를 단정 지어서는 안 된다. 혹시 있을지 모르는 문제에 대해 걱정할 필요가 없다는 정도로 인식시키는 선에서 그쳐야 고객도 받아들일 여유가 생긴다. 그렇지 않고 단정해버리면 고객에게 의구심을 사게 되고 자신의 퇴로마저 차단당하게 된다.

셋째, 문제는 약화시키고 모순은 전이시킨다. 판매원이라면 장점을 드러내고 단점을 가리며, 모순을 피해가는 방법을 알고 있어야 한다. 고객이 제기한 문제가 판매에 불리하게 작용하겠다는 판단이 들면 이 상황을 재빨리 벗어나서 자연스럽게 대화의 초점을 다른 화제로 돌리는 것이 현명하다. 예컨대 옷은 잘 맞는지, 착용감은 어떤지 물어보면서 옷을 입어보게 한다.

넷째, 기회를 잡아 적당한 설명을 해준다. 고객이 구매를 결정한 다음에 판매원은 간결한 언어로 고객에게 제품을 관리하는 방법을 설명해주어야 한다. 이렇게 하면 거래 성사율을 더욱 높일 수 있을 뿐 아니라 고객에게 감동을 줄 수 있다.

우리는 고객과의 사이에서 발생할 수 있는 자연적 문제들을 이런 방식으로 원만하게 처리할 수 있다. 이 4가지 사항을 숙지하고 사용할 표현들을 정리하여 암기하면 원하는 효과를 거둘 수 있고, 문제처리 능력을 크게 향상시킬 수 있다.

이어서 자연적 문제를 해결해나가는 실제 대화를 살펴보자.

| 실전연습 |

고객 : 순면은 쉽게 색이 바랜다고 하던데 이 브랜드 의류도 그런가요?

판매원 : 고객님, 좋은 질문 하셨습니다. 보아하니 원단에 대한 지식이 아주 많으신 것 같네요.

고객 : 저도 그냥 남들이 하는 얘기를 들었을 뿐이에요.

판매원 : 고객님 말씀처럼 일부 브랜드 제품에서는 그런 현상이 나타나기도 합니다. 하지만 안심하셔도 됩니다. 저희는 모든 의류제품에 대해 엄격한 품질검사를 실시하고 있거든요. 저희는 이곳에 개점한 지 5년이 넘었지만 고객들로부터 저희 제품이 탈색되었다는 불만이 접수된 사례는 전혀 없었습니다. 따라서 이런 문제에 대해서는 절대 안심하셔도 됩니다. 이렇게 하시지요. 우선 옷을 입어보세요. 이쪽에 탈의실이 있습니다. 자, 이쪽으로 오세요. (우선 고객의 말을 인정해주면서 칭찬한다. 곧이어 고객에게 믿음을 주는 말을 건넨다. 하지만 어차피 이 문제는 우리에게 불리한 만큼 적절하게 화제를 돌려 고객의 경험을 유도한다. 고객이 옷을 입어보기만 하면 방금 거론된 문제는 저절로 해결된 셈이 된다.)

고객 : …. (고객이 탈의실에서 나와 구매를 결정하면 고객에게 제품의 관리방법을 잘 설명해준다.)

판매원 : 고객님, 사실 이런 고가의 의류제품들은 관리와 보관이 매우 중요합니다. 앞으로 입으실 때 …을 주의하시고 세탁하실 때는 … 점들을 조심하셔야 합니다. 제가 언제든지 참고하실 수 있도록 이런 사항들

을 잘 적어드리겠습니다. 잠시만 기다려주세요!(아주 진지하고 책임감 있는 태도로 제품 사용 시 주의사항을 알려주고 또 명세서에 적어준다. 이렇게 하면 고객은 남다른 서비스를 받고 있다는 느낌을 갖게 된다. 또한 나중에 문제가 발생하더라도 미안해서 판매원을 찾아오는 일이 없을 것이다. 보관 및 관리의 주의사항을 이미 명세서 뒤에 잘 적어주었기 때문이다.)

고객 : 알겠습니다. 정말 세심하시군요. 감사합니다. 저는 이만 가보겠습니다.

판매원 : 아닙니다. 저희가 당연히 해야 하는 일이지요. 조심히 가세요.

앞에서 나는 최대한 '직선적인 사고'를 지양하고 상대를 인정하는 방식으로 고객과 소통할 것을 강조한 바 있다. 하지만 교육훈련과 매장에서의 실행 결과를 확인해보면, 판매원들이 의식 면에서는 많이 개선된 모습을 보이면서도 언어표현 면에서는 여전히 부족한 감이 있었다. 이는 상대에 대한 인정을 행동으로 표출하기가 결코 쉽지 않다는 사실을 말해주는 것으로, 판매원 자신은 물론 회사 차원에서 지속적으로 의식을 일깨우고 실천을 유도해나가야 함을 반증하는 것이라 하겠다.

이어서 매장에서 흔히 일어나는 또 다른 상황 예시를 통해 고객에 대한 인정과 '판매원의 3가지 할 일'을 어떻게 효과적으로 접목시켜 고객을 계산대로 이끌 수 있는지를 알아보기로 하자.

| 실전연습 |

판매원 : 고객님, 안녕하세요! 이렇게 저희 매장을 찾아주셔서 정말 감

사합니다.

고객 : ○○라고? 왜 내가 이런 브랜드 이름을 들어보지 못했지? 이곳은 어떤 회사인가요? (일부 가구점이나 건재상에서 이런 상황이 흔히 발생한다.)

판매원 : 고객님께선 저희 매장에 처음 오셨나보군요? (이런 질문을 던지는 것은 언제나 추천할 만하다. 이런 질문을 자주 던지기 바란다.)

고객 : 네, 처음이에요.

판매원 : 아, 그러시군요. 어쩐지…. 물론 저희가 홍보를 제대로 하지 못한 탓일 겁니다. 이건 저희 잘못이지요. 하지만 괜찮습니다. 다행히 오늘 이렇게 저희 매장을 찾아주셨으니까요. 그럼 간단히 저희 브랜드를 소개해드려도 될까요? 먼저 한 가지 여쭙겠습니다. 고객님께서는…(고객의 말을 인정하고 자발적으로 자신의 책임도 인정함으로써 고객에게 판매원이 무척 겸손하다는 인상을 주고 미안한 느낌이 들게 한다. 그런 다음 자연스럽게 판매원이 해야 하는 첫 번째 일을 한다. 고객의 요구사항과 문제를 묻는 것이다.)

고객 : …. (고객에게 다섯 개 정도의 질문을 연속적으로 던져 고객을 인도한 다음, 거래가 이루어질 때까지 제품을 추천하고 체험을 유도한다.)

04

고객 스스로
설득하게 하라

소수의 판매원만 아는 고급 소통의 기술

고객이 사고 싶게 하라

고객을 설득하는 것은 판매원이 아니다. 고객 자신이다. 판매원은 단지 고객이 자신을 설득할 수 있도록 도와주는 존재다. 그렇다면 고객은 무엇으로 자신을 설득하게 되는가?

이 장에서는 고객을 설득하는 고급 소통의 기술을 다룬다. 내용을 따라가다 보면 까다로운 고객을 설득하는 일이 그리 어려운 것이 아님을 깨닫게 될 것이다. 우리 판매원들이 가장 두려워하는, 자물통처럼 굳게 닫힌 고객의 입을 여는 방법부터 고객의 생각을 바꾸는 특별한 실전 노하우를 만나게 될 것이다. 설득은 우수 판매원의 보증수표다.

고객을 설득하는 것은
고객 자신이다

고객은 무엇에 설득당하는가? 사람들은 품질 좋고 저렴한 상품, 브랜드 인지도, 완전무결한 서비스, 청산유수 같은 판매원의 화술이라고 대답할 것이다. 모두가 정답은 아니지만 전혀 틀렸다고도 볼 수 없다. 이러한 요소가 고객의 구매를 결정하지 못하지만, 일정한 영향을 미치는 것 또한 분명하기 때문이다. 고객을 진정으로 설득할 수 있는 것은 오직 하나, 고객 자신뿐이다.

그렇다면 고객은 무엇을 통해 자신을 설득하게 되는가? '이익'이다. 여기서 이익이란 그의 문제를 해결해주는 것을 말한다. 따라서 고객은 자신의 문제를 해결해줄 수 있는 것에 설득당하는 것이라고 할 수 있다.

고객을 설득하려면 고객의 마음속에서 이익을 최대화해야 한다. 그리고 이것이 거래 성사로 이어지게 해야 한다. 어떻게 하면 될까? 고객으로 하여금 연상(聯想)을 하게 하는 것이다. 상품이 고객에게 가져다줄 이익을 연상하고, 상품을 소유하지 않을 경우에 야기될 고통을 연상하게 하면서 머릿속에 구체적 이미지를 그려보이게 하는 것이다. 이러한 연상은 고객에게 상품을 보다 확실히 각인시키는 동시에 고객 스스로 자신을 설득하게 만드는 절묘한 소통의 효과를 낳는다.

그래도 당신은 여전히 곤혹스러움을 느낄 것이다. 도대체 그 연상이라는 것을 어떻게 하게 한단 말인가? 걱정할 필요 없다. 여기서 '연상 3단계'를 소개한다. 이를 잘 활용하기만 하면 당신의 언어에 연상의 날개가 자라나 무궁한 매력을 갖추게 될 것이다.

연상 3단계

| …라고 느끼지 않으세요? |

+

| …을 상상해보세요. |

+

| 바로 …와 같습니다(또는 고객에게 이로운 상황을 한 가지 유출해낸다) |

이와 같은 연상의 3단계를 적용하기에 가장 적합한 시기는 고객이 상품을 체험하는 중 또는 거래의 성사를 앞두고 고객이 망설일 때다. 어떻게 하는 것인지 아래의 예를 살펴보자.

| 실전연습 1 |

판매원 : 고객님, 이 방한복을 착용해보시니 굉장히 따뜻하지 않으십니까? (이는 연상 3단계 가운데 1단계다. 밖은 몹시 춥지만 실내는 난방을 한 데다 방한복까지 입었으니 고객이 춥다고 느낄 가능성은 거의 없다.)

고객 : 괜찮네요. (설사 고객이 침묵한다고 해도 묵인하는 것으로 볼 수 있다. 판매원은 계속해서 연상 3단계의 2단계를 진행한다.)

판매원 : 고객님, 한번 생각해보세요. 지금 동북지역은 영하 10도 이하인데 이런 기능성 방한복이 없으면 냉골 속에 있는 것이나 다름없지요. (앞선 대화(탐색)를 통해 판매원은 고객이 동북지역으로 여행을 갈 거라는 사실을 알고 있다. 이처럼 2단계의 실행을 통해 고객이 방한복이 없을 경우의 추위를 상상하게 한다.)

고객 : …. (말을 하지는 않지만 고객은 속으로 상상을 하고 있다. 이때 주의할 점이 있다. 절대로 갑자기 끼어들어 그의 상상을 방해해서는 안 된다. 고객에게 상상할 수 있는 5초의 시간을 준다.)

판매원 : 고객님, 이 방한복은 따뜻하면서도 아주 가볍습니다. 이 옷을 입고 동북지역을 여행하시면 이불을 덮고 있는 것처럼 따뜻하면서도 활동하기에 편해서 움직이시는 데 전혀 불편이 없을 겁니다. (이처럼 3단계에서는 고객에게 상품으로 인해 얻게 될 이익을 구체적으로 알려준다.)

| 실전연습 2 |

판매원 : 고객님, 틴슬(tinsel) 소재로 만든 옷이라 착용감이 아주 시원하실 겁니다. (연상 3단계의 1단계)

고객 : 괜찮네요.

판매원 : 생각해보세요. 요즘처럼 더운 날씨에 순면 소재의 옷을 입으면 얼마나 답답하겠어요. (연상 3단계의 2단계)

고객 : 아무래도 순면은 공기가 안 통하는 편이죠.

판매원 : 맞습니다. 시원한 틴슬 소재의 옷을 입으시면 날씨가 아무리 더워도 에어컨을 쐬는 것처럼 시원하실 거예요. (곧장 연상 3단계의 3단계

로 들어갔다.)

고객 : 하하, 말씀을 참 잘하시네요. 그런데 색상이 조금 옅은 것 같은 데요.

판매원 : 고객님, 예전엔 주로 짙은 색 옷을 입으셨나 보죠? (아주 훌륭한 질문이다.)

고객 : 네, 비교적 짙은 옷이 저한테 잘 어울리는 것 같아서요.

판매원 : 그렇습니다. 고객님한테는 비교적 짙은 색상의 옷이 잘 어울리는 편이세요. 하지만 고객님, 고객님은 피부가 참 고우셔서 적당한 스타일을 고른다면 옅은 색 옷도 잘 어울리실 겁니다. (교묘하게 칭찬을 하면서 고객의 스타일 변화를 유도한다.)

고객 : 아, 그래요? 옅은 색 옷은 잘 안 입어봐서 어울릴지 모르겠네요.

판매원 : 고객님이 저희 단골이시니까 말씀드리는 겁니다. 옅은 색 옷도 정말 잘 어울리세요. 저를 한번 믿어보세요. 내일 아침에 이 옷을 입고 출근하시면 분명 동료분들이 칭찬을 아끼지 않을 겁니다. 가격도 100위안 정도밖에 되지 않아 저렴한 편이니 한번 시도해보세요. (긍정적인 효과를 연상하게 한다.)

고객 : 정말 말씀을 잘하시네요. 그러면 옅은 색 옷을 한번 시도해볼게요.

판매원 : 잘 생각하셨습니다. 바로 포장해드릴게요.

이익을 줄 것인가, 고통을 줄 것인가

내 딸은 여느 아이들처럼 초콜릿이나 아이스크림처럼 단 음식을 무척이나 좋아한다. 그런데 어느 날 나는 딸아이가 쓰디쓴 한약을 먹는 데도 용감하다는 사실을 발견했다. 아이는 우리가 커피를 마시듯 한 모금 한 모금 한약을 삼키면서 중간에 잠깐 멈추기도 했다. 조금은 답답해 보이기도 했지만 이제 겨우 여덟 살밖에 안 된 데다 단 것을 좋아하는 아이가 이렇게 쓴 약을 스스럼없이 먹는 모습에 아빠인 나는 매우 감탄스러웠다. 나중에 아이에게 한약처럼 쓴 것을 먹기가 겁나지 않느냐고 물어보았다. 나는 아이의 대답에 다시 놀라고 말았다. "쓴 것을 먹지 않으면 병에 걸릴 텐데 그러면 더 고통스럽지 않나요?" 아이가 자발적으로 쓴 한약을 먹은 이유는 그렇게 하지 않으면 더 고통스러워질 것이기 때문이었다.

나이 어린 아이도 이런 이치를 알고 있다. '더 큰 고통을 겪지 않으려면 지금의 작은 어려움을 감수해야 한다.' 그런데 우리 판매원들은 어떤가. 내가 보기엔 아직도 이 당연한 이치를 잊고 있거나 알더라도 외면하고 있는 것 같다. 이 세상에는 영원한 법칙이 하나 존재한다. 사람들이 행동을 취하는 것은 즐거움을 추구하고 고통을 피하기 위해서이며, 고통을 피하려는 동기가 즐거움을 추구하려는 욕구보다 훨씬 강하다는 것이다.

고객이 지갑에서 돈을 꺼내 상품을 구매하는 것에도 언제나 고통이 따른다. 이 같은 고통의 벽을 극복하지 못하면 구매는 일어나지 않는다. 따라서 판매원은 온갖 방법을 강구하여 고객에게 상품을 구매하지 않으면 결과적으로 더 큰 고통을 받게 된다는 점을 믿게 해야 한다.

우수한 판매원들은 인간의 기본 심리에 따라 고객을 설득하는 기교에 능하다. 그들은 고객이 상품을 구매하지 않을 경우 더 큰 고통이 초래될 것이라는 점을 확실히 각인시켜 결국 사지 않을 수 없게 만든다. 이는 상품을 구매할 경우 얻게 될 이익을 구체적으로 연상하게 하는 방법과 더불어 고객을 설득하는 최고의 노하우라 할 수 있다. 미래의 고통을 생각하게 하고 이익을 떠오르게 하는 언어표현들을 아래에 소개한다.

|고통을 생각하게 하는 언어표현|

‣ 옷이 예쁘지 않으면 몇 번 입다가 다시는 입지 않게 될 거예요. 그런 옷이 실은 더 비싼 셈이 아니겠어요?

‣ 신발의 품질이 좋지 않으면 몇 번 신고는 못 신게 될 거예요. 그런 신발을 사면 오히려 더 손해 아닐까요?

‣ 고객님도 아시다시피 가구는 오래 사용하는 제품인데 품질이 나쁘면 얼마 안 돼서 갖가지 문제를 일으킬 수 있어요. 그러면 사용하기도 불편하고 사시고 나서 더 후회하게 되지 않을까요?

‣ 주방이나 욕실 등의 인테리어 자재는 반제품이므로 설치, 보수 등이 더 중요합니다. AS가 되지 않는다면 문제가 발생했을 때 아무래도 난감하시지 않겠어요?

▸ 인테리어 제품의 친환경성은 대단히 중요한 지표입니다. 가족들이 친환경적이지 않은 상태에서 장기간 생활하게 되면 건강에 문제가 생기기 쉽지요. 그러면 몇 백 위안으로도 해결할 수 없을 겁니다. 제 말이 맞지 않나요?

▸ 타일공사를 하고 나서 재보수가 필요하게 되면 아주 번거로울 수 있습니다. 따라서 처음부터 좋은 제품을 선택하여 엄격한 기준에 따라 설치하시는 것이 바람직합니다. 그렇지 않으면 얼마 안 가 이곳저곳 뜯어내고 보수하느라 가재도구들을 이리저리 옮겨야 하는 데다 집안이 온통 시멘트 범벅이 될 수도 있지요. 그렇게 되면 너무 번거롭지 않겠어요?

|이익을 떠오르게 하는 언어표현|

▸ 가장 중요한 것은 이 옷을 입으셨을 때 아주 예쁘다는 겁니다. 그래야 자주 입으실 수 있지요. 그러니 어떻게 보면 이 옷이 100위안 더 비싸기는 해도 실은 더 이득인 셈이지요. 그렇지 않습니까?

▸ 이 신발은 품질이 좋습니다. 당장은 몇 십 위안 비싸지만 오랫동안 신을 수 있기 때문에 오히려 더 싸다고 할 수 있지요. 그 점은 생각해보셨나요?

▸ 품질이 우수한 가구를 구입하시면 번거로운 일들이 많이 줄어들어 나중까지 안심하고 편안하게 사용하실 수 있지요. 가구는 보다 편안한 생활을 위해서 구입하는 것이 아니겠습니까?

▸ 저희 제품은 국가공인제품으로 국가를 대표하는 유명 브랜드입니다. 이런 브랜드 제품은 품질이나 서비스 모두 믿을 수 있기 때문에 안심하고

구매하셔도 좋습니다.

▶ 저희 제품은 모두 엄격한 검사를 거친 친환경제품들이에요. 가격은 조금 비싸지만 본인이나 가족의 건강을 고려하신다면 구매하실 만한 가치가 충분하다고 생각합니다. 그렇지 않나요?

나는 당신이 여기서 한발 더 나아가 자신의 직업 특성에 맞게 고통 또는 이익을 증대시키는 언어표현 유형을 만들어 암기하고 실제로 활용해볼 것을 권한다. 매일 반복하고 완벽하게 사용할 수 있도록 계속해서 노력한다면 당신의 실적 향상에 상당한 도움이 될 것이다.

이해를 돕기 위해 인테리어매장과 의류매장에서의 상황을 예로 들어 설명한다.

| 실전연습 1 |

판매원 : 고객님, 거실과 침실 모두 타일로 하실 건가요? (고객에게 바닥재를 시공할 곳을 묻는다.)

고객 : 아니에요. 거실과 침실은 나무 바닥으로 할 거에요. 주방과 화장실, 베란다에만 타일을 설치할 거예요.

판매원 : 그러세요? 나무 바닥을 선호하시는 이유가 있으세요? (고객의 생각을 이끌어내는 훌륭한 질문이다.)

고객 : 집이 유럽풍이라 디자이너의 말이 나무 바닥이 잘 어울릴 거라더군요.

판매원 : 네, 맞습니다. 유럽풍에는 확실히 나무 바닥이 더 보기 좋지

요. 하지만 거실은 이동이 많아 더러워지기 쉬운 데다 간혹 음료를 흘릴 수도 있어 자주 바닥을 닦아주어야 하는데 나무 바닥은 습기에 매우 약하지요. 이런 점은 생각해보셨나요? (우선 고객의 말에 동의하고, 다시 고객에게 나무 바닥의 번거로움을 연상하게 한다.)

고객 : 아, 그렇군요. 하하, 그런 점은 미처 생각지 못했네요.

판매원 : 고객님, 그런 점을 잘 생각하셔야 돼요. 집은 생활하는 공간이지 두고 보는 물건이 아니니까요. 그렇지 않으면 나중에 굉장히 번거로울 수 있지 않겠어요? (한 번 더 고객에게 나무 바닥이 가져올 생활의 불편함을 연상하게 한다.)

고객 : 일리 있는 말씀이네요.

판매원 : 그래서 말씀인데요, 고객님. 생활의 편의를 위해 다시 한 번 진지하게 고려해보시는 게 어떨까요? 사실 많은 고객님들께서 거실 바닥재로 타일을 선택하시거든요. 게다가 저희에겐 나무 바닥 느낌이 나는 타일도 있습니다. 그러면 관리하기도 편하고 시각적으로도 나무 바닥과 전혀 차이가 없어요. (고객에게 타일이 가져올 생활의 편리함을 연상하게 한다.)

고객 : 아, 그래요? 나무 바닥 효과를 내는 타일도 있어요? 그렇게 말씀하시니 정말로 타일 바닥을 한번 생각해봐야겠네요.

판매원 : 그러세요. 이쪽으로 오셔서 상품을 둘러보시죠.

| 실전연습 2 |

고객 : 이 치마는 가격이 얼마나 하나요? (고객이 옷을 입어본 뒤 매우 만족한 듯 가격을 묻는다.)

판매원 : 마음에 드시나요? 현재 498위안에 판매되고 있습니다.

고객 : 얼마나 할인된 가격이죠?

판매원 : 고객님, 지금 보신 옷은 그저께 아침에 광저우에서 항공으로 운송된 신상품이에요. (할인하지 않는다는 뜻이다.)

고객 : 그럼 언제쯤 할인행사를 시작하나요?

판매원 : 저희 브랜드는 할인을 잘 하지 않습니다. 할인을 해도 대개 계절이 지나거나 품목별 색상이나 치수가 고루 갖춰지지 않았을 때 하거든요.

고객 : 좋아요. 그럼 할인기간에 다시 올게요.

판매원 : 고객님, 고객님 마음은 저도 충분히 이해합니다. 전에 단골고객께서도 고객님과 똑같은 생각을 하셨어요. 하지만 정작 할인할 때에는 마음에 드는 옷이 모두 판매되고 없었지요. 제때 구입하지 않으시면 곧 계절이 바뀌어 이듬해에 입어야 하는데 그때면 이미 유행이 지나버리지요. 이런 점을 생각하시면 할인할 때 사는 것이 결코 싼 것도 아니지 않을까요? (우선 의견에 동조한 다음 다시 고객에게 계절이 바뀌어 할인할 때 구매할 경우 발생할 고통스러운 결과를 인식시킨다.)

고객 : 음…. (고객이 침묵으로 판매원의 말을 인정한다.)

판매원 : 지금 고객님께서 보신 옷은 저희 매장의 인기 상품인 데다 고객님께 정말 잘 어울리세요. 나중에 오셨을 때 맞는 디자인이나 사이즈가 없을까봐 걱정이에요. 그렇다면 얼마나 아쉽겠어요. (계속해서 고통스러운 결과를 연상하도록 유도한다.)

고객 : …. (고객이 망설이기 시작한다. 그의 대답을 기다릴 필요 없이 즉시

다음 단계로 들어간다.)

판매원 : 고객님, 지금 구입하시면 디자인이나 사이즈, 색상 모두 마음에 드는 상품으로 선택하실 수 있는 데다 한 계절 내내 입으실 수 있습니다. 게다가 현재 상품증정 행사도 진행 중이니 지금 구매하시면 절대 손해 보는 일도 없으실 거예요. 정말 마음에 드신다면 지금 구입하도록 하세요. (고객에게 지금 구입할 경우의 이익을 인식시킨다.)

고객 : 좋아요. 그렇게 하죠.

판매원 : 잘 결정하셨습니다. 바로 포장해드릴게요.

말하지 않는 고객에게는
문제를 부여하라

당신은 어떤 고객이 가장 상대하기 어려운가? 앞에서도 잠깐 언급했지만, 판매원의 말에 침묵으로 일관하는 고객이다. 그는 누가 뭐라고 해도 아무 말 없이 계속해서 상품을 살펴보기만 한다. 여기서는 성문처럼 굳게 다문 까다로운 고객의 입을 어떻게 하면 열 수 있는지, 그리고 우리가 의도한 방향으로 소통하기 위해서는 무엇을 해야 하는지를 알아본다.

말하지 않는 고객을 상대하기 어려운 까닭은 그가 무슨 생각을 하는지 모르기 때문이다. 고객의 생각을 알지 못하면 그를 어떻게 상대하고 설득할지 도무지 종잡을 수가 없어진다. 자연 최종 목표를 향해 가는 길도 보이지 않는다. 당신은 이런 유형의 고객을 만났을 때 어떻게 했는가? 또 판매율을 얼마나 되었는가?

우수한 판매원들은 이런 상황의 대화에 능숙하다. 그들은 주로 문제 중심으로 대화를 이끌어간다. 그러는 것이 고객의 요구와 생각을 읽으면서 그를 일깨워 마침내 구매로 이끄는 데 유리하다는 사실을 잘 알기 때문이다. 보통 판매원들은 이와 정반대로 자기중심적이다. 자신이 알고 있는 내용을 주절주절 늘어놓을 뿐, 고객이 정말 그런 정보를 필요로 하는지는 고려하지 않는다. 고객은 그들에게서 무시당한다는 느낌을 갖는다.

문제 중심의 대화에서 가장 필요한 것이 질문이다. 질문이 고객의 말문을 터지게 하고, 없었던 구매욕구를 불러일으키기도 하며, 최종 결심을 굳히게도 한다. 질문능력은 판매원이 갖춰야 할 소통능력 중에서 기본이 됨과 동시에, 그 수준 여하에 따라 판매에 직접적인 영향을 미친다.

하루빨리 자신의 판매실적을 높이고 싶은가? 그렇다면 소통능력을 향상시켜라. 자신의 소통능력을 향상시키고 싶은가? 그렇다면 질문능력을 배가시켜라.

왜 질문하는가

고객이 판매원에게 흥미를 느끼지 못하는 것은 판매원의 이야기가 흥미롭지 않기 때문이다. 판매원이 흥미롭지 않은 이야기를 하는 것은 고객의 생각에 귀를 기울이지 않기 때문이다. 그리고 고객이 무슨 생각을 하는지 귀를 기울이지 않는 것은 고객이 전혀 자신의 생각을 이야기하지 않기 때문이다. 그러면 고객은 왜 자신의 생각을 이야기하려고 하지 않을까? 판매원이 질문하지 않았거나 질문에 문제가 있었기 때문이다.

판매원들을 보면 말하는 것에는 익숙한데 질문에는 서툰 경우가 적잖이 있다. 그렇다고 그들이 질문을 싫어하는 것은 아니다. 질문의 필요성을 느끼지 못하거나 어떻게 질문해야 할지 모르기 때문이다. 이와 관련하여 실적이 좋은 우수 판매원들이 발휘하는 질문의 기교를 몇 가지로 정리하여 소개한다.

주의를 끌고 흥미를 유발한다

고객이 매장에 들어와 "구경 좀 하려고요"라고 말하는 경우는 대개 판매원이나 상품에 대해 특별한 관심이 없기 때문이다. 그러면 거래도 별소득 없이 끝나게 된다. 그렇다면 어떻게 고객의 주의를 끌 것인가? 해답은 바로 질문에 있다.

질문이 고객의 대답을 유도하고 흥미를 유발한다. 예컨대 "고객님, 저희 매장에는 처음 오셨나요?" "고객님, 전에 저희 브랜드에 대해 들어보신 적 있으신가요?" "고객님, 전에 보정속옷을 착용해보신 적 있으신가요?" 같은 질문을 던질 수 있을 것이다.

고객을 소통에 참여시킨다

고객과의 효과적인 소통은 상호작용의 기초 위에서 가능하다. 첫 질문을 통해 고객의 주의를 끌어냈다면 그다음에는 적극적인 참여를 유도하여 고객의 흥미를 유지시켜야 한다. 그럼에도 불구하고 대부분의 판매원들은 모노드라마의 주인공으로 착각한 나머지 고객들을 관중으로 만들어버린다. 당연한 결과로 기껏 시작한 소통이 불통의 늪에 빠져버린다. 한 연구 결과에 따르면 30초 동안 계속해서 이야기를 들으면 고객이 불안과 초조감을 느끼게 된다고 한다.

고객과의 소통을 효과적으로 이어가기 위해서는 역시 적절한 질문을 통해 고객을 소통에 참여시키는 것이 중요하다. 예를 들어 "어떻게 생각하세요?" "그렇게 생각하지 않으세요?" "이렇게 생각해도 될까요?" 등과 같은 질문을 던짐으로써 고객의 생각과 이야기를 끌어내는 것이다.

생각을 일깨워 스스로 설득하게 한다

구매 관념이 변하지 않으면 구매 행위도 변하지 않는다. 그런데 고객의 관념을 변화시키기란 여간 어려운 일이 아니다. 침이 마르고 입이 닳도록 설명해도 고객은 잘 들으려 하지 않는다. 당연히 효과도 없다. 따라서 판매원은 설교에 의존하는 방식을 버리고 다른 방법으로 고객에게 다가가야 한다.

고객의 관념을 일깨우는 가장 좋은 방법은 질문을 통해 고객 스스로 자신을 설득하게 만드는 것이다. "고객님, 물건을 구매하실 때 가격 외에 품질도 고려해야 하지 않을까요?", "고객님, 물건을 구매하실 때 가격 외에 서비스도 감안해야 하지 않을까요?" 하는 등의 질문으로 고객의 관념에 자극을 주어 변화를 일으키도록 한다.

요구를 찾고 정보를 확인한다

고객의 요구를 정확히 알지 못하면 고객이 듣고 싶어 하는 말을 해줄 수도, 고객이 원하는 상품을 추천해줄 수도 없다. 따라서 상품을 알리기보다 질문을 함으로써 고객의 요구와 문제를 파악할 수 있어야 한다. 판매원이 고객에 대해 많이 알고 이해할수록 소통의 효과도 높아지고 거래의 성사에 걸리는 시간도 크게 단축할 수 있다. "주로 어떤 장소에서 사용하실 건가요?" "지금 사용하고 계시는 방의 면적이 얼마나 되나요?" "거실의 채광은 어떤가요?" 하는 등의 질문을 통해 자연스럽게 고객의 정보를 확보할 수 있다.

어떻게 질문할 것인가

판매에 유리한 질문을 던진다

판매원은 언제나 고객을 설득하여 자기 마음대로 움직일 수 있길 바라지만 고객이 늘 그에게 협력해주는 것은 아니다. 판매원이 고객으로 하여금 기꺼이 그렇게 하도록 만들지 않는 한 불가능한 일이다. 하지만 질문을 활용하면 이를 가능하게 할 수 있다. 답이 분명하면서 판매원에게 유리한 질문을 던져 고객의 대답을 유도하는 것이다.

이 방법은 상당히 효과적이다. 사람들은 누구나 언행의 일치를 유지하려는 심리적 특징이 있기 때문이다. 자신이 한 대답을 순식간에 뒤바꿀 수 있을까? 판매원은 그 여세를 몰아 고객을 자신이 원하는 방향으로 이끌어 소기의 목적을 달성할 수 있다. 바로 "상품을 구입할 때 가족의 건강을 최우선으로 고려해야 하지 않을까요?" "품질이 좋은 제품은 나쁜 제품보다 비쌀 수밖에 없지 않을까요?"와 같은 질문들이다.

|실전연습|

고객 : 이 운동화 얼마죠? (고객이 착용해본 후 만족스러운 듯 가격을 묻는다.)

판매원 : 488위안입니다.

고객 : 좀 싸게 주실 수 없나요?

판매원 : 고객님, 정말 죄송합니다. 저희 매장은 정찰제를 시행하고 있어 가격은 도와드릴 수가 없네요. 하지만 안심하고 구입하셔도 좋습니다.

(고객의 요구를 완곡하게 거절하면서 이점을 강조한다.)

고객 : 450위안에 주시면 살게요. (고객이 고집스럽게 가격을 흥정한다.)

판매원 : 고객님, 신발을 구매하실 때 가격도 물론 중요하지만 품질도 중요하지 않을까요? (판매원에게 유리한 첫 번째 질문을 던진다.)

고객 : 그야 물론이죠. 품질이 나쁘면 구입하지 않죠.

판매원 : 그렇습니다. 역시 현명하시네요. 품질이 나빠서 몇 번 신고 더 이상 못 신게 된다면 사실 그런 신발이 더 비싼 게 아닐까요? (판매원에게 유리한 두 번째 질문을 던진다.)

고객 : 음…. (고객이 대답하지 않으면 묵인한 것으로 볼 수 있으니 판매원은 이야기를 계속하도록 한다.)

판매원 : 게다가 신발을 신으셨을 때 예쁜지 안 예쁜지도 생각하셔야 지요. 어쨌든 신발은 다른 사람에게 보여지는 것이니까요. 그렇지 않나 요? (판매원에게 유리한 세 번째 질문을 던진다.)

고객 : …. (고객이 묵인하며 계속해서 신발을 바라본다.)

판매원 : 고객님, 이 신발은 가격은 조금 비싸지만 품질이 우수해서 오 랫동안 신으실 수 있어요. 게다가 더 중요한 것은 고객님께서 신으셨을 때 정말 예쁘고 보기 좋다는 것이지요. 이런 신발이라면 38위안을 더 지 불할 만한 충분한 가치가 있을 겁니다. 오랫동안 예쁘게 신을 수 있다는 점에서 수지가 맞는다고 볼 수 있지 않겠어요? (판매원에게 유리한 네 번째 질문을 던진다.)

고객 : 아이고, 말로는 제가 못 당하겠네요. 하지만 아가씨 말도 일리 가 있네요. 그럼 이걸로 하나 주세요.

판매원 : 칭찬해주셔서 감사합니다. 이 신발은 샘플이니 창고에서 새 것으로 가져다 드릴게요. 잠시만 기다려주세요.

대답하기 쉬운 질문을 던진다

1+1은 얼마인가? 누구나 보자마자 쉽게 해답을 말할 수 있을 것이다. 하지만 343×1,323이 얼마냐고 묻는다면 어떨까? 전문적인 훈련을 받지 않은 사람이라면 즉시 대답할 수 없을 것이다.

같은 원리로 판매원의 질문도 간단하고 구체적이며 명확하고 선택적이어야 한다. 그렇지 않으면 고객들은 대답하지 않는 쪽을 택할 것이다. 휴대폰을 사러 갔는데 판매원이 당신에게 어떤 기능의 휴대폰을 찾는지 묻는다면 순간적으로 당신은 어떻게 말해야 좋을지 몰라 멈칫거리게 될 것이다. 하지만 판매원이 당신에게 "찾는 물건이 플립인가요, 폴더인가요?" 라고 묻거나 "국산을 찾으세요, 아니면 외제를 찾으세요?" "액정이 큰 걸 원하세요, 작은 걸 원하세요?" 하는 등의 선택적이고 구체적이며 명확한 질문을 던진다면 대답하기가 훨씬 수월할 것이다.

| 매장에서 |

나는 한때 쓰촨 관좡(觀莊)가구의 초청을 받아 가구전시회에 참가한 전국의 판매상들을 대상으로 '고이윤 가구판매원 교육·훈련캠프'를 운영한 적이 있다. 그전에 준비 차원에서 관좡가구 및 주요 경쟁 브랜드의 기본적인 상황을 조사해보았다. 그러는 가운데 다음과 같은 상황을 목격했다.

판매원 : 어서 오세요, ○○소파 전문점입니다! 고객님, 소파를 사시려는 거죠?

고객 : …. (고객이 대답하지 않고 곧장 전시된 소파 쪽으로 걸어간다.)

판매원 : 고객님, 어떤 소파를 찾으세요? (판매원이 고객의 뒤에 바짝 붙어 캐묻는다.)

고객 : …. (고객은 여전히 묵묵부답인 채로 한 바퀴 둘러보더니 패브릭소파 앞에 멈춰 선다.)

판매원 : 고객님, 거실 면적이 어떻게 되세요? (복잡한 문제에 대해 질문하기 시작한다.)

고객 : …. (고객은 여전히 말없이 소파를 둘러보기만 한다.)

판매원 : 고객님, 이 소파는 …를 사용했고, 저희 제품은 품질이 …하며, 저희 서비스는 …합니다. (판매원은 제품에 관해 할 말을 거의 마치자 자기 회사를 소개하기 시작한다.)

고객 : …. (고객은 여전히 한마디도 하지 않는다. 잠시 살펴보더니 성큼성큼 매장을 나가버린다.)

판매원 : 안녕히 가세요! …. 정말 사람 놀리는 거야 뭐야!(판매원은 고객을 배웅한 다음 혼잣말을 중얼거리기 시작한다.)

| 실전코칭 |

이 판매원의 문제점은 처음부터 고객이 대답하기 어려운 질문을 한 데다 금세 다시 복잡한 문제를 제기하여 고객이 어찌할 바를 모르게 만들었다는 데에 있다. 이처럼 고객을 상대할 때 처음 질문을 잘못 던지면 고

객이 방어적인 자세를 취하게 되고 그렇게 되면 경직된 상태를 무너뜨리기가 상당히 어려워진다. 만일 질문방식을 바꿨다면 그 결과는 180도 달라졌을 것이다.

| 실전연습 |

판매원 : 어서 오세요, ○○소파 전문점입니다! 고객님, 가죽소파를 보시겠어요, 아니면 패브릭소파를 보시겠어요? (매우 간단하고 고객이 대답하기 편한 질문이다.)

고객 : 패브릭소파 좀 구경하려고 왔습니다.

판매원 : 고객님, 패브릭 소파는 집안의 분위기와 잘 어울려야 하죠. 고객님, 실례지만 거실의 주요 색조가 어떤 계열인가요? (질문 전에 전제를 깔고 고객이 대답하기 편한 구체적인 질문을 한다.)

고객 : 옅은 색 위주예요.

판매원 : 그러시군요. 아주 고전적인 색상이지요. 한 가지만 더 여쭤볼게요. 바닥은 나무로 하실 예정인가요, 아니면 타일로 하실 예정인가요? (역시 대답하기 편한 선택식 질문이다.)

고객 : 나무 바닥이에요.

판매원 : 그러시군요. 거실에 빛은 잘 드나요? (다시 고객이 대답하기 편한 구체적인 질문을 한다.)

고객 : 빛은 잘 드는 편이에요.

판매원 : 그러면 여기 두 종류의 소파를 추천해드리고 싶습니다. 방금 들어온 신상품인데 고객님 댁에 잘 어울릴 것 같아요. 우선 보여드릴 테

니 이쪽으로 오시지요.

압박감이 심한 질문은 금물

판매원들은 종종 고객에게 냉대와 거절의 대상이 될 때가 있다. 그 원인은 대개 판매원들이 압박감이 심한 질문을 해대기 때문이다. 고객들은 민감하거나 압박감이 심한 질문을 받으면 금방 경계하는 자세를 취하면서 소극적인 반응을 보이거나 거절한다. 또는 판매원에게 불리한 방식으로 대답을 하기도 한다.

판매원들은 고객과의 소통과정에서, 특히 소통의 시작부터 대화의 문이 닫히는 상황을 만들지 말아야 한다. 그러기 위해서는 무엇보다 압박감을 주는 질문을 피해야 한다. 고객을 대할 때 "옷을 사실 건가요?" "이 가구가 마음에 드세요?" "제가 설명해드릴까요?", "제 서비스가 필요하세요?" 등의 질문은 삼가야 한다.

얼마 전 베이징의 화이트칼라 패션유한공사의 요청으로 이 브랜드에 대한 조사를 실시한 적이 있다. 그때 이 회사의 샤오핑(邵平) 부사장으로부터 이런 말을 들었다.

"왕 선생님, 선생님께서 고객을 상대하기 전에 압박감이 심한 질문은 하지 말아야 한다고 말씀하셨는데, 아주 훌륭한 관점이라고 생각합니다. 현재 저희 화이트칼라 매장에서는 이런 상황이 발생하지 않고 있습니다."

하지만 화이트칼라처럼 할 수 있는 매장은 극히 드물다. 교육을 받아도 매장에서 이를 행동으로 실천하고 습관으로 만드는 일이 만만치 않기 때문이다. 그런 점에서 화이트칼라는 아주 모범적인 케이스라 할 수 있다.

답변 후에는 곧바로 부가적인 질문을

때로 고객의 질문에 대답하다 보면 판매원이 마치 수행비서처럼 수동적인 상황에 머무는 경우도 생긴다. 이런 상황을 바꾸고 싶다면 고객의 질문에 답한 다음 즉시 부가적인 질문을 해야 한다. 이렇게 하면 주도적인 위치를 장악하여 고객의 생각을 유도할 수 있다. 예컨대 고객이 "이곳은 옆에 있는 매장보다 가격이 비싼데요"라고 했을 때 판매원은 품질과 서비스 등에 관해 설명한 다음 즉시 부가적인 질문을 던져야 한다. 예를 들어 "가격과 품질 중 어떤 것이 더 중요하다고 생각하십니까?" "품질도 중요하다고 생각하지 않으시나요?" "오늘은 어떤 상품을 보실 건가요?" 등의 질문을 던질 수 있다. 이렇게 함으로써 고객의 주의를 가격에서 품질이나 제품의 특징 등으로 재빨리 전환하여 고객을 다음 단계로 인도하는 것이다.

| 실전연습 |

판매원 : 어서 오세요, ○○욕실 전문점입니다! 고객님, 저희 매장은 처음이시죠? (고객에게 인사를 건네면서 고객이 답하기에 편한 질문을 덧붙인다.)

고객 : 네.

판매원 : 고객님, 저는 샤오왕(小王)이라고 합니다. 뵙게 돼서 반갑습니다. 실례지만 존함이 어떻게 되시나요? (먼저 겸손하게 자신을 소개한 다음 곧장 고객의 이름을 묻는다.)

고객 : 저는 장 씨예요.

판매원 : 아, 장 선생님. 이미 여러 매장을 살펴보셨을 줄 압니다. 저희 제품에 대한 인상은 어떠신지요? (적극적으로 고객의 견해를 구함으로써 생각의 방향을 유도하기 시작한다.)

고객 : 여기 제품은 다른 브랜드 제품보다 가격이 좀 비싼 것 같네요.

판매원 : 장 선생님, 가격 면에서 저희 브랜드가 다른 브랜드보다 조금 비싼 것은 사실입니다. 하지만 장 선생님, 욕실을 선택하실 때는 가격 외에 품질도 중요하게 생각해야 하지 않을까요? (대답 이후 즉시 부가적인 질문을 함으로써 고객의 생각을 품질 쪽으로 돌리게 하고 계속해서 방향을 유도해간다.)

고객 : 그거야 그렇죠. 하지만 제가 보기에 다른 브랜드의 제품도 품질은 크게 뒤지지 않는 것 같은데요.

판매원 : 장 선생님, 한번 생각해보세요. 외관만 보고 물건의 판단할 수 있을까요? (고객의 질문에 대답한 뒤 다시 질문을 덧붙임으로써 다시금 고객의 생각의 방향을 유도하고 이어지는 질문을 위한 포석을 깐다.)

고객 : 정말이지 잘 모르겠네요.

판매원 : 모르시는 게 정상이에요. 보통 사람들은 평생에 한두 번 정도 욕실용품을 구입하거든요. 장 선생님, 저는 10년 동안 욕실용품 업계에서 일해왔습니다. 욕실처럼 장기간 사용하는 제품은 어떻게 선택해야 하는지 알고 계신가요? (서둘러 고객에게 설명해주지 말고 부가적인 질문을 함으로써 고객이 생각하는 방향을 좁혀주면서 이어지는 설명을 위한 포석을 깐다.)

고객 : 확실히 잘 아는 것은 아니지요.

판매원 : 욕실 인테리어를 선택할 때는 3가지 측면을 고려하셔야 합니다. 첫째는 대형 브랜드인가, 둘째는 품질이 우수한가, 셋째는 서비스가 확실한가 하는 것입니다. (고객의 생각이 거의 '세뇌' 단계에 도달했다고 판단되면 고객에게 구매의 기준을 전달하기 시작한다.)

고객 : 조금 더 구체적으로 말씀해보세요.

판매원 : 자 보세요···. (방금 말한 3가지 기준에 근거하여 구체적인 설명을 전개해나간다.)

많이 들으면
절반은 성공이다

앞에서 우리는 판매원이 끊임없이 제품의 소개를 늘어놓으면 고객은 한마디도 하지 않게 되고, 이런 판매방식으로는 거래가 성사되기 어렵다는 사실을 알았다. 그렇다면 역으로 고객이 끊임없이 이야기를 하고 득의양양하게 자신을 '표현'하게 하면서 판매원은 그 표현에 맞춰줌으로써 고객을 만족시킨다면, 이런 판매방식이 보다 더 확실한 효과를 낼 수 있지 않을까? 매장에서의 다양한 실례들은 우리에게 한 가지 이치, 즉 고객의 말에 귀를 기울이고 고객이 마음껏 '표현'하도록 한다면 적어도 절반은 성공할 수 있다는 사실을 말해준다.

경청은 신뢰를 수립하는 기초이자 고객을 존중하고 고객과 협력관계를 확보하는 방법이다. 고객이 말을 많이 할수록 판매원은 고객의 정보를 더 많이 얻을 수 있고 문제해결도 훨씬 쉬워진다. 하지만 대부분의 판매원들은 말하는 것을 좋아할 뿐 다른 사람의 이야기를 경청하는 데는 익숙하지 않다. 그들은 얼마나 자주 무리하게 고객의 표현을 막았을까? 얼마나 자주 고객의 말을 가로채 고객을 실의에 빠뜨렸을까? 또 얼마나 자주 호언장담하는 고객의 기분을 살피지 못했을까?

고객과 소통하면서 고객이 침묵하기를 바라지 않는다면, 고객이 당신의 말에 귀 기울여주기를 원한다면, 자신의 소통능력을 향상시키길 원한다면 당신이 먼저 고객의 말에 귀를 기울여야 한다! 물론 경청을 하는 데도 기술이 필요하다. 판매원으로서 고객의 말에 귀를 기울일 때는 다음 몇 가지 사항에 유의해야 한다.

많이 듣는다

입을 다물고 말을 적게 한다. 장담하건대 당신이 말을 적게 할수록, 고객이 말을 많이 그리고 마음껏 할수록 거래가 성공할 가능성도 커질 것이다. 그러니 말을 자제하고 고객의 표현을 격려해야 한다는 점을 항상 기억하도록 하자.

공손하게 듣는다

사람들은 모두 존중받기를 원한다. 이야기를 듣는 당신의 동작을 관찰함으로써 고객은 당신이 정말로 자신의 말에 귀 기울이고 있는지를 확인한다. 따라서 판매원은 이야기를 들을 때 고객과 시선을 맞추고 적절히 고개를 끄덕이거나 미소를 짓거나 손짓을 하는 등의 적극적인 반응을 보여야 한다. 이야기를 들으면서 동료와 대화를 나누거나 다른 일을 하는 등의 행동은 절대로 삼가야 하며, 고객의 말이 채 끝나기도 전에 황급히 자리를 떠나는 행동은 더더욱 피해야 한다. 이런 행동은 고객에게 당신이 자신을 존중하지 않는다는 인상을 주기 때문이다.

중간중간 확인한다

고객의 이야기를 들으면서 중간중간 확인을 거치면 고객에게 열심히 듣고 있다는 느낌을 주게 된다. 설령 당신이 그의 말을 자른다고 해도 고객은 대부분 기꺼이 받아들일 것이다. 따라서 적당한 때, 특히 당신이 잘 이해하지 못한 부분이 있을 경우에는 이렇게 말해도 무방할 것이다. "죄송합니다, 고객님. 고객님 말씀을 …라고 이해해도 될까요?" "말씀 중에 죄송합니다. 제 생각에 선생님 말씀은…." "한 가지 여쭤봐도 될까요? 방금 말씀하신 것은…."

적절한 멘트로 반응한다

대답은 주로 언어나 몸짓을 사용하여 고객의 표현에 반응함으로써 고객에게 우리가 그의 말을 경청하고 있다고 느끼게 한다. 예컨대 적당한 시점에서 "예." "정말 잘됐네요." "고객님 의견에 동의합니다." "일리 있는 말씀이에요." "그래요?" "그렇죠" 등의 멘트를 넣거나 아예 고객의 말을 다시 한 번 반복하는 식으로 반응할 수도 있을 것이다. 이러한 멘트에 적절한 동작을 가미함으로써 고객으로 하여금 그의 이야기에 집중하고 있다는 느낌을 주는 동시에 우리가 그를 존중하고 있다는 느낌을 갖게 함으로써 그가 보다 적극적으로 자기의 생각을 표현할 수 있도록 한다.

| 실전연습 |

고객 : 이 집은 가구의 색상이 전부 어두운 편이네요.

판매원 : 고객님, 저희 가구 색상이 전부 어둡다는 말씀이세요? (고객

의 말을 다시 한 번 반복하고 확인한다.)

고객 : 그래요. 조금 단조로운 느낌이 들어요.

판매원 : 고객님, 색상은 분명 중요합니다. 특히 집안 분위기와 잘 어울려야 하겠죠? (고객의 말에 대답한 다음 곧장 아주 쉬운 질문을 던진다.)

고객 : …. (고객이 침묵하며 아무런 반응을 보이지 않는다.)

판매원 : 고객님, 집안은 어떤 스타일로 꾸미실지 정하셨나요?

고객 : 저는 복고적인 스타일을 좋아해요. 하지만 제 아내는 유럽 스타일을 좋아하지요. 그리고 아이는 전원적인 것을 좋아하고요.

판매원 : 인테리어 스타일에서 세 분이 아직 의견의 일치를 보지 못하셨다는 말씀이군요? (다시 고객의 뜻을 확인한다.)

고객 : 그래요. 게다가 저는 어두운 색을 싫어하거든요.

판매원 : 고객님께선 연한 색을 비교적 선호하신다고 이해해도 될까요? (고객의 말을 세 번째 확인한다.)

고객 : 그래요. 업무의 스트레스가 많다 보니 전원적인 풍경이 마음을 편안하게 해주는 편이지요. 집에서만큼은 편하게 쉬어야 할 테니까요.

판매원 : 그렇습니다, 맞는 말씀이세요. 그럼 한 가지만 더 여쭤볼게요. 댁의 채광상태는 어떤가요? (네 번째 확인을 하고 즉시 부가적 질문을 던진다.)

고객 : ….

고객의 주의를 돌려 생각을 유도하거나 요구를 탐색할 때에도 우리는 경청하고, 확인하고, 적절한 질문을 던질 줄 알아야 한다. 이것이 바로 고객과 원활하게 소통하는 핵심기술이며, 우수한 판매원으로 가는 지름길이다.

05

고객이 온다.
무슨 말부터 꺼낼까?

부드럽게 시작하는 고객과의 첫 만남

고객이 사고 싶게 하라

좋은 결말에는 좋은 시작이 있기 마련이다. 그래서 시작이 중요하다. 매장에서도 판매원이 유쾌한 인사로 고객을 맞이함으로써 즐거운 대화의 기초를 세운다면 판매의 절반은 성공한 셈이다.

하지만 문제는 판매원이 밝고 친절하게 인사해도 고객이 아무런 반응을 보이지 않는다는 것이다. 앞에서도 언급했지만 이런 고객이 가장 상대하기 힘들고, 그로 인해 판매원들은 괴롭기 짝이 없다. 고객의 뒤를 쫓아다니며 할 일 없는 사람처럼 끊임없이 중얼거리다 결국 한마디도 하지 않고 매장을 나가는 고객을 배웅하게 된다.

"안녕히 가세요. 또 오세요."

매장 안에서 이런 상황은 다반사로 일어난다. 당신도 낯설지 않을 것이다. 여기서 드는 의문 하나가 있다. '대체 어떻게 하면 고객과의 관계를 보다 가볍고 부드럽게 시작할 수 있을까?'

내가 500여 회에 걸쳐 판매원들의 고객응대 과정을 관찰하고 분석한 결과에 따르면, 우수 판매원들은 고객과의 첫 대면을 특별히 중시하고 우호적인 관계를 수립하기 위해 다양한 노력을 기울인다. 반면에 보통의 판매원들은 고객을 대하는 방식이 고지식하고, 자기도 모르게 고객의 기분을 상하게 하거나 우월감에 빠지게 만드는 실수를 저지른다. 그 결과 허무하게 고객을 매장 밖으로 배웅하고 마는 것이다.

고객을 맞기 전에
판매원이 가져야 할 마음가짐 둘

한때 나는 유명 운동화 브랜드의 서비스 조사와 연구를 담당한 바 있다. 마침 고객 한 명이 매장에 들어왔다. 그의 발이 출입문을 통과하기도 전에 판매원이 친절하게 다가가 애교 섞인 목소리로 인사를 건넸다. "고객님, 어서 오세요!"

그러고는 곧바로 이어서 말했다. "신상품이 나왔으니 편하게 구경하세요!"

하지만 고객은 그 상품에는 전혀 흥미가 없는 것 같았다. 그때 판매원이 "적이 나아가면 나도 나아가고, 적이 주둔하면 나도 주둔하며, 적이 물러나면 나도 물러난다"는 압박전술을 펼치듯 동시에 많은 말들을 쏟아냈다. "고객님, 어떤 걸 찾으세요?" "운동화 찾으세요?" "마음에 드시는 상품이 있으세요? 제가 하나 소개해드릴게요." "가격은 어느 정도로 원하세요?"

하지만 고객은 잠깐 이쪽을 보고는 다시 저쪽으로 시선을 돌리더니 말이 없었다. 이때 판매원이 갑자기 고객을 불러 세우고는 한마디를 내뱉었다. "고객님, 혹시 어디 아프세요?"

고객은 그 말에 놀란 듯 한참동안 넋이 나간 표정이었다. 실은 나도 놀

랐다. 고객이 우물우물 말했다. "그… 그게 무슨 말이죠?"

판매원도 자신의 말이 지나쳤다고 느꼈는지 황급히 해명했다. "고객님, 다른 뜻은 없습니다. 어디 불편하신 곳은 없는지 여쭤본 거예요."

고객이 부정의 뜻으로 고개를 가로젓자 판매원의 집요한 추궁이 계속되었다. "그런데 왜 전혀 말씀을 안 하세요?"

고객은 그제야 정신이 돌아온 듯 반문했다. "왜 내가 아가씨한테 얘기를 해야 하죠?"

그러고는 몹시 화난 표정으로 자리를 떴다.

왜 판매원들은 항상 '뜨거운 얼굴'을 '차가운 엉덩이'에 붙이고 있는 것일까? 판매원들의 방법에 개선이 필요한 것은 아닐까? 그렇지 않다면 어째서 이런 상황이 매장 안에서 끊임없이 발생하고 있는 것일까?

사실 고객을 처음 응대하는 단계에서 부딪히는 문제들 가운데 상당 부분은 판매원들의 비전문성에 기인한다. 즉 판매원 자신의 문제로 인해 고객의 저항을 유발한다고 할 수 있다. 또 다른 예를 들어보자.

내가 광둥의 한 유명 캐쥬얼 브랜드의 교육을 맡아 진행할 때 많은 사람들이 자신의 고객응대 방식을 소개해주었다. 요약하면 다음의 몇 가지로 정리할 수 있다.

- ▶ 고객님, 식사하셨습니까?
- ▶ 고객님, 혼자 오셨나요?
- ▶ 고객님, 머리가 정말 예쁘시네요, 어디서 하셨어요?
- ▶ 고객님, 날씨가 정말 덥죠?

▸ 고객님, 어떤 상품을 찾으세요? 제가 소개해드릴까요?

▸ 고객님, 의류를 구경하실 건가요?

고객들에 대한 이러한 인사방식이 10년 전에는 효과가 있었을지 모른다. 하지만 지금은 21세기다. 고객은 이미 성장했는데 판매원들은 여전히 변화하지 않은 채 10년 전의 방법을 답습하고 있으니 효과가 떨어질 수밖에 없다. 그런데 더 유감스러운 것은 일부 판매원들이 인사를 가볍게 여겨 좋고 나쁘고의 구분이 없다고 생각한다는 점이다. 그러면서도 인사를 제대로 하지 못하는 것이다. 어떤 판매원들은 자신에게 문제가 있다는 사실을 전혀 인식하지도 못한 채 전과 같이 해도 물건을 파는 데 지장이 없다고 생각한다. 그리고 더 많은 판매원들은 인사 방법에 문제가 있다는 사실을 인정하면서도 보다 나은 방법을 찾지 못해 매일 실수를 반복하고 있다.

이제 당신은 방법을 찾아서 지금의 상황을 변화시켜야 한다. 그렇지 않으면 그것이 줄곧 당신을 곤혹스럽게 만들 것이고, 매장의 실적 향상에도 악영향을 미칠 것이다. 그렇다면 우리가 어떻게 해야 고객과 좋은 관계를 만들어갈 수 있을까? 나는 판매원들이 고객을 응대하기 전에 반드시 다음의 2가지를 유념해야 한다고 생각한다.

가장 정확한 방법으로 응대한다

만일 당신이 건물 15층에 갇혀 있다고 가정한다면 어떤 방법으로 문을 열 수 있을까? 열쇠로 연다, 발로 찬다, 드라이버를 사용하여 나사못을 하나하나 푼다, 자물쇠를 비틀어 연다… 여러 가지 방법을 말할 수 있을 것이다. 이 방법들 가운데 어느 것이 가장 효과적인 방법이라고 생각하는가? 분명 열쇠가 가장 효과적인 방법일 것이다. 다른 방법들도 문제 해결에 도움을 줄 수는 있지만 열쇠를 사용하는 것이 가장 간단하고 효과적이다.

매장에서 고객을 응대하는 것도 마찬가지다. 판매원들이 일을 하는 방법이 잘못되어 있으면 얼마나 많은 노력을 경주했는지에 관계없이 결국 아무런 소득도 얻지 못할 뿐 아니라 고생은 고생대로 하고 재화까지 낭비하는 결과를 초래할 것이다. 그런데도 여전히 우리 판매원들은 고객을 응대할 때 한 가지 방법에만 의존하고 있다. 이해는 된다. 선택의 여지가 없으니 정확한지 아닌지에 관계없이 모두가 그 방법을 사용하는 수밖에 없는 것이다. 판매원들이 "왕 선생님, 저도 이 방법에 문제가 있다는 것은 알지만 더 좋은 방법이 없어요"라고 호소하는 것이 현실이다.

판매원들은 반드시 정확한 방법을 배워 일을 처리해야 한다. 나는 판매직원 교육훈련과정을 담당하면서 일관되게 '학습'을 강조해왔다. "배우지 않아도 돈을 벌 수 있지만 적은 돈만 벌 수 있을 뿐이다. 큰돈을 벌고 싶으면 반드시 배우는 태도를 가져야 한다."

학습은 우리가 정확한 방법으로 일을 할 수 있도록 도와주고 매일매일의 문제와 마주쳤을 때 보다 의연하게 대처할 수 있는 여유를 가져다준다. 문제를 해결하는 '가장 간단하고 효과적이며 정확한' 방법을 배웠기 때문이다.

확률을 높인다

'판매원은 평생 확률을 만들어가는 사람이다.' 이 말의 함의는 품질이 얼마나 좋고 매장이 얼마나 아름다우며 판매술이 얼마나 뛰어난지에 상관없이 판매원들이 모든 상품을 모든 고객에게 판매할 수는 없다는 것이다. 오직 고객들 가운데 일부에게만 물건을 판매할 수 있다. 다시 말해서 판매원의 일이란 이 확률을 높이는 것이다.

고객은 다양하므로 개성과 요구, 목적 또한 모두 다를 수밖에 없다. 그래서 판매원과 맞지 않는 고객이 나타나는 것 또한 매우 자연스러운 일이다. 이 점을 의식한다면 고객의 항의를 받거나 모욕을 당하게 되더라도 보다 건강한 심리상태를 유지할 수 있을 것이다. 고객은 원래 그러니까.

판매원은 각양각색의 고객을 상대로 판매 확률을 높이는 데 최선을 다해야 한다. 그러기 위해서는 고객의 유형을 분류하고 어느 유형의 고객을 타깃으로 삼을 것인지부터 명확히 할 필요가 있다. 목표 타깃을 올바로 설정해야만 효과적으로 거래를 성사시킬 수 있기 때문이다.

고객이 셋이면
응대방식도 셋

낚시는 은퇴하신 나의 아버지가 가장 즐겨 하시는 여가활동이다. 그런데도 나는 강의가 많다는 핑계로 아버지를 모시고 낚시 한번 가본 적이 없었다. 늘 송구한 마음이었는데 마침내 어느 날 시간을 내서 함께 낚시를 가게 되었다. 하지만 이내 실망하고 말았다. 물고기가 아버지만 좋아하는 것 같아서였다. 나는 고기가 잡히지 않는 이유가 무얼까 생각하며 투덜거리듯 말했다. "낚시 기술이 부족한가? 낚싯대가 좋지 않은가? 아이들 소리 때문에 물고기들이 놀라서 도망간 걸까? 아니면…."

이때 아버지가 뜻밖의 말씀을 하셨다. "그건 모두 이유가 못 된다."

"…?" 나는 그 이유가 무엇인지 알고 싶었다.

아버지가 느긋하게 말씀하셨다. "장소를 잘못 골랐어. 붕어 잡는 미끼로 어떻게 잉어를 낚을 수 있겠느냐?"

그렇다. 낚시꾼이 연못을 잘못 골라 붕어 미끼로 잉어를 잡거나 심지어 물고기가 없는 곳에서 낚시를 한다면 아무리 기술이 좋고 도구가 훌륭해도 결국은 모든 노력이 헛수고가 되고 만다.

모든 고객은 셋으로 나뉜다

반드시 살 것 같은 사람에게 정확하게 말하고 행동하는 것이 우수 판매원들이 성공을 거두는 최고 비결이다. 그들은 매장에 들어온 고객이 어느 유형에 속하며, 어떤 상품을 필요로 하는지, 어느 정도의 소비능력을 갖추고 있는지 재빨리 간파해서 그에 적합한 응대방식을 택한다. 자연히 성공률이 높을 수밖에 없다. 반면에 다른 판매원들은 고객들이 모두 비슷비슷하게 보이기 때문에 천편일률적인 방법을 취하게 되고 실패율도 높은 것이다.

매장을 찾는 고객들은 다음의 3가지 유형으로 분류할 수 있다.

아이쇼핑고객

아이쇼핑고객은 집을 나설 때부터 전혀 물건을 구매할 의사가 없다. 그들이 매장에 들어온 것은 순전히 무료함을 달래거나 재미를 위해, 또는 다른 목적을 위해서다. 따라서 물건을 구매할 가능성은 극히 낮다. 물론 어떤 외부 요소의 영향, 예컨대 고객들의 구매경쟁이 치열하거나 매장에서 판촉물을 제공하거나 또는 자신이 오랫동안 사고 싶어 했던 물건을 발견하는 등의 우연적인 요소에 영향을 받아 충동적으로 구매하는 경우가 없지는 않다.

아이쇼핑고객은 주로 의류나 신발, 모자 같은 패션상품 코너를 둘러보는 편이며 기능성이 강한 인테리어 매장 같은 곳에는 잘 들어가지 않는다. 아무런 목적이 없기 때문에 느긋하게 돌아다니면서 구경만 할 뿐 유심히 살피는 일도 없고 제공되는 정보에도 관심을 보이지 않는다.

의도고객

의도고객은 집을 나서기 전부터 이미 구매에 대한 생각을 갖고 있는 사람이다. 콕 집어 무엇을 살 것인지는 아직 결정하지 못한 상태로 매장에서 직접 보고 판단하려고 한다. 그들은 매장 곳곳을 살피고 다니면서 제품과 브랜드의 정보를 수집하고 비교하는 등의 선택적 구매행위를 보인다.

의도고객은 비교적 강한 목적성을 가지고 주도적으로 판매원에게 이것저것 문의하기도 한다. 판매원이 자료를 제공하면 기꺼이 받아들지만 전화번호 등의 신상정보를 물어보면 매우 민감하게 반응한다.

목표고객

목표고객은 구매욕구와 목표가 아주 분명하다. 주변 사람들에게 해당 브랜드의 제품에 대해 상세히 알아보며 이미 매장에도 여러 번 방문한 적이 있어서 제품을 아주 잘 알고 있다. 이런 고객이 매장을 방문한 이유는 브랜드를 확인하고 곧바로 상품을 구매하기 위해서다.

목표고객은 매장에 들어와서 일반적으로 이렇게 말한다. "바로 본론으로 들어가죠." 판매원과 나누는 대화도 대부분 가격이나 품질보증, 사용법 등에 관한 디테일한 사항이며, 판매원과 친분을 맺어 보다 좋은 거래조건을 확보하려고 시도하기도 한다.

3가지 유형에 따른 3가지 응대방식

유형이 다르면 그에 따른 응대도 당연히 달라야 한다. 그렇지 않으면 붕어 잡는 미끼로 잉어를 잡는 격으로 헛수고만 하게 된다. 우수 판매원들은 고객이 매장에 들어왔을 때 고객이 취하는 행동을 보고 구체적인 유형을 판단한 다음 그에 따라 응대한다.

아이쇼핑고객의 응대

판매원들은 아이쇼핑고객이 업무 부담만 가중시키고 구매실적에는 도움이 되지 않는다는 생각으로 대수롭지 않게 응대하곤 한다. 하지만 이런 유형의 고객들도 절대 홀시해서는 안 된다. 아이쇼핑고객은 그 자체로 중요한 잠재고객으로 언제든지 현실 고객이 될 수 있다. 뿐만 아니라 아이쇼핑고객들은 지나가는 고객들을 매장으로 유인하는 효과를 낳기도 한다.

당장의 매출에 비추어 아이쇼핑고객이 중요하지 않게 보일 수도 있지만 이들이야말로 매장의 이미지를 결정하는 주요 변수로 작용하므로 싫은 눈치를 주거나 억지로 물건 구매를 강요해서는 안 된다. 오히려 그들에게 적당한 자유공간을 제공하여 편안하고 자연스러운 분위기를 만들어줌으로써 좋은 인상을 심어주어야 한다. 그러면 그들이 걸어다니는 홍보맨을 자처하게 될 것이다.

의도고객의 응대

이런 유형의 고객은 필요에 의해 매장을 찾는 것이므로 처음부터 과도한 압박을 주지 말고 적당한 여유를 허락하는 것이 좋다. 인사하기에 가장 적합한 시점은 고객에게 필요한 것이 있거나 해당 브랜드에 흥미를 느낄 때다. 이때 그에게 다가가 적합한 제품을 소개하며 체험을 유도한다.

의도고객의 응대는 필히 순서에 따라 진행해야 하며 고객의 요구와 문제를 정확히 파악하여 그들에게 꼭 필요한 정보를 제공해야 한다. 판매원의 역할을 구매 도우미로 생각하고 절대로 눈앞의 이익에 급급한 모습을 보여서는 안 된다.

목표고객의 응대

목표고객은 이미 해당 브랜드와 제품에 대해 잘 알고 있으므로 응대할 때 '신속하게' 행동하는 것이 중요하다. 보는 즉시 다가가 고객의 관심사를 빠르게 처리함으로써 거래를 성사시켜야 한다. 참고로 목표고객은 의도고객 또는 단골고객에서 비롯되는 경우가 많다.

인사할 때는
깊이 파고들어

속담에 "일을 이루는 것도 소하(蕭何. 중국 전한 시기의 정치가로 고조 유방을 도와 한나라의 기틀을 세웠으며 율구장律九章이라는 법률을 만들었다) 덕분이고 일을 그르치는 것도 소하 때문이다"라는 말이 있다. 판매원과 고객의 소통과정에도 이러한 '소하'가 존재한다. 다름 아닌 인사다. 인사를 잘하면 이어지는 고객에 대한 탐색 및 상품 소개 등의 작업이 훨씬 간단하고 자연스럽게 이루어진다. 하지만 인사를 잘못하면 처음부터 소통이 왜곡되면서 암운에 뒤덮이게 된다.

인테리어 건축자재 및 의류, 보석 등의 분야에서 최종 판매단계에 대한 조사와 연구를 진행한 결과 나는 고객에 대한 두 종류의 고전적인 방법을 추출해냈다. 그리고 이를 현장에 적용하여 그 효과의 탁월성을 확인했다.

전통적인 인사법

전통적인 인사법은 고객에게 안부를 묻는 방식으로 인사를 건네는 것이다. 예컨대 "안녕하세요. 어서 오세요, ○○전문점입니다!" "손님, 좋은 오후입니다!"처럼 말이다. 그런 다음 조용히 고객의 움직임을 관찰하다가

접근할 기회를 발견하면 즉시 고객에게 서비스를 제공한다.

전통적인 인사법은 일반적으로 질문이 아닌 서술문 형태로 고객과 소통하기 때문에 아무런 부담을 주지 않는다. 따라서 고객에게 거절당할 위험이 거의 없다. 약점이 있다면 상대적으로 수동적인 편이고 효과도 낮아 매번 사용하기에는 한계가 있다는 것이다. 주로 아이쇼핑고객을 상대할 때 사용한다.

깊이 파고드는 인사법

깊이 파고드는 인사법이란 그때그때 질문을 던지는 방식을 통해 고객으로 하여금 제품에 집중하게 하면서 순서에 따라 차근차근 판매원이 해야 할 '3가지 일'을 실천함으로써 고객을 구매의 방향으로 유도하여 결국 거래를 성사시키는 방법이다. 의도고객이나 단골고객에 적합한 인사법이다. 판매원은 이러한 방법을 활용하여 적극적이고 능동적으로 행동함으로써 판매효율을 극대화시켜야 한다.

이 인사법은 판매원에게 높은 자질과 상당한 기교를 요구하므로 구체적으로 활용할 때에는 다음의 2가지 점에 유의해야 한다.

인사와 동시에 간단한 질문을

깊이 파고드는 방법으로 인사를 하려면 처음에는 간단하고 대답하기 쉬운 질문을 던져야 한다. 그래야 고객이 입을 열기 때문이다. 고객이 입을 열면 그다음에는 일련의 질문으로 고객을 이끌어야 한다.

2008년 5월 12일에 쓰촨에서 대지진이 발생하고 나서 얼마 후의 일이다. 휴대폰을 '희생'당하는 바람에 청두의 타이성루(太升路)에 위치한 모 통신회사 매장으로 휴대폰을 사러 갔다. 그때 3명의 판매원들을 만났다.

첫 번째 판매원은 아주 잘생긴 남자 판매원이었다. 그는 내게 "고객님, 휴대폰 사시게요?"라며 인사를 했다. 나는 할 말이 없었다. 그럼 통신회 사 매장에 휴대폰을 사러 오지 그를 보러 왔겠는가? 물론 그에게 직접적 으로 말하지는 않았다. 나는 무표정하게 그의 판매대를 지나쳐 갔다.

뒤이어 만난 판매원은 안경 쓴 판매원이었다. 그도 친절하게 인사를 건 넸다. "손님 어떤 휴대폰 찾으세요?" 나는 더 할 말이 없었다. 어떤 휴대 폰이라니 그게 무슨 뜻인가? 너무 막연해서 어떻게 말을 해야 할지 알 수 없었다. 나는 입을 다물고 그의 앞을 지나갔다.

세 번째 판매원은 큰누님 판매원이었다. 앞의 두 판매원이 모두 영광스 럽게(?) 퇴짜를 맞은 것을 보았는지 그녀는 내게 좀 더 직접적으로 물었 다. "고객님, 플립을 원하세요 아니면 폴더를 원하세요?" 폴더 휴대폰은 너무 여성적인 것 같아 내가 꺼리는 사양이었다. 그래서 대답했다. "플립 휴대폰이요." 큰누님 판매원의 질문이 계속되었다. "고객님, 플립 휴대폰 이 확실히 전화 걸기에 편리하지요. 요즘 남성분들은 다들 플립 휴대폰 을 선호하세요. 액정은 큰 게 좋으세요?" 내가 말했다. "물론이지요. 액정 이 커야 문자 보기도 편리하거든요." 결국 나는 이 판매원에게서 액정이 큰 두어푸다 휴대폰을 구입했다.

세 번째 판매원의 성공 요인은 단순하다. 고객에게 처음 인사할 때 간 단하고 대답하기 쉬운 질문을 던지는 방식을 썼기 때문이다. 고객의 입 을 열게 한 뒤 다시 고객과 깊이 있는 소통을 했던 것이다. 이와 같은 질문 유형으로 다음과 같은 것들을 들 수 있다.

  ‣ 고객님, 저희 가게엔 처음 오셨나요?
  ‣ 고객님, 전에 저희 브랜드에 대해 들어보신 적 있으세요?
  ‣ 고객님, 댁의 인테리어 공사는 얼마나 진행되어 있나요?

질문의 깊이를 점점 더 깊게

고객을 응대하는 초기에는 고객의 입을 열게 하는 것이 목적이기 때문에 부담이 적은 질문을 선택해야 하지만, 고객에게 상품을 추천하려면 반드시 고객의 현재 문제와 요구가 무엇인지 알아야 한다. 따라서 일단 고객이 입을 열면 판매원은 순서에 따라 구체적으로 구매와 관련된 문제를 질문함으로써 고객의 상황을 파악해야 한다. 예를 들면 다음과 같은 질문을 던질 수 있다.

  ‣ 이 옷을 어떤 자리에서 입으실 건가요?
  ‣ 갖고 계신 넥타이는 어떤 색상이 가장 많은 편인가요?
  ‣ 집 안의 인테리어는 어떤 스타일인가요?
  ‣ 집의 면적이 얼마나 되나요?
  ‣ 집 안의 가구는 주로 어떤 색상인가요?

사실 매장에서는 전통적인 인사법과 깊이 파고드는 인사법을 적절하게 결합해서 활용하는 것이 좋다. 그렇게 하면 효과가 배가된다. 어느 인테리어 매장의 판매과정을 예로 들어 두 종류의 인사방법이 어떻게 결합되어 고객의 구매를 이끌어내는지 함께 살펴보기로 하자.

| 실전연습 |

판매원 : 어서 오세요, 고객님! (전통적인 인사법이다. 진지하고 친절하게 한다. 고객과 시선을 교환할 때 사용하면 더욱 효과적이다.)

고객 : …. (고객이 대답하지는 않지만 판매원의 인사에 반응하는 듯한 표정을 짓는다.)

판매원 : 고객님, 저희 매장은 처음 오셨나요? (바로 이어 대답하기 쉬운 질문을 하고 3초 동안 침묵한다.)

고객 : 네, 이 브랜드는 들어본 적이 없는데요. (고객이 이야기를 시작한다.)

판매원 : 저희 브랜드를 모르시는 것을 보니 그동안 저희가 제대로 일을 못했나 보군요. 저희 잘못입니다. 하지만 상관없습니다. 오늘 오셨으니 한번 구경해보세요. 고객님, 댁의 인테리어 공사는 어느 단계까지 진행되었나요? (우선 자신을 낮춤으로써 고객의 호감을 얻은 다음 화제를 돌려 본론으로 들어감과 동시에 어느 정도 부담이 되는 질문을 던져 고객의 상황을 알아낸다.)

고객 : 바닥은 거의 완성된 상태예요.

판매원 : 아, 그럼 지금쯤 가구를 결정하셔야겠군요. 그렇게 해야 새집 인테리어 공사를 마치고 두 달 뒤에 맞춰서 이사를 가실 수 있죠. 고객님, 아시겠지만 가구는 주변 인테리어와 조화를 이뤄야 보기 좋습니다.

실례지만 집 안의 인테리어는 어떤 스타일로 하실 생각이신가요? (우선 고객의 말에 동조하고, 그다음 약간 압박을 주는 문제를 제기한다.)

고객 : 유럽 스타일로 할 생각이에요. 아내가 좋아하거든요. (고객은 판매원과 이야기를 나누면서 가게 안을 한가로이 둘러본다.)

판매원 : 유럽 스타일은 장중하면서도 우아하고 품격이 있지요! 하나만 더 여쭤볼게요. 집 안의 채광상태는 어떤 편인가요? (고객에게 동조한 다음 계속해서 질문한다.)

고객 : 로열국제아파트는 빛이 잘 드는 데다 모두 이중창이 설치되어 있습니다. 빛은 아무 문제가 없어요. (고객이 흥분하며 약간 자랑하듯 다른 이야기를 꺼낸다.)

판매원 : 저희 고객님 중에도 로열국제아파트에 사시는 분이 몇 분 계세요. 성공한 분들이 모여 사는 고급 주거지역이지요! 확실히 잘 지은 주택인 것 같아요. 참, 바닥은 마루로 하셨나요, 타일로 하셨나요? 벽은 또 어떤 색상으로 하셨죠? 아시겠지만 이런 것들이 모두 가구를 선택하실 때 고려해야 할 사항들이거든요. (때맞춰 고객을 칭찬하고 여세를 몰아 심도 있는 질문을 한다.)

고객 : 딸아이가 마룻바닥이 고급스러워 보인다고 해서 거실과 침실 모두 나무로 깔았어요. 벽은 옅은 백색 벽지로 했고요.

판매원 : 네, 마룻바닥이 확실히 유럽 스타일에 잘 어울리죠. 게다가 로열국제아파트는 거실이 아주 넓은 걸로 알고 있는데, 그렇지요? 유럽식 가구까지 들여놓으시면 훨씬 고급스럽고 자연스러울 겁니다. (계속해서 고객을 칭찬하는 동시에 교묘하게 집의 면적을 물어본다.)

고객 : 예, 저희 집 거실은 다 해서 30제곱미터쯤 돼요. 참, 거실과 끝 방 두 곳의 면적을 모두 적어 왔어요. (고객이 종이를 꺼내어 판매원에게 보여준다.)

판매원: 고객님, 말씀을 들어보니까 고객님께 특별히 어울릴 만한 가구가 저희 매장에 몇 개 있는데 먼저 한번 구경해보시죠. 자, 고객님, 이쪽으로 오세요. (상황이 거의 파악되면 직접적으로 가구를 추천한다.)

발을
조심하라

고객이 들어오지 않는 매장은 매장이라고 할 수 없다. 그런 면에서 매장 이미지에 결정적 영향을 미치는 고객에 대한 인사는 아무리 강조해도 지나치지 않을 것이다. 그런데도 여전히 인사의 실효성에 대해 의구심을 갖는 판매원들이 있다. 그들은 아무리 인사를 잘해도 고객이 물건을 구입하지 않는 것에 실망감을 느낀다. 그렇다고 인사를 소홀히 할 수도 없다. 윗사람에게 좋지 않은 인상을 줄 수 있기 때문이다. 그들이 혼란스러워하는 것도 이해가 된다.

인사의 효과성에 의문을 가지고 있는 판매원들을 위해 인사와 관련한 상세한 내용을 소개한다. 앞에서 상술한 2가지 인사법을 상기하면서 좀 더 세심한 주의를 기울인다면 고객을 상대하는 일이 훨씬 수월해지고 기대한 효과도 나타날 것이다.

판매원이 있어야 할 곳은?

어느 여름날 저녁 교육훈련을 위한 사전조사를 벌이던 중에 판매원 두 사람이 매장 입구에 앉아서 부채질을 하고 있는 모습을 목격하게 되었다. 궁금증이 일어 그들에게 물어보았더니 에어컨이 고장 나서 매장 안이 너무 더운 나머지 바람을 쐬고 있다는 것이었다. 일면 그들의 입장에서 그럴 만도 하겠다 싶었지만, 판매원으로서는 정말 아니다 싶은 모습이었다. 판매원이 매장을 비운다는 게 말이 되는가 말이다. 역시나 그들이 관리하는 매장은 고객의 모습을 찾기 어려웠다.

판매원은 항상 고객을 맞을 준비가 되어 있어야 한다. 그 첫걸음은 인사하기에 적합한 위치에 있어야 한다는 것이다. 다음의 2가지를 유념하기 바란다.

서 있는 위치

판매원은 대기할 때 다음과 같은 위치에 있어서는 안 된다.

▸ 입구 부근– 고객에게 심리적 압박을 줄 수 있으므로 서 있는 위치는 적어도 입구에서 2미터 정도 떨어진 곳을 선택해야 한다.

▸ 주요 통로– 주요 통로에 서 있으면 고객의 진행을 방해하거나 고객에게 들어가기 불편하다는 느낌을 줄 수 있다.

▸ 고객이 보이지 않는 곳– 설치물, 기둥, 모퉁이 뒤편 같은 곳은 고객의 필요에 순발력 있게 대응하기가 어렵다.

참고로 매장의 동선은 수시로 조정될 가능성이 있으므로 그에 따른 구조와 상품의 진열상태, 판매원의 역할 등에 따라 서 있는 위치를 적절히 정할 수 있다.

서 있는 자세

매장 관리자들 중에서 서 있는 자세의 중요성을 간과하는 경우가 의외로 많다. 판매원들 각자가 알아서 해야 할 간단한 문제로 치부해버리거나, 훈련을 해도 별 효력이 없다는 식이다. 이와는 반대로 판매원들에게 서 있는 자세의 표준을 정해주고 이를 지킬 것을 강제하며 몇 시간씩 계속해서 서 있게 하는 경우도 있다. 그러다 보니 정신적, 육체적 피로도가 극에 달하여 정작 고객이 매장에 들어왔을 때는 정상적인 상태로 고객을 응대하기 어렵게 된다. 힘만 들 뿐 판매에는 하등 도움이 되지 않는 것이다.

서 있는 자세와 관련하여 가장 중요한 것은 민첩성과 원칙성의 균형을 맞추는 것이다. 표준을 정하되 자연스러운 고객응대가 가능하도록 해야 한다. 나는 시간대별 판매수치 분석을 통해 월요일부터 일요일까지의 황금요일과 황금시간대를 정하여 이때에는 판매원들이 표준 자세에 따라 고객을 맞이하게 하고 나머지 시간대에는 적당히 휴식을 취하면서 체력을 비축하게 하는 것이 가장 좋다고 생각한다. 이렇게 하면 판매실적에 악영향을 미치지 않으면서 판매원들의 업무강도 또한 낮출 수 있다.

발놀림이 빠르면 고객이 놀란다

판매원들 중에는 고객을 응대할 때 의욕이 앞선 나머지 지나친 행동을 보이는 이들이 있다. 이들에게는 다음과 같은 개선이 필요하다.

다가갈 때는 모데라토로

고객이 매장에 들어오는 것을 보고 흥분해서는 쫓아가듯 성큼성큼 다가가는 판매원들이 있다. 빠른 응대도 좋지만 이런 행동은 곤란하다. 낯선 환경에 들어선 고객은 누구나 심리적 긴장과 경계심을 가지게 되므로 처음에는 새로운 환경에 적응할 수 있도록 고객에게 적당한 시간을 주어야 한다. 너무 빠르게 다가가면 '풀을 흔들어 뱀을 놀라게 하는' 격이 되어 시작부터 소통이 어려워질 수 있다.

고객이 매장에 들어서면 먼저 인사를 한 다음 가볍게 몇 걸음 움직이는 정도가 제일 좋다. 절대로 고객에게 서둘러 달려가서는 안 된다.

고객과의 간격은 몇 미터가 좋을까?

판매원들은 대개 습관적으로 고객에게 바짝 따라붙어 다니려 든다. 하지만 고객들은 이런 행동은 결코 좋아하지 않는다. 아이쇼핑고객이나 처음 매장을 방문한 의도고객은 더욱 그렇다. 친절하려고 한 것이 오히려 거부감만 불러온다.

과거와 달리 현대의 고객들은 물건을 구매할 때 주관이 뚜렷한 경향을 보인다. 그들은 누군가의 도움을 받기보다 자신이 먼저 공간과 상품을 이해하기를 바란다. 그러고 나서 어려움이 있으면 판매원을 찾는다. 한 연구 결과에서도 처음 보는 사람들은 사이가 3미터 정도 떨어졌을 때 심리적 안정감을 느낀다고 하다. 따라서 매장에 들어온 고객과도 3미터 정도의 안전거리를 유지하면서 움직이는 것이 바람직하다.

판매원은 고객과 일정한 거리를 두고 움직이면서 상품의 상태를 살펴거나 매장의 다른 고객들을 돌아보는 동시에 자연스럽게 고객의 동태를 살피다가 고객이 도움을 필요로 할 때 즉시 고객에게 다가갈 수 있도록 한다.

입을 조심하라

"모든 재앙은 입으로부터 나온다"는 말이 있다. 판매원들도 이 때문에 문제를 일으키는 경우가 종종 있다. 실제로 나는 매장에서 상당수의 판매원들이 부적절한 인사말로 고객의 부정적 반응을 유발하는 모습을 보았다. 하지만 더 심각한 것은 그들 자신은 물론 점장들조차도 문제의 심각성을 깨닫지 못한 채 화를 부르는 언어습관을 매일처럼 반복하고 있다는 사실이다.

우리는 이 문제를 다음의 2가지 측면에서 살펴볼 필요가 있다.

부담스러운 질문은 안 하는 게 상책

당신은 고객이 매장에 들어오기 전에 속으로 어떤 생각을 하는지 아는가? 고객은 '잠시 후 판매원이 말을 걸면 모른 척하자. 일단 말을 하기 시작하면 저들이 꾸며놓은 함정에 걸려들고 말 테니까. 나 자신을 안전하게 보호해서 어떤 심리적 부담도 느끼지 않도록 해야 한다.' 스스로를 보호하는 최선의 방법이 말을 하지 않고 그냥 구경하는 것이라 여기는 것이다. 이것이 바로 고객이 매장에 들어올 때 갖게 되는 보편적인 심리다.

우리는 이미 질문이 고객의 입을 여는 가장 좋은 방법임을 잘 알고 있다. 하지만 단단히 마음먹은 고객을 대하기란 결코 쉬운 일이 아니다. 따라서 질문을 하더라도 세심한 주의를 기울여야 한다. 그렇지 않으면 고객의 반감을 사거나 침묵하게 하거나 대화를 꼬이게 만들 수 있다.

고객에게 부절적하거나 민감한 질문에는 어떤 것들이 있을까? 이미 알고 있겠지만 환기한다는 의미에서 다시 예시한다.

▸ 무엇을 사고 싶으신데요?
▸ 신발을 사실 건가요?
▸ 마음에 드는 게 있으세요? 제가 소개해드릴까요?

이런 질문들은 고객에게 커다란 부담을 주기 때문에 가급적 사용하지 않는 것이 좋다. 그럼에도 불구하고 95% 이상의 판매원들이 과거에 이와 유사한 표현을 썼거나 지금도 쓰고 있다. 입을 굳게 다문 채로 있거나 그냥 구경하겠다고 말하는 고객들이 생길 수밖에 없는 것이다.

말이 많으면 언어폭탄 던지는 꼴

판매원의 많은 말은 고객에게 언어폭탄과도 같다. 이 역시 고객을 침묵하게 한다. 그런데도 판매원들은 그렇게 하는 것에 스스로 만족감을 표시하며 "사장님, 저는 해야 할 말은 전부 다 했습니다. 고객들이 물건을 사지 않는 것은 고객의 탓이지 저와는 무관한 일입니다"라고 말한다.

연구 결과를 보면 판매원들의 말이 많을수록 판매실적은 감소하는 것으로 나타난다. 우리는 말을 많이, 잘할수록 훌륭한 판매원이라는 착각에서 얼른 벗어나야 한다. 그리고 고객이 자발적으로 이야기를 할 수 있게 하는 데 초점을 맞추어야 한다. 거기서 모든 해결책이 나온다. 우수 판매원들이 보통 판매원들보다 3~5배의 실적을 기록하는 비결이 바로 이것이다.

누구나 찾고 싶은
매장 분위기 연출법

우리는 종종 비수기와 성수기에 대해 이야기한다. 성수기에는 매장에 고객이 많아 일일이 돌아볼 수 없을 정도가 된다. 성수기에 비해 상대적으로 많은 시기를 차지하는 비수기에는 고객의 수가 적어 많은 매장들이 더 많은 고객을 유인하기 위해 갖가지 방법을 강구한다.

두 말할 필요도 없이 매장에 고객이 많지 않으면 매출이 떨어지고 경영 상태가 악화된다. 고객의 수가 매장의 경쟁력에 직접적인 영향을 미치는 것이다. 그렇다면 어떻게 해야 고객의 매장방문율을 높일 수 있을까? 고객들이 너도나도 찾고 싶은 매장으로 만드는 방법을 생각해보자.

고객이 없어도 판매원은 움직인다

만일 내게 장사가 잘되는 매장인지 아닌지를 1분 안에 판별하는 방법을 알려달라고 한다면, 고객이 없을 때 매장의 직원들이 무엇을 하고 있는지를 보라고 말할 것이다. 나는 매장에서의 오랜 관찰과 조사를 통해 직원들이 매장관리 등 판매와 관련된 일을 하고 있으면 고객을 유인하는 효과를 가져오고, 그렇지 않고 잡담 등 판매와 무관한 일을 하고 있을 경우에는 고객의 발길을 돌리게 한다는 사실을 발견했다.

세계적인 프랜차이즈업체 KFC에 가서 직원들이 어떤 일을 하고 있는지 한번 살펴보라. 하나같이 바쁘게 움직이고 있는 모습을 볼 수 있을 것이다. 그들이 그렇게 하는 이유는 영업 준비 및 매장 정리, 위생 관리 등 영업과 관련된 일을 통해 바쁘고 활기찬 매장 분위기를 조성하고, 이로써 고객을 유도하기 위한 것이다.

나는 200여 곳의 매장을 밀착 조사하고 나서 또 한 가지 특징을 발견했다. 실적이 좋지 않은 매장에서는 고객이 들어왔을 때 판매원들이 모두 인상을 쓰고 있거나 넋을 놓고 있거나 아무것도 하지 않고 있었다는 것이다. 간식을 먹는 사람, 소설책을 보는 사람, 잠을 자는 사람, 아양을 떠는 사람, 고개를 숙이고 문자를 보내는 사람도 있었고, 심지어 자기들끼리 떠들며 놀기도 했다. 반면에 실적이 좋은 매장에서는 고객이 없을 때에도 판매원들이 청소와 상품 정리, POP 작업 등을 하느라 모두 바쁘게 움직였다. 이런 결과로 매장 밖의 고객들이 찾아들었다고 할 수 있다.

요컨대 고객을 매장 안으로 불러들이기 위해서는 하루 종일 앉아서 탄식하고 사장을 원망할 것이 아니라 판매원 자신의 행동부터 변화시켜야 한다. 여기서 잠시 읽기를 멈추고 자기 자신을 돌아보기 바란다. 우리 매장은 어떤가? 고객이 없을 때 우리는 무엇을 하고 있었던가? 그리고 문제가 발견되었다면 당장 매장의 분위기를 바꾸기 위한 행동에 나서기 바란다.

사람 많은 곳에 사람이 몰린다

식당 두 곳이 인접해 있는데, 한 곳은 항상 손님들이 줄을 서서 성황을 이루고 있는 것에 반해 다른 한 곳은 식당 안이 썰렁하고 손님도 몇 명 되지 않다고 가정해보자. 당신이라면 어느 식당을 선택하겠는가? 당연히 손님이 많은 식당을 택할 것이다.

여기서 우리는 앞서 말한 아이쇼핑고객의 중요성을 다시 확인하게 된다. 소비자행동학 연구에 따르면, 고객들의 소비는 자신의 필요를 만족시키는 것 외에 외부 요소의 영향을 받기도 한다. 손님들로 북적거리는 식당에 들어가고 싶은 것과 마찬가지로 사람들이 많은 매장으로 발길이 가게 되는 것이다. 따라서 아이쇼핑고객들을 끌어들여 매장이 성황을 이루는 분위기를 조성함으로써 지나가는 사람들을 더 많이 불러들일 수 있다.

따라서 판매원들은 정기적으로 매장의 배치와 상품 진열을 재조정하고 규칙적으로 신상품을 들여오고, 적절한 시기에 특색 있는 판촉행사를 진행함으로써 잘나가는 매장 분위기를 연출할 수 있어야 한다. 이것이 고객의 매장방문율을 높이는 기술이다.

편안해야 오래 머문다

푸젠의 유명 스포츠 브랜드에서 매장 순회교육을 실시한 적이 있었다. 그 준비의 일환으로 대형 스포츠 브랜드 몇 곳을 조사했다. 먼저 청두의 안타(安踏)와 또 다른 브랜드 매장을 찾아가 각각 30분 정도씩 머물렀다. 그 결과 안타 매장에 들어오는 고객의 수가 다른 매장의 3배에 달하고, 머무는 시간도 안타에서는 평균 4분 35초인 데 비해 다른 매장은 1분 20초 정도밖에 안 된다는 사실을 발견했다. 왜 이런 현상이 나타날까?

안타 매장에는 확실히 뭔가 다른 구석이 있다. 판매원들의 마음가짐, 매장의 디스플레이, 상품의 구성, 그리고 동선 배치에서 모두 우위를 점하고 있고, 결정적으로 고객들에게 큰 영향을 미치는 이미지가 훨씬 더 뛰어나다. 그러데이션으로 전등의 밝기를 조절하고, 느리면서도 힘 있는 음악이 흘러나오고, 매장 곳곳에 눈을 즐겁게 하는 요소들이 배치되어 있다. 그런 점에서 다른 매장들은 전혀 비교가 되지 않는다. 그러니 어찌 고객들이 찾지 않겠는가.

고객을 매장으로 끌어들이는 주된 요인은 3가지다. 품질 좋고 저렴한 상품, 완전무결한 서비스, 그리고 편안한 분위기다. 매장을 찾는 고객들의 발걸음이 뜸하다면 이 3가지 요인을 중심으로 무엇에 문제가 있는지를 세심하게 분석해볼 필요가 있다. 환경이나 남 탓을 하기에 앞서 끊임없이 자신에게서 원인을 찾아 조절하고 개선하고 해결한다면 얼마든지 고객의 매장방문율을 높일 수 있을 것이다. 그러면 자연히 매출도 올라갈 것이다.

06

보면 보인다

판매의 답을 알려주는 고객 탐색

고객이 사고 싶게 하라

판매원에게 실망한 고객이 매장을 다시 찾는 경우는 거의 없다. 그가 실망한 이유는 앞에서도 살펴보았듯이 별다르지 않다. 불편한 질문, 불필요한 설명, 수동적인 응대 등이다.

다음의 사례는 내가 유명 나무바닥재 브랜드의 매장에서 지켜보았던 실제 상황이다. 아마 당신에게도 낯설지 않게 느껴질 것이다.

판매원 : 어서 오세요. ○○전문점입니다.

고객 : 나무바닥재 있나요?

판매원 : 네, 있습니다. 나무바닥재는 저쪽에 진열되어 있으니 저를 따라오시지요.

고객 : 이건 가격이 얼마나 하죠? (고객이 나무바닥재 구역에 새로 들어온 신상품을 쳐다본다.)

판매원 : 198위안입니다.

고객 : 너무 비싸네요. 얼마나 할인해주실 수 있나요?

판매원 : 30%까지 해드릴 수 있어요.

고객 : 그래도 너무 비싸네요.

판매원 : 고객님, 그렇지 않습니다. 저희는 순수 국내 브랜드로서 품질이 우수하고….

고객 : ○○브랜드도 국내 브랜드이고 품질도 별 차이 없는 것 같은데요. (고객이 판매원의 말을 가로챈다.)

판매원 : 브랜드에 차이가 있지요. (이런 해석은 별로 설득력이 없다.)

고객 : 됐습니다. 다른 곳을 좀 더 둘러보고 오죠.

판매원 : 네, 안녕히 가세요. 또 오세요. (판매원은 한 번의 판매기회를 상실했다.)

무엇이 문제였을까? 이미 눈치 챘겠지만 판매원의 수동적인 태도가 문제였다. 그것이 자주 오지 않는 판매 기회를 물거품으로 만들어버렸다. 의복이나 액세서리, 신발, 모자처럼 고객의 출입이 빈번한 상품은 그래도 괜찮다고 할 수 있을지 모른다. 하지만 인테리어 제품 같은 경우는 이야기가 다르다. 매장을 찾는 고객의 숫자가 원래 많지 않으므로 단 한 번의 기회라도 놓치지 않도록 해야 한다.

우리는 자문해보아야 한다. 왜 우리는 고객에게 수동적으로 반응하는가? 적극성을 띠기 위해서 무엇이 필요한가? 고객의 마음을 읽고 그의 구매욕구를 자극하려면 어떻게 해야 하는가?

나와 함께 이러한 의문들에 대한 답을 하나하나 찾아가보자.

고객이 원하는 건
좋은 제품이 아니다

'우수한 품질에 저렴한 가격이면 판매는 문제 없다.' 대부분의 판매원 들이 가지는 소박한 생각이다. 그래서 고객을 만나면 지체 없이 이 2가 지를 중심으로 열심히 '모노드라마'를 연기한다. 하지만 페라리자동차의 판매원이 죽도 못 먹는 떠돌이에게 자동차의 높은 품질을 증명할 필요가 있을까? 의사가 감기에 걸린 환자를 상대로 체지방 감소 약물이 얼마나 효과적이고 저렴한지를 설명하면 효과가 있을까?

우리가 분명히 알아야 할 이치가 있다. 고객에게 부족한 것은 품질 좋 고 가격 착한 제품이 아니라 고객 자신의 문제를 해결하기에 가장 적합 한 제품이라는 것이다. 아무리 좋은 제품이라도 고객이 사야 하는 이유 에 부합하지 않으면 아무 소용이 없다. 바꾸어 말하면 당신은 당신의 제 품이 어떻게 고객의 문제를 해결할 수 있는지를 입증해 보여야 한다.

판매원의 응대가 고객의 필요에 부응하기 위해서는 제일 먼저 고객의 요구와 문제를 구체적으로 알아야 한다. 그래야 고객이 원하는 일을 하 고, 원하는 말을 들려줄 수 있다.

판매원 : 어서 오세요, ○○전문점입니다.

고객 : 혹시 패브릭소파 있나요?

판매원 : 그럼요. 패브릭소파는 저쪽에 있습니다. 저를 따라오시지요.

고객 : 이 제품은 가격이 얼마나 합니까? (고객이 패브릭소파가 진열되어 있는 곳에서 옅은 자주색 소파 하나를 쳐다본다.)

판매원 : 이건 오늘 막 들어온 신상품입니다. 이 소파는 등받이 설계와 재질의 활용이 가장 큰 특징이지요. 한 가지 여쭤볼게요. 고객님은 등받이 설계와 소파의 재질 가운데 어느 것을 더 중요하게 생각하시는지요? (질문을 통해 서로 소통하면서 고객의 요구를 이해할 수 있고, 이로써 일문일답식의 판매모델을 벗어날 수 있다.)

고객 : 2가지 모두 중요하죠. 하지만 등받이가 조금 더 중요한 것 같아요. 어쨌든 소파는 자주 몸을 기대는 가구니까요.

판매원 : 그렇습니다. 맞는 말씀이세요. 현재 사용하고 계신 소파의 등받이는 느낌이 어떤가요? (등받이가 고객에게 계속 질문을 던지는 요소로 작용하고 있다.)

고객 : 그다지 편하지 못해요. 그래서 바꿀 생각입니다.

판매원 : 구체적으로 어떤 점이 불편하신데요? (등받이의 문제를 심도 있게 파고들어 판매에 도움이 되도록 이야기를 이끌어나간다.)

고객 : 너무 딱딱해서 오래 앉아 있으면 허리가 아프고 소파에 누워서 텔레비전을 보기도 불편해요. (고객 스스로 이야기하도록 유도한다.)

판매원 : 네, 그럼 이 소파의 등받이 설계가 마침 고객님의 2가지 문제

를 동시에 해결해드릴 수 있을 것 같습니다.

고객 : 어떤 점이 그런가요? 이 소파의 등받이에 어떤 특징이 있기에 그렇죠?

판매원 : 고객님, 이 소파의 등받이는 고분자 고탄력 스펀지를 사용했기 때문에 등받이가 부드럽고 쉽게 변형이 되지 않아 고객님의 척추를 충분히 보호해드릴 수 있을 겁니다. 더욱 자랑할 만한 것은 인체의 특징에 맞춘 128도의 등받이 각도로서 앉으셨을 때나 누우셨을 때 모두 편안함을 느낄 수 있다는 점입니다. 자, 보시지요. (고객의 등받이 문제에 초점을 맞추어 상품을 소개하면서 이점들을 언급함으로써 고객에게 이득이 된다는 사실을 부각시킨다.)

명의처럼
하라

당신이 병원에 진료를 받으러 갔는데, 의사가 앞의 환자를 진료할 때는 매우 진지하게 세세한 문제까지 확인해가면서 종합적인 상태를 파악하고 당신을 진료할 때는 형식적으로 한두 가지 질문만 하고 아무런 검사도 하지 않은 채 약을 처방한다. 이럴 경우 당신은 어떤 생각이 들겠는가? 마음이 편하겠는가? 이 의사를 믿을 수 있겠는가? 의사가 처방해준 약을 먹을 수 있겠는가? 그럴 수 없을 것이다. 누구라도 의사의 직업의식과 책임감에 회의감을 느낄 것이 분명하다.

그런데 왜 매장에서는 이런 일들이 비일비재하게 일어나는 것일까? 다음의 사례를 보자.

|매장에서|

판매원 : 어서 오세요, ○○전문점입니다.

고객 : …. (고객이 대답하지 않고 강화바닥재가 있는 곳으로 가서는 한 상품 앞에서 발걸음을 멈춘다.)

판매원 : 고객님, 이 상품은 이번 시즌에 가장 인기 있는 강화바닥재입니다. 고밀도 섬유판을 사용하여 내마모(마모에 잘 견딤) 회전수가 9,000

회 이상으로 우수한 데다…. (아직 소통이 이루어지기 전에 상세하게 소개하면 거절당하기 쉽다. 판매원들이 고객을 응대할 때 자주 범하는 실수다.)

고객 : 그냥 한번 둘러볼게요. (고객이 재빨리 자리를 벗어나 원목무늬 바닥판이 있는 곳으로 걸어가 상품 하나를 손에 든다.)

판매원 : 고객님, 이 황제시리즈의 원목무늬 바닥판은 현재 40% 할인 중이라 구매하기 딱 좋은 기회입니다. 아시아에서 개발된 최상급 친환경 재료를 사용하여 포름알데히드의 방출량도 적고, 생활 인테리어에 아주 적합합니다. (또 혼잣말을 시작하다 이야기가 어디로 갈지 모른다.)

고객 : …. (고객은 말없이 계속 상품을 살펴본다.)

판매원 : 고객님, 지금 저희 브랜드의 바닥재를 구입하시면 사은품으로 굽도리지(방 벽의 아랫부분에 바르는 종이)를 받으실 수 있습니다. 오늘이 행사 마지막 날이에요. (가격을 무기로 고객을 끌어들이려고 한다.)

고객 : 음, 그냥 한번 구경하러 온 거예요. (고객이 돌아서서 매장을 나간다.)

판매원 : 안녕히 가세요. 둘러보고 또 오세요.

| 실전코칭 |

당신이 어떤 업종에서 일을 하든 이와 유사한 상황을 경험한 적이 있을 것이다. 이 판매원이 보인 문제점은 고객의 요구와 문제를 제대로 파악하지 않았고, 고객이 자발적으로 판매를 위한 대화에 참여하도록 유도하지 못했다는 것이다. 전체 과정이 판매원 한 사람의 공연으로 이루어졌다. 말을 많이 하고 질문은 적게 함으로써 소통이 답답해지고 딱딱해졌

다. 사실 판매원들에게도 이런 분위기는 매우 불편할 수밖에 없다. 만일 판매원이 의사와 마찬가지로 우선 질문을 함으로써 고객의 요구를 파악하고 고객으로 하여금 보다 많은 말을 하고 대화에 참여할 수 있도록 했다면 결과는 전혀 달라졌을 것이다.

처음 대면하는 고객에게 판매원은 배경적인 질문을 던져야 한다. 배경적인 질문이란 누가, 언제, 어디서, 어떤 환경하에서 제품을 사용할 것인가에 관한 질문을 말한다. 예컨대 침구류나 바닥재, 타일, 욕실, 가구, 찬장 및 가전제품 등의 인테리어 분야에서 통상적으로 판매원이 제시할 수 있는 배경적인 질문은 다음과 같다.

▸ 집안 인테리어는 어떤 스타일로 하셨어요?
▸ 집안의 채광상태는 어떤가요? (또는 집의 방향이나 각 방의 창문 유무 등)
▸ 댁의 바닥재, 벽, 문, 커튼은 어떤 색상인가요?
▸ 집의 면적이 얼마나 되나요?
▸ 수도와 전기계량기와 수도관, 가스관의 위치는 어떤가요? (이 질문은 주방이나 욕실 등의 작업에 필요하다.)
▸ 침대 사이즈는 얼마나 되나요? 신혼살림용이세요 아니면 일반용이세요? 어르신께서 사용하실 건가요? (노인용이라면 노인의 신체상태는 어떤지 질문한다.)

이어서 배경적인 질문이 실제 소통에서는 어떻게 활용되는지를 알아보자.

판매원 : 어서 오세요, ○○전문점입니다.

고객: …. (고객이 말없이 강화바닥재가 있는 곳으로 가서 한 상품 앞에 멈춰 선다.)

판매원 : 고객님, 안녕하세요. 저희 매장에는 처음 오셨나요? (상대방을 바라보며 가벼우면서 활력 있는 어조로 깊이 파고드는 인사법을 이용하여 고객을 응대한다. 이런 질문은 많이 할수록 좋다. 이로써 고객의 참여도를 높여 이후의 소통을 유리하게 이끌 수 있다.)

고객 : 예, 이 브랜드는 못 들어본 것 같은데요….

판매원 : 예, 고객님께서 저희 브랜드를 모르신다니 저희가 일을 제대로 하지 못한 것 같네요, 죄송합니다. 하지만 상관없습니다. 오늘 이렇게 오셨으니 한번 둘러보도록 하세요. 고객님, 댁의 인테리어는 어느 단계까지 진행되셨나요? (간단하게 문제를 해결한 뒤 즉시 의사처럼 진단한다. 즉 판매원이 해야 할 '첫 번째 일'을 하는 것이다. 능동적으로 고객의 요구를 탐색하고 첫 번째 배경적 질문을 던진다.)

고객 : 인테리어는 이제 막 시작했어요. 그전에 우선 바닥재를 알아보려고요.

판매원 : 바닥재를 깔기 전에 먼저 바닥을 준비해야죠. 적당한 시기에 잘 오셨습니다. 실례지만 존함이 어떻게 되세요? (고객의 이름을 물어본 다음 이어지는 대화에서 계속 사용하면 고객과의 거리를 좁히는 데 큰 도움이 된

다. 이런 질문도 자주 던질수록 좋다.)

고객 : 장 씨에요.

판매원 : 아, 장 선생님이시군요. 안녕하세요, 장 선생님! 잘 아시겠지만 인테리어의 스타일이 바닥판 선택에 직접적인 영향을 미치지요. 장 선생님 댁의 인테리어 스타일을 어떤 것으로 구상하고 계신가요? (간단히 고객을 인정해주면서 곧바로 두 번째 배경적 질문을 던진다.)

고객 : 유럽풍으로 할 생각이에요.

판매원 : 장 선생님, 유럽 스타일이 확실히 아름답지요. 집의 면적이 크면 더욱 고급스러워 보이고요. 실례지만 거실은 몇 평이나 되나요? (고객의 인테리어 스타일을 칭찬한 뒤 계속해서 세 번째 배경적 질문을 던진다.)

고객 : 35제곱미터예요. (고객과의 대화가 무르익기 전에는 대답이 언제나 이렇게 간단하다.)

판매원 : 장 선생님, 35제곱미터의 유럽풍 거실이라면 굉장히 멋있겠네요. 한 가지만 더 여쭤볼게요. 가구는 정하셨나요? (고객의 거실을 칭찬한 다음 계속해서 네 번째 배경적 질문을 던진다.)

고객 : 가구는 이미 어느 정도 정해두었어요. 그게 바닥재를 정하는 것과 무슨 관련이 있나요?

판매원 : 장 선생님, 제가 이 업종에서 일한 지 8년이 되었는데요, 바닥재가 가구 스타일이나 색상과 어울리는지의 여부는 대단히 중요합니다. 실례지만 가구는 어떤 스타일과 색상으로 하셨나요? (8년간 같은 업종에서 일했다는 사실로 자신의 전문성을 드러냄으로써 고객의 신뢰를 얻는다. 그런 다음 계속해서 다섯 번째 전문적인 질문을 던진다.)

고객 : 가구는 모두 유럽식 마호가니가구이고, 색상은 짙은 주홍색 계열입니다.

판매원 : 마호가니가구는 가구 중에서도 최상급에 속하지요. 선생님 같은 최고급 고객분들은 인테리어의 예술적 품격을 중시하시는 편입니다. 선생님께 적합한 상품으로 저희 매장에 새로 들어온 천연목재 바닥재 두 종류를 추천해드리고 싶군요. 우선 이쪽으로 오셔서 한번 살펴보시지요. (교묘하게 고객을 칭찬하면서 자연스럽게 고객을 판매원이 해야 할 '두 번째 일'로 이끈다. 즉 체험을 유도하는 것이다.)

판매원은 처음에는 신속하게 고객의 마음의 문을 열고, 차근차근 깊이 있는 질문을 통해 고객의 입을 열고, 고객이 대화에 적극 참여하도록 함으로써 고객의 요구와 정보를 보다 많이 얻어내야 한다. 이것이 판매 불변의 성공법칙이다.

당신이 아직 자신의 실적에 아직 만족하지 못한다면, 고객과의 소통이 보다 수월해지기를 바란다면, 고객이 당신에게 자신의 이야기를 줄줄이 늘어놓기를 원한다면, 고객에게 먼저 질문을 던지고 의사처럼 고객을 진단하는 좋은 습관을 길러야 한다. 진단(탐색)이 상세하고 구체적일수록 당신에 대한 고객의 믿음도 함께 커질 것이다. 탐색이 고객 설득의 출발이다.

어떤 상품이
고객에게 맞을까?

의사는 이전의 진료 기록을 보고 환자의 현재 상태를 가늠한다. 또한 그에 따라 어느 약을 처방해야 할지를 판단한다. 만약에 기록이 없으면 어떻게 될까? 처방을 내리더라도 올바르지 않거나 효과가 적을 가능성이 높다. 그렇게 되면 의사로서의 전문성이 훼손되는 것은 물론 병원을 찾는 고객들의 발걸음도 줄어들게 된다. 정확한 진료만이 효과적인 처방을 보장한다.

판매원이 고객을 위해 상품의 방향을 결정하는 것도 마찬가지다. 의사의 진료처럼 판매원도 고객의 문제와 요구를 충분히 탐색하고 나서야 고객을 어떤 상품으로 유도할 것인지를 판단할 수 있다. 이는 고객의 요구와 매장의 상품을 합리적으로 결합시키는 과정이기도 하다.

판매원이 처방을 내릴 때 다음의 몇 가지 요소들을 고려해야 한다.

▸ 고객의 요구와 문제는 무엇인가?

▸ 매장의 어떤 상품이 고객의 상황에 적합한가?

▸ 상품의 기능과 재질, 스타일, 기술적 특징은 무엇인가?

▸ 상품의 가격과 재고량, 보관 위치는 어떻게 되는가?

판매원이 이 같은 문제들을 충분히 고려하고 대비한 다음 자신 있게 고객에게 상품을 소개하면, 자연스럽게 상품의 방향을 정할 수 있게 된다. 탐색이 확실할수록 처방이 쉽고 간결해지는 법이다.

07

그에게
빨간 옷을 입혀라

판매의 성패를 가르는 고객 체험

고객이 사고 싶게 하라

의류매장을 구경하다가 마음에 드는 옷을 발견하고는 입어보지도 않고 가격도 물어보지 않은 채 곧바로 구매하는 사람이 있을까? 눈에 띄는 인테리어 제품이라고 해서 품질과 스타일, 디자인, 컬러, 가공기술 등은 고려하지 않은 채 돈을 지불하는 사람이 과연 있을까? 아마도 없을 것이다.

고객은 누구나 지갑을 열기 전에 상품에 관한 정보를 수집하고, 자신의 눈으로 직접 확인하고 기능을 시험해보는 등의 과정을 거친다. 상품의 가치를 자신의 필요와 비교해보고 더 많은 가치를 지녔다고 판단되면 비로소 구매를 결정한다.

그런데도 실제 매장에서는 그러한 고객의 구매결정 프로세스를 감안하지 않고 자신의 실력 발휘에만 힘을 쓰는 판매원들이 많다. "감촉이 정말 좋아요"라고만 말할 뿐 고객이 그것을 체감할 수 있게끔 일을 하지 않는 것이다.

어느 연구 결과에서도 지적했듯이, 상품에 대한 이해와 체험이 많을수록 고객의 구매 가능성도 높아진다. 따라서 판매원은 말만이 아닌 보다 실질적인 방법으로 고객을 움직일 수 있어야 한다. 고객이 상품을 직접 만져보고, 당겨보고, 냄새를 맡아보고, 소리를 들어보고, 두드려봄으로써 상품을 사용할 때의 좋은 느낌을 직접 체험할 수 있도록 해야 한다.

고객에게 깊은 인상을 주는 다양한 체험유도 방법에 대해 알아보도록 하자.

오이를 팔 때는
왕 할머니처럼

유명 공항에 입점한 고급 남성복 브랜드 칼텐딩(KALTENDIN)에서 제 2기 전국 가맹점 상품전시회의 교육을 담당한 적이 있었다. 교육기간 중 한 점장이 내게 물었다. "왕 선생님, 고객이 제가 소개하는 상품에 흥미를 느끼지 못하는 것 같습니다. 제 말이 끝나기도 전에 고객은 나가려고 하는데, 이럴 때는 어떻게 해야 하나요?"

이 같은 고민은 인테리어 제품이나 의류, 잡화, 보석 등의 매장에서 근무하는 판매원들이 보편적으로 갖고 있는 것이다. 점장은 이 외에도 고객을 체험으로 유도하는 과정의 어려움, 마지못해 유도에 응하는 고객을 상대하는 것의 괴로움 등 상품을 소개할 때 부딪히는 문제들을 털어놓았다.

옛말에 '왕 할머니는 오이를 팔면서 스스로 오이를 자랑한다'고 했다. 자기 상품에 무한한 애정과 자신감을 가져야 한다는 것이다. 설사 고객들이 설명에 대해 색안경을 끼고 대한다 하더라도 판매원은 여기에 현혹되지 말고 판매원 본연의 직무에 자부심을 가지고 열심히 물건을 자랑하는 '왕 할머니'가 되어야 한다. 이 장에서는 이를 확장시켜 어떻게 하면 보다 효과적으로 고객의 구매욕을 자극할 수 있는지를 심도 있게 들여다보려고 한다.

각종 분야에서 현장에 대한 조사연구와 판매원에 대한 교육훈련을 진행한 나의 경험에 비추어보았을 때, 다음의 몇 가지 사항만 유의해도 '오이'를 팔 확률을 대폭 끌어올릴 수 있다.

상품 설명은 사랑하는 사람을 소개하듯

오랜 기간 매장 전문가로 활동해오면서 나는 고객들이 우물쭈물하거나 말을 더듬는 판매원에게는 결코 신뢰를 갖지 못한다는 사실을 알았다. 자신이 없으니까 그러는 것 아니겠느냐고 단정해버리는 것이다. 나는 판매원들에게 도대체 왜 그러는지 물어보았다. 그들의 대답은 놀라울 정도로 비슷했다. "이곳에 온 지 얼마 되지 않았고 회사에서도 저희를 훈련시켜주지 않았습니다."

하지만 고객은 이를 알 리 없다. 판매원의 경력이 얼마나 되었으며 회사에서 판매원들을 어떻게 대하는지 어찌 알 수 있단 말인가. 고객에게 판매원의 '이유 있는 변명'은 결코 통하지 않는다. 당연히 이해할 수도, 용서할 수도 없다. 결국 고객은 불신 때문에 다른 경쟁업체의 문을 두드리게 된다. 이럴 땐 어떻게 해야 할까?

당신은 다른 사람에게 당신이 가장 사랑하는 사람, 예컨대 아이나 남편(아내)을 소개할 때 어떻게 하는가? 애정 가득한 말에다 생동감 넘치는 태도로 소개하지 않는가? 이에 사람들도 연신 고개를 끄덕이며 당신의 말에 호응하지 않는가? 왜 그럴까? 당신이 사랑하고 잘 아는 사람들이기에 그렇게 할 수 있는 것이다.

사랑하는 사람을 이야기하듯 판매원이 자신의 브랜드와 제품을 소개할 수 있다면 가히 최고의 효과를 거둘 수 있을 것이다. 탁월한 실적을 올리는 우수 판매원들이 바로 그렇게 한다. 그들은 자신의 브랜드를 열렬히 사랑할 뿐 아니라 하나같이 해당 브랜드를 누구보다 잘 알기 때문에 고객들의 존중과 신뢰를 받는다.

판매원은 자기 분야의 발전 상황을 이해하고 자신이 판매하는 브랜드의 스타일과 위상을 인지하고 있어야 한다. 또한 목표고객의 생활수준과 생활방식을 철저히 파악하고 주요 상품의 기능과 장점, 재질과 기술은 물론 경쟁상품과의 차이를 꿰뚫고 있어야 한다. 그래야 실전에서 실력을 유감없이 발휘할 수 있다.

초점은 언제나 고객의 관심사

브랜드와 제품에 대한 애정과 전문성을 가진 판매원이 다음으로 넘어야 할 벽이 있다. 이름하여 '판매 근시증(近視症)'이다. 고객을 보기만 하면 혼자 신나서 제품설명서를 줄줄이 외워대는 판매원에게 흥미를 느낄 고객은 세상에 없다. 결과는 말하지 않아도 뻔할 것이다.

판매 근시증을 피하는 방법은 고객의 문제와 요구, 관심사를 확실하게 파악하는 것이다.

해결을 원하는 고객의 문제를 명확히 하라

우리는 이미 판매원들이 해야 할 첫 번째 일, 즉 능동적으로 탐색하고 상품의 방향을 설정하는 것에 대해 잘 알고 있다. 이제는 고객의 요구와 상품을 효과적으로 결합하는 과정을 들여다볼 차례다. 아래의 2가지 예를 통해 그에 관한 실전 감각을 익혀두기 바란다.

이 가구는 전원 스타일의 설계를 사용하여 색상이 우아하고 호방한 데다 보시다시피 상층부 수납공간이 매우 넓습니다. (구체적으로 가구의 스타일과 색상, 수납공간을 설명했지만 고객의 실질적인 문제나 요구와는 결합하지 못했다.)

▸ 고객님, 제가 추천해드릴 이 가구는 전원 스타일의 설계를 사용하여 고객님 댁의 중국식 인테리어와 조화를 이룸으로써 아주 흥미로운 풍격을 연출할 것입니다. 고객님 댁의 채광이 좋지 않은 점을 고려해볼 때 밝고 우아한 색상을 선택하시면 집이 훨씬 넓어 보일 수 있습니다. 게다가 상층부의 수납공간이 넓어서 이불이나 겨울옷 등 자주 사용하지 않는 물건을 넣어두실 수 있으니 처리하기 어려운 물건 때문에 걱정하실 일도 없을 것입니다. (가구의 스타일, 색상 및 수납공간을 설명하는 동시에 고객의 실질적인 문제와 요구와도 결합시켜 고객에게 판매원이 매우 세심하다는 느낌을 준다.)

이 바닥재는 12밀리미터 두께의 E0급 친환경소재를 사용하여 포름알데히드 방출량이 리터당 0.5밀리그램 미만으로 국제표준규격을 완전하게 만족시키고 있습니다. 게다가 모두 수입산 내마모지 및 화려한 색상지를 사용하고 있기 때문에 제품의 내마모 회전수가 9,000회 이상에 달하지요. 쉽게 마모되지 않는 데다 오랫동안 사용해도 퇴색되지 않아 새것처럼 사용하실 수 있습니다. (이처럼 전문적인 용어를 많이 사용하면 고객이 흥미를 느낄 수 있겠는가?)

▸ 고객님께서 가족의 건강에 관심이 많으시니 최신 친환경 바닥재를 소개해드릴게요. 이 제품은 12밀리미터 두께의 E0급 친환경소재로 리터당 공기 중에 방출되는 포름알데히드가 0.5밀리그램 미만으로 바닥재제품 가운데 가장 높은 환경보호 수준을 갖추고 있다고 할 수 있습니다. 게다가 댁에 손님이 자주 찾아온다는 점을 고려할 때 이 제품은 모두 수입산 내마모지 및 화려한 색상지를 사용하여 내마모 회전수가 9,000회 이상으로 쉽게 마모되지 않는 데다 오랫동안 사용해도 퇴색되지 않아 새것처럼 사용하실 수 있다는 점을 확실히 보장해드릴 수 있습니다. (고객의 친환경에 대한 관심과 자주 손님이 찾아온다는 특징에 부합하도록 바닥재를 소개함으로써 보다 높은 효과를 얻을 수 있다.)

고객의 기호에 확신을 불어넣어라

대부분의 고객들은 구매단계에서 브랜드를 고려한다. 특히 인테리어 제품을 구매할 때는 더욱 그렇다. 하지만 고객의 고려사항은 사실 판매원들이 생각하는 것처럼 그렇게 많지 않다. 고객들도 모든 제품이 스타일과 가격, 품질, 제재, 기술, 설계 등 모든 면에서 완벽할 수 없다는 사실을 잘 알고 있다. 단지 취사선택을 놓고 자신의 기호 사이에서 선뜻 결정을 내리지 못할 뿐이다.

이럴 때는 판매원이 고객의 기호에 확신을 불어넣어줄 필요가 있다. 품질을 중시하는 고객이라면 다른 모든 요소를 합친 것보다 품질이 훨씬 중요하다는 점을 느끼게 해주어야 한다. 그러면 충분히 승산이 있다. 여기에다 해당 제품이 스타일과 가격, 친환경성 및 서비스 등의 면에서 경쟁사의 상품보다 우수하다는 점을 증명할 수 있다면 승산은 거의 확정적이게 된다.

일반적으로 고객의 기호나 관심사들은 언어와 행동을 통해 주로 표출된다. 예컨대 고객이 반복해서 어떤 질문을 던지거나 계속해서 상품의 어떤 부분에 관심을 드러내는 것 등이 이에 해당한다.

한번은 내가 유명 바닥재 브랜드의 매장에서 조사연구를 실시한 적이 있었다. 잠깐 동안의 소통과 관찰을 통해 나는 한 고객이 바닥재의 친환경성을 매우 중시한다는 사실을 알아챘다. 그런데 판매원인 샤오장은 계속해서 바닥재의 가격이 얼마나 저렴한지, 기술이 얼마나 뛰어난지에 대해서만 설명하고 있었다. 친환경성도 언급하긴 했지만 이를 중점적으로 다루지 않고 간략하게 짚고 넘어가는 수준이었다. 결국 고객은 친환경성에 대해 깊은 인상을 받지 못했다. 나의 설명과 지도를 통해 자신의 문제점이 무엇인지 알게 된 샤오장은 이와 관련된 기술을 훈련했고, 이 고객이 다시 매장을 방문했을 때 능숙하게 소개의 중심을 전환했다. 거래가 성사된 것은 물론이다. 샤오장이 어떻게 상품을 소개했는지 함께 살펴보자.

판매원 : 고객님, 어서 오세요. 이렇게 다시 방문해주셔서 정말 고맙습니다.

고객 : 예, 다시 한 번 비교해보려고요. (고객은 확실히 이 브랜드의 바닥재에 대해 여전히 흥미를 느끼고 있으며 현재 상품을 비교하는 단계에 있다.)

판매원 : 고객님, 이미 많은 브랜드의 제품을 비교해보셨을 겁니다. 하지만 바닥재 같은 제품은 매일같이 접촉하는 물건이기 때문에 친환경지표를 주의 깊게 따져보셔야 해요. (화제를 친환경지표로 옮긴다.)

고객 : 맞아요. 몇 개의 브랜드를 살펴봤는데 가격은 이곳보다 저렴하지만 그 점이 걱정되더군요. 다들 자기 브랜드가 좋다고 얘기하는데 누구의 말을 믿어야 할지 정말 모르겠더라고요.

판매원 : 고객님, 그런 생각을 하시는 건 너무나 당연합니다. 전에 많은 단골고객분들도 고객님과 마찬가지로 저희 제품이 타사 브랜드에 비해 비싸다고 생각하셨어요. 하지만 안전에 대한 걱정 때문에 결국에는 저희 제품을 구매하기로 결정하셨지요. 고객님, 혹시 바닥재의 친환경성을 감별하는 방법을 알고 계신가요? (자신 있게 고객의 생각에 동조한 다음 질문을 던짐으로써 다음에서 친환경성에 대한 설명을 이어가도록 한다.)

고객 : 사실 잘 모르겠더군요.

판매원 : 고객님, 바닥재의 친환경성을 판단하시려면 재질과 기술 2가지 측면을 살펴보셔야 됩니다. 우선 바닥재의 친환경등급 및 접착제, 페인트 등 보조재료의 품질을 보셔야 합니다. 친환경성이 높은 바닥재는 일반적으로 모두 E0 친환경소재를 사용하고, 대부분 수입산 접착제와

페인트를 사용합니다. 저희 제품도 이러한 재질을 사용하고 있기 때문에 고객님께서 보신 ○○브랜드보다 조금 비싼 것입니다. 고객님, 혹시 E0 친환경소재가 무엇인지 알고 계신가요? (고객에게 기준을 제시한다.)

고객 : 그게 뭔데요?

판매원 : 고객님, 맥주 드시죠? (즉시 대답하지 않고 간단한 비교를 사용한다. 이렇게 하면 고객을 보다 쉽게 이해시킬 수 있다.)

고객 : 마시죠. 한데 그건 왜 물으시죠?

판매원 : 맥주의 포름알데히드 함유량은 E3등급인 데 반해 저희 바닥재는 E0등급입니다. 고객님이 드시는 맥주 속의 포름알데히드 함유량보다도 훨씬 적은 거죠.

고객 : 아, 그래요? 정말 생각지도 못했어요.

판매원 : 고객님, 재질 외에도 바닥재 접착면과 이음새의 기술도 보셔야 됩니다. 이러한 부분의 처리가 좋지 못하면 사용 중에 인테리어가 오염될 수 있거든요. 저희 바닥재는 접착면에 최고 기준의 가열압축 시간, 온도 및 압력을 사용한 데다, 이음새와 설비에 이탈리아에서 수입한 자재를 사용하고 있어 친환경적 측면에서는 고객님이 전혀 걱정하지 않으셔도 된다고 말씀드릴 수 있습니다. 여기 국가품질검사국에서 발급한 저희 제품의 포름알데히드 증서를 한번 보세요. (적당한 시기에 검사증서 및 매체의 보도자료 등을 제시, 활용할 수 있다.)

고객 : 브랜드는 마음에 드는데 가격이 고민이네요. 좀 더 싸게 해주실 수는 없나요?

판매원 : 고객님, 아시다시피 E0등급의 바닥재가 E3등급의 바닥재보

다 조금 더 비싼 것은 성분에서 차이가 나이 때문입니다. 그렇게 생각하지 않으세요?

고객 : 1,000위안만 깎아주면 이 제품으로 할게요. 그렇게 해줄 수 있나요?

판매원 : 바닥재를 구입하실 때는 가격이나 디자인, 컬러 등도 모두 중요하지만 사실 안정성이 가장 중요하지요. 안정성이 떨어지는 바닥재를 구입해서 가족들의 건강에 문제라도 발생하면 1,000위안으로 해결할 수 없을 것입니다. 이 점은 생각해보셨나요? 고객님, 가격은 양보해드릴 수 없지만 제품의 품질과 친환경성, 서비스에서는 충분히 만족시켜드릴 수 있습니다. 1,000위안 더 투자하셔서 안전하고 안심할 수 있는 제품을 구입하세요. 실은 이런 점들이 훨씬 더 중요하답니다. (이해관계의 대비를 통해 친환경성을 한층 더 강조하고 고객이 즉시 구매결심을 할 수 있도록 유도한다.)

고객 : 말씀을 정말 잘하시는군요. 아이고, 그럼 이곳 제품으로 결정하도록 하지요.

판매원 : 고객님, 감사합니다. 정말 현명한 선택을 하신 겁니다. 사용해보시면 분명히 만족하실 거예요. 결제를 도와드릴 테니 잠시만 기다려주세요.

직접적인 이해관계를 강조하라

고객과 소통하는 과정에서 판매원이 고객의 흥미를 최대로 끌어올리는 방법을 아는가? 상품이 고객에게 적합한 이유를 알려주면서 구체적으로 어떤 이익을 가져다주며 어떤 고통을 해소시켜줄 수 있는지를 특별히 강조하는 것이다. 즉 이해관계를 명확히 설명하라는 말이다. 이는 고객이 언제나, 가장 관심을 두는 부분이다. 실적이 우수한 판매원들은 대부분 이러한 이치에 정통해 있다.

이미 상술한 사례를 통해서도 알았겠지만, 아래의 몇 가지 예를 살펴보면서 이해관계의 중요성을 다시 확인해보도록 하자.

고객님, 저희 시트는 활성 날염공법을 사용하여 탄성과 밀도가 높은데다 대각선 무늬에 꽃자수를 가미하여 매우 우아하고 고급스런 느낌을 줍니다. 아마 고객님께 아주 잘 어울릴 거예요. (상품에 대한 소개가 지나치게 많은 반면 이해관계에 대한 설명은 극히 적다.)

▸ 고객님, 저희 시트는 활성날염 공법을 사용하여 전통 날염과 달리 색이 쉽게 바래지 않습니다. 따라서 오랫동안 사용하셔도 탈색에 대한 염려 없이 항상 새 것처럼 사용하실 수 있습니다. 게다가 모두 대각선 무늬에다 꽃자수를 놓아 집안의 분위기와도 잘 어울리실 겁니다. (고객의 주요 관심사나 집안 환경과 연결해서 이해관계를 분명하게 설명하고 있다.)

이 옷은 오늘 들어온 신상품입니다. 한국 스타일로 아주 우아하고 고상하지요. (설명이 너무 간단하고 모호하다. 게다가 고객의 문제와 연결하여 이해관계를 설명하지도 못했다.)

▸ 이 옷은 오늘 들어온 신상품입니다. 한국 스타일로 우아하고 고상하

지요. 특히 고객님 같은 직장여성분들이 회사에 출근하실 때 입으시면 좋아요. 고객님은 몸매가 좋으셔서 아주 잘 어울리실 겁니다. (사전 탐색을 통해 고객이 출근의상을 구입하려 한다는 사실을 알고 있는 상태에서 적당한 칭찬을 덧붙여 고객의 필요에 안성맞춤이라는 점을 강조하고 있다.)

제조의 디테일을 선명히 드러내라

"귀로 들은 것은 거짓이고 눈으로 본 것만 진실이다"라는 말이 있다. 사람들의 심리가 그렇다. 자기 눈으로 직접 본 것만 믿으려 한다. 최종 판매단계에 있는 판매원들은 항상 이 같은 심리를 의식하고 듣기 좋은 말보다는 눈에 보이는 실체에 더 주의를 기울여야 한다. 그럼 무엇을 보여줘야 할까? 디테일한 부분을 보여줘야 한다. 특히 다른 곳에서 고객이 미처 보지 못했던 부분을 보여줘야 한다. 그러면 고객이 관심을 보이고 마음의 문을 열게 된다.

세계적인 명품들이 그러하듯 디테일한 부분에 제품의 핵심이 담겨 있다. 뛰어난 제품이 예술품과 같은 것은 빈틈없이 꼼꼼하게 작업한 결과다. 모든 차별성과 우수성이 디테일한 부분에서 드러난다. 여기에 고객들이 반응하는 것이고 애정과 신뢰를 보내는 것이다. "디테일이 성패를 결정한다"라는 말은 진리다.

나는 반복적인 조사와 연구를 통해 보통의 판매원들이 디테일한 부분에 주목하지 않는다는 사실을 발견했다. 그만큼 세심하지 못하다는 증거다. 그에 반해 우수한 판매원들은 평소에도 자기 제품을 세세하게 관찰하고, 특징을 분석하고 숙지하여 중요한 순간에 적극 활용한다.

지금껏 고객과의 소통에서 한계를 느꼈거나 공허감이 들었다면 이제부터라도 디테일에 관심을 깊이 가져보기 바란다. 옷의 단추, 서랍의 손잡이, 자물쇠 고리, 테이블의 상단 등 디테일한 부분은 무수할 정도로 많다. 그중에서도 사람들이 미처 발견하지 못한 강력한 요소를 끄집어내어 소통의 소재로 삼을 수 있다. 자신이 취급하는 주요 제품 각각에 대해 6가지 이상의 특징을 찾아내고, 이를 실감나게 표현하는 방법을 마련하여 충분히 연습해둔다면 판매과정에서 스스로도 놀랄 만한 변화를 체감하게 될 것이다.

전방위적 체험을 유도하라

판매의 관건은 판매원들이 고객으로 하여금 얼마나 많이 체험하도록 하는가에 달려 있다. 고객이 아무런 느낌을 받지 못하면 판매원이 아무리 많은 말을 해도 설득력이 없고, 고객은 더 이상 당신에게 설명할 시간도 주지 않을 것이다. 다각적인 고객 체험을 유도하는 일이 무엇보다 중요하다.

다각적인 체험이란 무엇인가? 고객이 모든 감각기관을 동원하여 다양한 경로로 제품의 장점과 이익을 체험하는 것을 말한다. 고객이 많은 체험을 할수록 판매를 위한 대화시간도 길어질 것이고 제품에 대한 고객의 감정도 깊어질 것이다.

청두 가정용품회사 하오펑징의 요청으로 전국의 대리점을 순회하면서 교육을 진행한 적이 있다. 그러는 동안 곳곳에서 다각적 체험을 유도하는 일에 소홀하다는 사실을 알고 현장조사를 토대로 별도의 방법을 마련했다. 그리고 이를 실제 판매과정에 적용하여 기대 이상의 효과를 얻었다. 아래에 그 내용을 공개한다.

방법의 핵심은 6가지다. 보기와 맡기, 두드리기, 당기기, 밀기, 만지기가 그것이다. 내용을 이해하고 반복해서 떠올리다 보면 매장에서 쉽게 활용할 수 있을 것이다.

보기

우선 가구의 제품 보증과 재질 유형, 판자재의 두께 및 겉면의 페인트 처리를 살펴보게 한다. 아울러 각 부분의 기능이 제대로 작동하는지, 재료가 적절하게 사용되었는지 등을 보게 한다.

맡기

직접 찬장이나 서랍을 열어 고객이 얼굴을 가까이 대보고 코를 자극하는 냄새가 없는지, 눈을 자극하지 않는지 체험해볼 수 있게 한다. 더불어 냄새가 심한 것은 포름알데히드가 기준량을 초과한 것이므로 그런 가구는 절대 사지 않는 게 좋다는 설명 등을 곁들이면 더욱 좋다.

두드리기

고객에게 직접 제품을 두드려보도록 유도한다. 수박을 살 때처럼 여기저기 두드려봄으로써 소리를 통해 재료의 두께가 고른지, 속이 비어 있지 않은지 등을 살펴보게 한다. 아울러 고객에게 소리를 통해 좋은 품질과 나쁜 품질을 감별하는 방법을 알려주고, 특히 중간 판재와 후면 판재에 사용된 자재의 디테일에 대해서도 말해준다.

당기기

고객이 직접 문이나 서랍을 잡아당겨 움직임이 자유로운지, 레일은 매끄러운지 직접 확인할 수 있게 하고 덜컹거리는 소리가 나지 않는지 직접 들어보도록 종용한다. 추가로 고객에게 제품에 사용된 금속과 레일 브랜드, 두께 및 표면 처리 등에 관해서 알려준다.

밀기

고객으로 하여금 가구의 각 부분을 가볍게 밀어보게 함으로써 가구가 안정적이고 견고한지 직접 확인하게 한다.

만지기

가구 표면의 칠이 매끄럽게 처리되었는지 만져보고 금속이 광택이 나고 깨끗한지, 충분히 두껍고 단단한지 직접 느껴보게 한다.

상술한 6가지 고객체험 유도는 가구의 판매에만 적용되는 것이 아니다. 인테리어 제품이든 의류, 잡화, 보석이든 모두가 이 원리를 바탕으로 융통성 있게 변형시켜 자유롭게 활용할 수 있다.

판매원은 다양한 측면에서 고객이 자사의 제품과 경쟁사 제품의 차이를 디테일하게 체험할 수 있도록 독려하고 제품으로 인한 이해관계에 대한 설명을 덧붙여야 한다. 그러면 고객들도 기꺼이 받아들여 10% 정도 비싼 가격에도 이의를 제기하지 않을 것이다.

뭔가 특별한
느낌이 필요해

하오펑징의 정저우(鄭州) 매장에서 교육을 실시할 때였다. 강의 중에 내가 사람들에게 물었다. "무엇이건 살 수 있는 돈이 있다는 가정하에 BMW와 창안번번(長安奔奔) 2개의 브랜드 가운데 하나를 고르라면 어느 것을 택하겠는가?" 대부분이 BMW를 선택했다. 모름지기 그들은 모두 BMW가 더 고급스럽다고 여겼을 것이다.

그런데 실제로 매장에 가보면 이야기가 달라진다. 창안번번이 훨씬 더 많이 판매되는 것이다. 가격 차이가 워낙 큰 이유도 있겠지만 한편으로는 많이 팔리는 차에 사람들의 마음이 움직였을 법도 하다. 상대적으로 BMW 매장은 한산하게 느껴질 정도로 사람들의 발걸음이 뜸하다. 당연히 팔리는 차도 소수에 불과하다. 이상한 것은 판매원들의 표정이다. 전혀 당황하거나 조급해하는 기색을 찾아볼 수 없다. 그만큼 브랜드에 대한 자부심이 크기 때문일 것이다.

사실 고급 제품을 다루는 판매원에게는 높은 심리적 자질, 즉 차라리 거래를 안 할지언정 명성과 가치를 지켜나간다는 마음자세가 요구된다. 어찌 창안번번 10대를 BMW 1대에 견주겠는가 하는 자세로 제품을 관리하고 고객을 상대해야 하는 것이다.

판매기술 면에서도 고급 제품과 중저가 제품에는 큰 차이가 있다. 고가의 제품을 판매하는 것은 예술을 판매하는 것과 같다. 가장 중요하게 고려해야 할 요소는 존귀함, 독특함, 희소성, 수공제작, 디테일 등이다. 고객에게 이런 요소들을 어필할 수 있다면 쉽지 않은 거래 성사도 문제가 아니다.

존귀함

사람들은 왜 그렇게 많은 돈을 들여가며 품질이 꼭 좋지도 않은 고급 제품을 사려는 것일까? 고급 제품의 매력은 대체 무엇일까? 고급 제품의 가장 큰 매력은 존귀한 느낌을 준다는 것이다. 기능이 얼마나 뛰어나며 브랜드가 몇 개의 특허기술을 갖고 있는지를 알리는 것만으로는 고급 제품을 찾는 고객의 마음을 바꿀 수 없다. 그들은 애당초 그런 것에 관심이 없기 때문이다. 그들이 원하는 것은 오직 존귀함이다.

판매원은 고객이 진정으로 원하는 그것을 제공해야 한다. 바꾸어 말해서 해당 제품의 존귀함에 대하여 이해시켜야 한다는 것이다. 그렇지 않으면 고객은 이 제품이 왜 다른 제품보다 비싸야 하는지 알 수 없을 것이다. 예컨대 가구 판매원은 고객에게 이렇게 물어야 한다. "평소에 댁에 손님이 많이 오시는 편인가요?" 손님이 많다고 대답하면 "이 가구는 고객님처럼 귀한 분을 위한 제품이라 충분히 고객님의 품격을 세워드릴 것입니다"라고 말해야 한다. 이와 더불어 어느 유명 인사가 동일한 제품을 사갔다는 사실을 넌지시 알려준다면 고객이 제품에 대해 가지는 존귀한 느낌을 더욱 강화시킬 수 있다.

독특함

제품의 독특함이란 고객에게 특별한 제조법과 함께 숨겨진 디테일을 알려주는 것을 말한다. 이러한 독특함을 설명할 때는 구체적일수록 설득력이 있다. 예컨대 판매원은 "저희는 일본 야마하피아노의 도장기법을 사용하여 도장하고 있습니다. 이런 고급 제품에서만 그런 기법을 사용할 수 있지요"라거나 "저희 제품은 페라리의 생산라인을 사용하여 제작되었습니다"라고 말할 수 있을 것이다. 대비가 뚜렷하고 특별함이 묻어나는 언어표현을 사용하는 것이 바람직하다.

희소성

희소성이란 극소수만이 갖고 있는 특성을 의미한다. 많을수록 가치가 낮아지고 고객의 욕구도 줄어드는 법이다. 따라서 판매원은 "이 제품은 한정품이라 현재 저희 매장에도 이것 하나뿐입니다" 또는 "마음에 드시면 서둘러 예약하세요. 지금 예약하셔야 ○개월 후에 제품을 받아보실 수 있습니다"와 같은 표현으로 제품의 희소성을 강조해야 한다. 실제로 최종 판매단계에서 제품의 문턱을 높인 결과 전보다 높은 주문율을 확인할 수 있었다.

수공제작

수공업 제작도 고급 제품 고객들을 유인하는 요소 가운데 하나다. 손수 만든 제품의 장점들을 가시적으로 설명하면 고객의 구매욕구를 한층 끌어올릴 수 있다.

싼예(三葉)가구의 요청으로 후난(湖南)지역에서 교육훈련을 진행하고 있을 때였다. 그곳의 판매원 하나가 고객에게 이렇게 말했다. "저희 회사의 아동용 가구는 모서리를 모두 수공으로 작업하여 둥글게 처리함으로써 아이들이 다치지 않고 안전하게 사용할 수 있도록 했습니다. 모든 칠은 8중 도장을 적용하고 건조할 때마다 자연풍을 사용했지요. 이렇게 하면 비록 시간은 오래 걸리지만, 장점이…"

이렇게 설명하면 대부분의 고객들이 큰 호감을 나타낸다.

디테일

좋은 제품은 디테일을 보면 알 수 있다. 고객들은 판매원이 설명을 과장되게 할 수는 있지만 제품의 디테일은 속일 수 없다고 생각한다. 따라서 판매원이라면 자신이 취급하는 모든 제품의 디테일을 꿰뚫고 있어야 한다. 한 제품에서 3가지 이상의 독특한 디테일을 제시할 수 있다면 판매에 자신감이 붙는 것은 물론 거래를 성사시키기도 훨씬 쉬워질 것이다.

고객은 판매원의 친절한 설명보다 작은 디테일에 더 큰 관심을 갖는다. 특히나 고급 제품을 판매할 때는 디테일을 통해 제품의 고급스러움과 존귀함을 드러내는 것이 매우 중요하다.

체험을 권유한다

고급 제품은 그 자체만으로도 고객의 마음을 설레게 한다. 따라서 굳이 장황하게 설명할 필요 없이 곧바로 고객에게 체험의 기회를 주는 것이 좋다. 고객이 판매원을 믿지 않을 수는 있지만 자신이 직접 체험한 느낌은 믿지 않을 수 없기 때문이다. 판매원은 "이 옷은 감촉이 매우 좋습니다"라는 말과 함께 고객이 직접 만져보고, 입어보고, 거울에 자기 모습을 비추어보게 하는 등의 체험유도를 통해 고객 스스로 좋은 느낌을 확인할 수 있게 해야 한다. 체험이 깊은 인상을 남기고 거래 성사를 앞당긴다.

"입어보세요"라고
말하지 마라

광동에 위치한 남성복 브랜드 칼텐딩에서 영업을 총괄하는 차 선생의 요청으로 선전에서 전국 각지의 점장들을 위해 2주간의 교육훈련을 진행한 바 있다. 청두의 쑹류(雙流)공항에서 비행기를 기다리는 동안 시험 삼아 칼텐딩 공항점을 방문했다.

매장에 들어서자마자 아리따운 판매원이 다가와 친절하게 인사를 건넸다. 그런데 친절이 지나친 나머지 나를 붙잡고 끊임없이 이야기를 해댔다. 나는 그저 편하게 둘러보려고만 했던 것인데 판매원이 졸졸 따라다니며 계속해서 질문들을 쏟아냈다. "어떤 옷을 찾으세요?" "제가 하나 소개해드릴까요?" "선생님이 입으실 건가요?"…. 옷을 살 마음이 없었던 나는 마지못해 옷을 살펴보는 척했다. 하지만 내 손이 옷에 닿기도 전에 판매원이 또다시 공격을 퍼부었다. "고객님, 이 옷은 막 들어온 신상품이에요. 마음에 드시면 한번 입어보세요."

그 말을 듣는 순간 나는 마음이 달아났다. 원래는 눈에 띄는 옷이 하나 있어 한번 입어볼까 하던 참이었는데, 다그치는 듯한 판매원의 말에 입어볼 마음이 싹 사라진 것이다. "왜 안 입어 보세요?" 판매원이 몹시 의아하다는 투로 내게 물었다. 이때 탑승을 재촉하는 안내방송이 나오지 않았다면 나는 그에게 왜 옷을 입어볼 수 없는지를 제대로 알려주었을 것이다.

판매원들이 옷을 입어볼 것을 권하는 것은 의류매장에서 흔히 볼 수 있는 풍경이다. 그런데 그것이 오히려 고객의 체험을 방해한다는 사실을 알고 있는가? 원인은 판매원의 언어표현이다. 위의 판매원이 그랬던 것처럼 지나친 권유는 고객에게 '옷을 입어보면 반드시 사야 할 것' 같은 부담감을 안겨준다. 당신이 고객이라면 이처럼 커다란 위험을 감수하고 옷을 입어볼 수 있겠는가? 그렇지 않을 것이다.

그렇다면 고객의 체험을 어떻게 유도하는 것이 좋을까? 그에 대한 답을 몇 가지로 정리하면 아래와 같다. 당신의 판매 성공률을 높여줄 것이라 믿는다.

자신감을 가지고 밀고 당기기

최종 판매단계에 대한 연구를 통해 나는 판매원들에게 체험을 유도하는 과정에서 비교적 많은 문제점이 나타난다는 사실을 발견했다. 문제점은 주로 체험의 유도가 능동적이지 못하고 자신감이 부족하며 전문적이지 못하다는 것이었다.

능동적으로 체험을 유도하지 못하는 것은 주로 판매원에게 의식이 없는 데 기인한다. 제품에 흥미를 느끼지만 결정하지 못하고 망설이고 있는 고객을 보면 바로 판매원이 나서서 고객의 체험을 유도해야 하는데, 그런 의식이 결여되어 있는 것이다.

자신감 있게 체험을 유도하지 못하는 것은 지나친 조심성에서 비롯되는 경우가 많다. 예를 들어 "한번 구경하셔도 돼요"라고 말하는 식이다. 이는 고객에게 구경해도 되고 안 해도 그만이라는 뜻으로 받아들여진다. 소극적인 태도에는 이끄는 힘이 없다.

전문적으로 체험을 유도하지 못하는 것은 판매원의 상품지식이 부족하기 때문이다. 알지 못하니 상품을 추천하기도 어렵다. 자연 고객은 마음에 들어 하지 않고 판매원 자신도 상품이 고객에게 적합한지 확신하지 못한다.

고객의 체험을 유도하려면 우선 판매원부터 상품에 대한 자신감을 가져야 한다. 물론 이러한 자신감은 그냥 얻어지는 것이 아니다. 평소에 상품에 관한 전문적인 지식을 축적하고 상품의 특징을 충분히 이해하며 재고와 매력 등에 대해 숙지할 때 자신감을 얻을 수 있다. 그렇게 얻어진 자신감이 상품은 물론 판매원에 대한 고객의 신뢰 또한 키우는 것이다.

좀 더 자신감을 갖고 싶은 판매원들을 위해 2가지 언어 유형을 소개한다. 자신이 속한 분야나 역할에 맞게 소화하여 활용하기 바란다.

| 인테리어 분야의 언어 유형 |

고객님, 말씀하신 상황에 비춰볼 때 저희 매장에 맞춤한 상품이 하나 있습니다. 어떤 상품인지 고객님께서 직접 한번 보시는 게 어떠세요? 자, 이쪽으로 오시지요. (자신 있게 고객에게 체험의 이유를 설명하고 능동적으로 유도한다.)

|의류, 잡화, 보석 등 분야의 언어 유형|

고객님, 말씀하신 상황에 비춰볼 때 아주 잘 어울릴 만한 상품이 있습니다. 제 말만 들어서는 잘 모르실 테니까 효과가 어떨지 직접 입어보시는 게 어떻겠습니까? 자, 이쪽으로 오세요. (자신 있게 고객에게 착용의 이유를 설명하고 능동적으로 유도한다.)

유쾌한 몸짓으로 인도하기

사실 앞의 첫 번째 단계만 제대로 이행해도 10명의 고객 가운데 2명 정도는 체험으로 유도할 수 있다. 그리고 여기서 한발 더 나아가면 남은 8명 가운데 1명을 추가할 수 있다. 바로 몸짓을 이용하는 것이다.

판매원은 첫 번째 단계를 이행하는 것에 연이어 유쾌한 몸짓으로 고객을 인도할 수 있어야 한다. 일례로 자연스러우면서도 경쾌한 손짓으로 고객을 해당 상품이나 탈의실로 안내하는 것을 들 수 있다. 이러한 추가 동작 하나가 머뭇거리며 결정을 내리지 못하는 고객의 발길을 잡아줄 수 있다.

부담을 덜어주는 말과 함께 체험 유도하기

그래도 고객이 움직이지 않는다면 어떻게 할까? 그냥 내버려두는 것이 나을까? 아니다. 고객이 움직이지 않는 것은 아직도 마음속으로 갈등하고 있기 때문이다. 이때는 판매원이 고객의 심리적 부담을 덜어주면서 적절한 태도를 유지하는 것이 바람직하다. 이 단계에서 완급 조절에 성공하면 남은 7명 가운데 또 1명이 판매원을 따라 상품의 장으로 옮겨가게 된다.

참고로 예가 될 만한 언어 유형을 제시한다.

|인테리어 업계의 언어 유형|

고객님, 안 사셔도 괜찮으니 우선 한번 보시기만 하세요. 보는 데 돈 드는 것도 아니잖아요. 자, 이쪽으로 오세요.… (고객의 심리적 부담을 덜어주고 계속해서 고객을 유도한다.)

|의류, 잡화, 보석 등 업계의 언어 유형|

고객님, 이런 상품은 어떤 사람이 입고 신는가에 따라 느낌이 전혀 달라지기 때문에 직접 입어보시지 않으면 몰라요. 안 사셔도 괜찮으니 자, 이쪽으로 오셔서…. (제때 부담을 완화시켜주고 고객에게 체험의 이유를 설명한다. 상황에 따라 고객이 착용할 상품을 꺼내 보이며 손짓으로 고객을 부른다.)

잠시 한발 물러서기

위의 몇 단계를 거친 다음에도 여전히 고객이 당신에게 호응하지 않는다면 어떻게 해야 할까? 그래도 계속해서 체험을 유도해야 할까? 이때에는 판매원이 한발 물러서는 것이 현명하다.

판매원은 물론 포기하지 않는 자세를 견지해야 하지만, 거듭되는 실패에서는 적당히 물러나 다시 나아갈 수 있는 기회를 준비할 줄도 알아야한다. 여유를 가지고 고객의 사정을 충분히 파악하여 고객 스스로 입을열도록 한다. 고객이 자신의 생각을 말하면 판매원은 고객의 생각에 근거하여 다시 상품을 추천할 수 있다. 이렇게 되면 남은 6명 가운데 2명이체험에 나설 것이다.

| 보편적인 언어 유형 |

고객님, 별로 마음에 들지 않으신가 봐요. 실례지만 제 서비스에 실수가 있었나요, 아니면 상품에 뭔가 걸리는 점이라도 있으신가요? 의견을말씀해주시면 정성껏 도와드리겠습니다. (고객의 마음을 가로막는 벽을 뛰어넘어 겸손하게 질문한다. 고객이 자신의 의견을 말하면 계속해서 상품을 추천한다.) 제가 더 정확하게 여쭤봤어야 했는데 죄송합니다. 고객님, 저희 매장에 고객님의 취향과 기대에 꼭 맞는 상품이 있습니다. 자, 이쪽으로 오세요.

판매단가를 획기적으로
끌어올리는 비법은?

매장의 실적은 모든 판매원들의 주된 관심사다. 대체 어떻게 하면 이를 끌어올릴 수 있을까? 판매횟수와 판매단가 2가지가 핵심 관건이다. 판매횟수는 방문하는 고객의 수를 늘리고, 상품들을 합리적으로 배치하고, 직원들의 판매기술을 향상시키고, 매장의 분위기를 개선하고, 흡인력 있는 판촉행사를 벌이는 등의 방법으로 끌어올릴 수 있다. 또한 판매단가는 고가의 상품을 추천하거나 세트판매를 실시함으로써 높일 수 있다. 여기서는 특별히 세트판매를 통해 판매단가를 높이는 방법에 대해 알아보고자 한다.

나는 청두에 있는 10곳의 남성복 매장에서 20회에 걸쳐 세트판매 실시에 대한 현황을 조사했다. 그 결과 세트판매를 실시하는 비율은 20%에 불과한 것으로 나타났다. 그중에서도 세트판매의 시기와 방법을 제대로 알고 실시한 매장은 단 두 곳으로 총 조사횟수의 10%밖에 되지 않았다.

세트판매로 판매단가를 높이기 위해서는 다음의 3가지 사항을 유념해야 한다.

먼저 확고한 의식을 갖춰라

슬리퍼를 신고 와서 양복바지를 사려는 고객이 있다고 치자. 그러면 판매원의 입장에서 팔기가 쉬울까? 만약 고객의 슬리퍼를 구두로 바꾸면 어떨까? 양복바지를 팔기가 훨씬 더 수월해지지 않을까? 어쩌면 고객이 구두도 함께 구매해 갈지 모른다.

눈치 빠른 독자라면 세트로 판매함으로써 양복바지뿐만 아니라 구두의 판매율까지도 함께 높일 수 있다는 사실을 알아챘을 것이다. 나는 세트판매야말로 단기간에 매장의 실적을 높이는 최선의 길이라고 생각한다. 성공의 관건은 모든 판매원들이 세트판매에 대한 확고한 의식을 가지고 방법을 효과적으로 운용할 줄 알아야 한다는 것이다.

내가 매장에서 20여 차례에 걸쳐 실시한 조사에 따르면, 판매원들 가운데 80%는 내게 와이셔츠만 권해주었다. 이는 그들에게 와이셔츠에 어울리는 넥타이를 추천해주는 세트판매 의식이 전혀 없다는 사실을 말해준다.

판매원들이 내게 물었다. "고객님, 어디가 마음에 안 드세요?"

내가 대답했다. "정확히 말하기는 어렵지만 아무튼 활기가 없어 보이네요."

내가 무엇 때문에 그러는지 알지 못한 판매원들이 여러 가지 다른 색상과 디자인의 와이셔츠를 보여주었지만 결과는 모두 마찬가지였다. 결국 지쳐버린 판매원들은 하나같이 백기를 들고 물러나고 말았다. 그들에게 세트판매 의식이 조금이라도 있었다면 어땠을까? 와이셔츠에 어울리는 넥타이를 보며 나도 만족하고 그들도 보다 수월하게 실적을 올릴 수 있었을 것이다. 게다가 덤으로 넥타이까지 팔았을 것이다.

이에 대해 조금 다른 견해를 보이는 이들이 있다. 2008년 7월 쿤밍(昆明)에 초청되어 제법 큰 규모의 공개강의를 한 적이 있었다. 강의가 끝난 뒤에 한 사람이 내게 물었다. "왕 선생님, 저는 신발을 판매하고 있습니다만, 어떻게 세트판매를 해야 할지 모르겠습니다." 나는 그에게 신발과 깔창(특히 발 냄새 제거용과 같은 기능성 깔창)을 세트로 판매하라고 알려주었다.

그가 곧바로 말을 받았다. "왕 선생님, 전에 어떤 고객이 신발을 사러 와서 가격흥정이 잘 마무리되었을 때 제가 깔창을 권하자 고객이 갑자기 서비스로 달라고 요구하면서 주지 않으면 신발을 사지 않겠다고 하는 겁니다. 그 후로는 세트로 판매하기가 겁이 나더군요."

현실에서 충분히 일어날 수 있는 일이다. 하지만 조금만 더 생각해보면 이러한 일을 완벽하게 피할 수 있는 방법은 얼마든지 있다. 예를 들어 고객이 신발을 신어보기 전에 깔창을 포함한 전체 가격을 미리 알려주면 깔창에 대해 흥정하는 일을 피할 수 있다. 혹은 거래가 성사된 다음에 고객에게 깔창을 추천해줄 수도 있을 것이다.

세트판매는 확실히 단기간에 매장의 실적을 높일 수 있는 첩경이다. 하지만 이 방법을 사용하는 과정에서 부딪히는 문제 또한 피할 수 없다. 그렇다고 이 때문에 세트판매를 꺼린다면 구더기 무서워 장을 담그지 못하는 식의 어리석음을 자초하게 된다. 판매원으로서 우리가 해야 할 일은 세트판매에 집중하면서 귀찮은 문제를 해결하는 방법을 모색하는 것이다. 그렇지 않으면 매장의 실적을 5% 향상시킬 수 있는 기회를 영영 잃어버릴 것이다.

상품끼리의 궁합을 맞춰라

세트판매에 대한 적극적 의식을 갖추는 것과 함께 어떤 상품을 세트로 판매할 것인지를 선택하는 것 역시 매우 중요하다. 내가 만난 어떤 판매원은 의식은 분명히 갖추고 있었는데 셔츠를 사려는 내게 뜻밖에도 양복을 추천해주었다. 이처럼 무모한 세트판매는 안 하느니만 못하다.

세트판매 상품을 선택할 때에는 다음의 2가지 사항을 고려해야 한다.

연관성과 보완성

세트판매를 할 경우에는 반드시 서로 연관된 상품을 선택해야 한다. 짝을 지을 상품들끼리의 보완성을 고려해야 한다. 예컨대 칼자루와 칼날, 칫솔과 치약, 프린터와 잉크, 바닥재와 굽도리지, 구두와 깔창 혹은 구두약, 셔츠와 넥타이 등이 그런 유형에 속한다.

추가 상품의 가격

세트로 판매할 때는 추가하는 상품의 가격이 본 상품보다 낮아야 한다. 3,000위안짜리 양복을 구매한 고객에게 300위안짜리 넥타이를 세트판매 품목으로 추천하는 식이다. 그러면 양복 구매의 효과를 한층 높여주면서 고객도 부담 없이 받아들일 수 있을 것이다. 하지만 반대로 배보다 배꼽이 더 큰 격으로 상품을 추천하면 실례를 범하는 것밖에 되지 않는다.

치마는 탈의실 들어가기 전에

세트판매의 의식을 갖추고 정확한 상품을 선택하는 것 외에도 적당한 시점을 살피는 것도 신중히 고려해야 한다. 시점이 적절치 않으면 고객에게 거절당하기 쉽다.

일반적으로 세트판매의 시점은 2가지 원칙을 따르는 것이 바람직하다. 첫째, 개인적인 제품을 세트로 판매할 때는 고객이 탈의실에 들어가기 전에 추천하고 둘째, 장식적인 제품을 세트로 판매할 때는 고객이 자신의 전체 모습을 보기 전에 제품을 추천한다. 예를 들어 치마나 바지 등의 상품은 고객이 탈의실에 들어가기 전에 추천하고, 넥타이나 가방, 모자, 팔찌, 스카프 등은 고객이 탈의실에서 나와 거울 앞에 서기 전에 추천하는 것이 적절하다. 한 가지 유의할 점은 상품을 권유할 때 부담을 주지 말라는 것이다. 고객에게 구매하지 않아도 괜찮다고 말하면서 편안한 느낌을 주어야 한다.

세트판매 시의 유용한 언어 유형을 예시하면 다음과 같다.

고객님, 이 넥타이를 입고 계신 양복에 맞추면 훨씬 멋져 보일 것 같네요. 사지 않으셔도 괜찮으니 우선 느낌이 어떤지 한번 매보기만 하세요. 자, 제가 매드릴게요. (고객이 탈의실에 들어갈 때 판매원은 밖에서 여러 개의 넥타이를 준비하고 있다가 고객이 밖으로 나오면 즉시 매줄 수 있도록 한다. 일반적으로 이를 거부하는 고객은 많지 않다.)

이상으로 세트판매, 그중에서도 의류의 세트판매에 대해 알아보았다. 만약 당신이 인테리어 분야의 종사자라면 상술한 3가지 사항 외에 다음의 2가지 사항도 함께 알아두기 바란다.

첫째, 구매명세서를 준비한다. 고객의 구매의도를 명세서로 보기 좋게 정리하여 고객의 이해와 계산에 편의를 제공한다.

둘째, 인테리어 제품은 종류가 비교적 많으므로 공간 구조를 중심으로 제품을 선정하는 것이 좋다. 예컨대 가구를 구매하려는 고객이라면 제일 먼저 응접실의 가구를 결정하도록 도와주고 나서 그에 맞추어 침실, 아이 방, 서재 등의 순으로 가구를 결합해나간다.

08

답하라,
문이 열릴 것이다

고객의 이견 처리는 어떻게?

고객이 사고 싶게 하라

당신은 혹시 요즘 고객들이 갈수록 까다로워지고 질문도 많아져 상대하기 어렵다고 느끼지 않는가? 그렇다면 이러한 상황을 어떻게 받아들여야 할까?

첫째, 고객의 입장에서는 지극히 정상적인 일이다. 날로 늘어나는 브랜드와 셀 수 없이 많은 제품들 속에서 선택에 대한 고객들의 고민 역시 심화되고 있다. 선택의 폭이 넓어지면서 그와 함께 고객들도 까다로워지지 않을 수 없게 된 것이다. 분야를 막론하고 판매원은 거래를 성사시키기 위해 고객들의 다양하고 복잡한 요구에 부응할 수밖에 없다.

둘째, 판매원의 자질에 대한 성찰을 촉구하고 있다. 고객이 많은 문제를 제기한다는 것은 그만큼 판매원이 신뢰를 얻지 못하고 있다는 방증이기도 하다. 우리 스스로 과연 역할을 제대로 수행했는지 냉정히 돌아보아야 할 것이다.

10점에 명중시키지 못하는 것은 과녁의 문제가 아니다. 사수의 실력이나 총에 결함이 있기 때문이다. 마찬가지로 고객의 이견도 판매원 자신에게서 그 원인을 찾아야 한다.

무엇이 고객을
의심케 하는가

성공의 과정은 끊임없이 문제를 발견하고 그것을 해결하는 과정이기도 하다. 판매의 성공도 판매기술이나 상품의 선택 등에서 나타나는 오류나 잘못을 규명하여 지속적으로 바로잡아 나갈 때 가능한 것이다. 우리가 고객들의 이견이나 불만 사유를 제대로 인식해야 할 필요가 여기서 생긴다.

고객의 이견은 주로 판매원에 대한 불신, 판매원의 비전문성 그리고 고객의 본능적 반응에서 비롯된다.

판매원이 못 미더워

별로 친하지도 않은 사람이 급한 일로 당신에게 1만 위안을 빌려달라고 한다면 선뜻 빌려줄 수 있을까? 그런데 그 사람이 당신의 부모라면 어떨까? 이 2가지 물음에 대한 답은 전혀 다를 것이다. 돈을 구하는 사람에 대한 당신의 신뢰도가 다를 수밖에 없기 때문이다.

같은 이치로 고객의 이견이나 거절은 판매원에 대한 고객의 불신이 근본 원인이라고 봐도 무방하다. 따라서 판매원은 고객이 항상 까다롭게 굴거나 불평이 많다고 탓하기 전에 그것이 소통의 부족으로 인한 오해와 불신에서 나온 것이 아닌가를 생각해야 한다. 대개의 문제가 그렇듯이 뿌리를 캐보면 불신이 도사리고 있는 경우가 태반이다.

이견의 뿌리인 불신을 해소하는 길은 먼저 고객의 입장을 이해하고 판매원으로서 해야 할 일을 충실히 이행하는 것이다.

"물 한잔 드릴까요?"가 뭐야?

한번은 어느 수납장회사의 매장에서 교육을 실시하고 있었다. 마침 젊은 부부 한 쌍이 매장 안으로 들어섰다. 남편은 시달릴 대로 시달려 몹시 힘들어하는 표정이 역력했다. 얼굴은 온통 피곤한 기색이 가득하고 걸을 때도 힘이 없어 보였다. 그는 매장에 들어오기가 무섭게 소파에 털썩 주저앉았다.

이때 우리의 귀여운 판매원이 곧장 그에게 다가가 친절하게 인사를 했다. "고객님, 물 한잔 드릴까요?" 그의 얼굴에 머뭇거리는 기색이 나타났다. 아마도 물을 마시고 싶었겠지만 '물을 마셔서는 안 된다. 물을 마시면 가게에서 그냥 나가지 못할 것이다'라고 생각하는 것 같았다. 결국 그는 완곡하게 판매원의 호의를 거절했다.

만일 이 판매원이 조금만 더 주의를 기울였더라면 사정은 달라졌을 것이다. 예컨대 판매원이 곧장 물을 가져다가 고객에게 건네면서 "고객님, 날씨가 무척 덥죠. 우선 물부터 한잔 드세요"라고 했다면 어땠을까? 십중팔구 그는 판매원이 주는 물을 받아 마셨을 것이다.

판매원의 전문성 여부는 고객이 이견을 제시하는 정도에 직접적인 영향을 미친다. 한 연구 결과에 따르면, 전문적인 판매원들은 평균 다섯 건의 문제를 처리하여 거래에 성공하는 반면 비전문적인 판매원들은 아홉 건의 문제를 처리한 후에야 거래에 성공한다고 한다. 고객의 이견에 부딪히는 경우가 훨씬 많은 까닭에 업무 효율도 분명 떨어질 것이다.

판매원은 항상 자신의 전문성을 높이는 데 주력해야 한다. 끊임없이 학습하여 정확한 방법으로 소통함으로써 고객들의 이견을 줄이고 보다 많은 신뢰를 얻을 수 있게 해야 한다.

쓰라린 구매의 기억

누구나 최소의 투자로 최대의 효과를 거두기를 바란다. 하지만 현실은 그런 바람대로 되지 않는 경우가 허다하다. 그래서 사람들은 늘 신중함과 경계심을 늦추지 않는다. 투자 대비 효과를 극대화하는 것은 물론 최소한 손해라도 보지 않기 위해서 말이다.

대부분의 고객들은 쓰라린 구매의 기억을 갖고 있다. 그리고 판매원들에게 기본적인 불신감을 품고 있다. 가격을 부풀리고 품질을 과장해서 자신들을 현혹하려 든다고 생각한다. 고객들이 갖은 이유로 판매원의 추천을 거절하고 제품에 이견을 제기하는 것이 이 때문이다. 심지어 다양한 브랜드 제품들을 이미 비교하여 어떤 제품이 가격 대비 성능이 좋다는 것을 알고 있으면서 "이 브랜드는 ○○브랜드보다 가격이 비싸네요"라고 말하거나 문제 같지 않은 문제들을 찾아내어 판매원들을 난처하게 만들기도 한다. 사실 그들의 목적은 본능적 의혹을 해소하고 더 많은 이익을 취하려는 것이다.

| 매장에서 |

수납장회사의 교육을 위해 허베이(河北)의 스자좡(石家莊)으로 가기 전에 청두의 어느 건축자재 상가에서 현장조사를 실시한 적이 있다. 그 과정에서 한 수납장 브랜드의 판매원이 고객을 응대하는 모습을 목격하게 되었다.

고객 : 이 브랜드는 ○○브랜드보다 규모도 작은데 가격은 왜 더 비싼 거죠? (고객은 이전에 이곳을 방문한 적이 있을 것이다.)

판매원 : 고객님, 일부 브랜드들은 명성이 좀 과장되어 있습니다. 수납장을 구입하실 때는 브랜드만 보셔서는 안 되고 직접 제품을 보셔야 합니다. (고객에게 단순한 교훈을 전달하는 것에 그쳤을 뿐 어떻게 제품을 보아야 하는지에 관해서는 말해주지 않았다.)

고객 : 제가 보기에는 이 브랜드 제품의 디자인이나 색상도 타사 제품과 별반 다르지 않은 것 같은데요.

판매원 : 다르지 않을 리가 있겠습니까? (이러한 어투는 고객에게 반감만 준다.)

고객 : 대체 어떤 점이 다르다는 거죠? 제가 이런 제품을 처음 사보는 것도 아닌데요.

판매원 : 저희 제품의 상판 부분을 보면 아실 거예요. (판매원은 안내도

하지 않은 채 간이의자에 앉아 쌀쌀맞게 한마디 던질 뿐이었다. 전 과정이 모두 일문일답의 형식이었다.)

고객 : 뭐를 보라는 거예요? 제가 보기엔 별 차이 없는데요.

판매원 : 고객님께서 그렇게 느끼신다면 저도 드릴 말씀이 없네요. (이런 태도는 나를 경악하게 만들었다. 그야말로 오만불손하기 짝이 없었다.)

| 실전코칭 |

영향력이 크지 않은 브랜드 매장일수록 고객들의 이견에 자주 노출된다. 매장들로서는 큰 도전이 아닐 수 없다. 우리 브랜드가 다른 브랜드보다 파워는 약한데 가격은 오히려 비싸다면 어떻게 해야 할까?

우선 삼가야 할 것이 있다. 다른 브랜드를 비방하는 일 말이다. 다른 사람을 비방하는 것이 자신의 인품에 문제가 있다는 사실을 증명할 뿐인 것처럼 타 브랜드를 폄하하는 행위는 자기 브랜드에도 결코 득이 되지 않는다. 게다가 제품의 좋고 나쁨은 고객 스스로 판단하는 것이다. 오늘날의 고객들은 상품을 구매할 때 대단히 신중한 태도를 보인다. 다방면으로 비교하고 구매자들의 사용후기를 꼼꼼히 체크하기도 한다. 굳이 판매원이 말하지 않아도 이미 경쟁 상품의 장단점을 알고 있다고 보아야 한다.

다음으로 고객의 신뢰를 얻어야 한다. 고객의 의구심을 풀어주고 믿음을 심어주려면 고객이 알지 못하는 제품의 디테일을 빠짐없이 알려주고 직접 체험해볼 수 있도록 유도해야 한다. 이렇게 하면 종종 적은 노력으로도 큰 성과를 거둘 수 있다. 더불어 고객의 이견을 일단 수긍함으로써 공감의 미덕을 발휘할 필요도 있다. 고객에게 친밀감을 주고 제품에 대한 인상도 좋아지게 한다.

|실전연습|

고객 : 이 브랜드는 ○○브랜드보다 규모도 작은데 왜 가격은 더 비싸지요?

판매원 : 고객님, 좋은 질문이십니다. 전에 몇몇 저희 단골고객분들께서도 같은 의문을 갖고 계셨지요. 브랜드로 보자면 저희 브랜드가 ○○브랜드에 비해 지명도가 낮은 것이 사실입니다. 제품의 가격도 ○○브랜드보다 조금 비싸고요. 하지만 가격이 비싼 데는 다 이유가 있습니다. 5분만 시간을 내주시면 제가 자세히 설명을 해드리겠습니다. 차를 한 잔 갖다 드릴 테니 우선 자리에 앉으세요. (우선 고객의 생각을 인정한 다음, 최대한 고객을 안정시키려고 노력한다.)

고객 : …. (고객이 자리에 앉는다.)

판매원 : 고객님께서도 많은 제품을 살펴보셨을 텐데 저희 제품에 대해선 어떻게 생각하시나요? (고객에게 물을 건네며 능동적으로 고객의 생각을 묻는다. 의식적으로 이 문제를 질문한 것은 매우 훌륭하다.)

고객 : 이 브랜드의 수납장은 설계는 괜찮지만 가격이 너무 비싼 것 같군요. ○○브랜드보다 명성도 높지 않고 외관도 크게 다르지 않은데 가격은 오히려 비싸고 말이에요. (고객은 이 브랜드의 기능과 설계를 매우 마음에 두고 있다.)

판매원 : 맞는 말씀이세요. 대부분의 사람들은 언뜻 보고 두 브랜드의 제품이 별 차이가 없다고 생각합니다. 하지만 자세히 보시면 사실 많은

차이가 있다는 사실을 발견하실 수 있습니다. (재차 고객의 의견을 인정하고, 이어질 상세할 설명을 위해 포석을 깔아둔다.)

고객 : 그런가요? 어떤 점이 다르죠? (고객이 흥미를 느끼기 시작했다.)

판매원 : 이리 오셔서 한번 보세요. 도장이 잘된 제품은 표면에 비치는 사람의 영상이 변형되지 않고 아주 밝고 선명하게 보이지만, 도장이 잘못된 제품은 비치는 사람의 형상이 변형되어 보이는 데다 표면의 광택도 선명하지 않습니다. 자, 직접 한번 비춰보세요. 아주 선명하고 변형이 없죠? (고객에게 도장의 표면기술을 직접 체험해보도록 한다.)

고객 : 네, 변형이 없는 것 같네요.…

판매원 : 이제 도장의 표면을 한번 만져보세요. 감촉이 부드럽고 매끈하지요? 자, 직접 한번 만져보세요.

고객 : 예, 그런대로…. (고객에게 직접 도장의 감촉을 느껴보도록 한다.)

판매원 : 고객님, 저희는 야마하피아노의 도장기술을 사용했기 때문에 감촉이 다를 수밖에 없습니다. 그러나 유명 브랜드를 포함한 다른 브랜드들에서는 일반적인 도장기술을 사용하기 때문에 가격이 저렴한 것입니다. (가치를 형상화하면서 더불어 간접적으로 가격문제를 처리한다.)

고객 : 그렇군요. 하지만 도장은 쉽게 긁힌다고 하던데요.

판매원 : 맞습니다. 도장이 상대적으로 쉽게 긁히는 것은 분명합니다. 하지만 고객님께서 어떻게 사용하시냐에 따라 크게 달라질 수 있습니다. 고객님, 실례지만…. (질문을 시작한다. 예컨대 집에 아이가 있는지, 손님들이 자주 방문하는지, 집에서 자주 음식을 조리하는지 등 제품에 영향을 줄 수 있는 요소에 관한 질문을 던진다.)

고객 : …. (고객이 질문에 대답한다.)

판매원 : 고객님, 그러시다면 더욱더 피아노 도장기술을 사용한 수납장을 추천해드리고 싶습니다. 당분간 자녀계획도 없으시고 댁에서 음식을 조리하는 경우도 많지 않으신 데다, 특히 댁에 손님이 자주 오신다면 도장 수납장이 훨씬 고급스럽게 보일 것입니다. 일반 도장은 쉽게 긁히지만 저희 도장은 8단 공법으로 처리했기 때문에 손상 비율이 매우 낮은 데다 설령 긁힌다 하더라도…. (판매원은 고객의 대답을 근거로 재차 제품을 추천하고, 도장의 손상문제를 통해 자신의 제품의 가치를 한층 강조한다.)

고객 : 만일 긁힘이 생기게 되면 어떻게 하죠? (고객은 분명 결과를 궁금해할 것이다.)

판매원 : 긁힘이 생기면 전화만 주세요. 저희가 즉시 방문해서 처리해드리겠습니다. 영업일 기준 8일 내에 모든 문제를 처리해드립니다. 이런 서비스는 다른 브랜드들이 하지 못하는 것입니다. (자기 브랜드의 우수한 서비스를 강조한다.)

고객 : 알겠습니다. (고객이 매우 만족해하고 있다.)

판매원 : 게다가 저희 브랜드의 수납장은 이탈리아 디자이너가 설계한 것으로 이러한 설계를 보유하고 있는 곳은 저희 브랜드뿐입니다. 게다가 특허출원까지 되어 있지요. 자, 보세요. (고객이 이 수납장의 기능과 설계를 마음에 들어 했기 때문에 이 점을 다시 한 번 강조한다.)

고객 : 그렇군요. 이 수납장의 설계가 훌륭한 것 같습니다.

판매원 : 고객님, 수납장은 자주 사용하는 제품입니다. 브랜드의 지명도도 물론 중요하지만 품질과 기술, 안전성, 실용성도 매우 중요하지 않

겠습니까? (지명도 외의 제품의 실질적인 요소도 중요하다는 사실을 재차 강조하고 명세서 작성을 준비한다.)

고객 : 그것도 그렇죠.

판매원 : 좋습니다, 고객님. 그러면 이 제품으로 결정하시죠. 지금 명세서를 작성해드릴 테니 잠시만 기다려주세요.

원치 않는 고객의
속마음을 읽어라

고객이 이견을 제시하거나 거절하는 이유는 제각각이다. 때로는 고객이 말하는 이유가 거짓인 경우도 있으므로 판매원들은 필히 이를 감별하는 법을 알아야 한다.

사실 고객의 거절 이유를 가만히 들어보면 그 속에 구매동기가 숨겨져 있음을 알 수 있다. 우수한 판매원들은 '원치 않는다'는 고객의 말 속에 숨은 뜻을 읽어내어 들어주면 거절이 '원한다'로 변할 것이라는 사실을 알고 있다. 그래서 거절의 진정한 원인을 찾아내는 것이 매우 중요하다.

|매장에서|

판매원 : 고객님, 이 옷은 고객님이 입으시면 정말 잘 어울리실 겁니다. 베이직 스타일이라 오래 입으실 수 있을 거예요.

고객 : 디자인은 마음에 드는데 색상이 조금 어두운 것 같군요. (현재 고객의 문제는 주로 색상에 있다.)

판매원 : 색상이 어둡다고요? 이게 뭐가 어두워요. 전혀 어둡지 않습니다. 고객님이 입으시면 잘 어울리실 거예요. (표현이 단순하고 직선적이다.)

고객 : 하지만 저는 조금 어두운 것 같은데요….

판매원 : 아이고, 괜찮다니까요. 같은 디자인으로 조금 밝은 색상도 있으니 조금만 기다리세요. 바로 가져다드릴게요. (흔하게 볼 수 있는 전형적인 판매태도다.)

고객 : ….

| 실전코칭 |

고객이 '색상이 어둡다'고 한 것은 '어두운 색상은 원치 않는다'는 뜻이다. 그런데도 판매원은 막무가내로 어둡지 않다며 고객의 뜻을 부정했다. 그러고 나서 나중에는 다시 밝은 색상도 있다고 말했다. 이런 판매원의 태도를 보고 고객은 무슨 생각을 했을까? 아마도 전문성도 없고 무책임하다고 여겼을 것이다.

판매원은 고객의 뜻을 가장 중시해야 한다. 거부의사를 보였다면 그 원인을 곰곰이 생각해보고 고객이 실제로 원하는 것에 맞추어 판매 프로세스를 진행시켜야 한다. 그러지 않고 자신의 생각을 고집했다가는 거래에도 실패하고 고객에게 불쾌감만 심어준다.

말의 일관성도 깊이 고려해야 한다. 처음에는 어둡지 않다고 말했다가 별다른 설명도 없이 밝은 색상을 가져다주겠다고 하는 판매원은 고객의 눈에 무책임하게 비쳐진다. 옷이 어둡지 않다고 느꼈다면 자신의 의견을 적당히 견지하면서 고객에게 약간 어두운 색상의 옷을 추천한 이유를 설명해주어야 한다. 그래도 안 될 것 같으면 밝은 색상의 옷을 다시 추천하여 고객이 비교하고 선택할 수 있도록 해야 한다.

판매원 : 고객님, 이 옷은 고객님이 입으시면 정말 잘 어울리실 겁니다. 베이직 스타일이라 오래 입으실 수 있을 거예요.

고객 : 디자인은 마음에 드는데 색상이 조금 어두운 것 같군요.

판매원 : 아, 색상이 조금 어두우시다고요? 사실 제가 조금 어두운 색상을 추천해드린 건 고객님의 업무 특성을 고려해서… 게다가 고객님의 피부에는… 고객님의 분위기에는…. (고객에게 왜 약간 어두운 색상을 선택해야 하는지 알려준다.)

고객 : 하지만 제가 보기에는 그래도 너무 어두운 것 같은데요.

판매원 : 네, 알겠습니다. 그러시면 같은 디자인으로 조금 밝은 색상도 있으니 2가지 색상을 다 입어보시고 한번 비교해보세요. 잠시만 기다리세요. 바로 가져다드릴게요. (고객이 스스로 제품의 색상을 비교해보게 한다.)

남성복 브랜드로 유명한 푸젠치피랑(福建七匹狼. Septwolves)의 점장 교육을 맡아 진행하던 때였다. 당시에 한 점장이 이런 질문을 던졌다. "왕 선생님, 많은 고객들이 저희 제품을 마음에 들어 하면서도 머뭇거리며 결정을 내리지 못합니다. 이런 상황에서는 어떻게 해야 할까요?"

이 질문은 다른 곳에서도 많은 사람들이 제기했던 것이다. 이에 대한 대처방법을 소개한다. 먼저 다음의 대화부터 살펴보기로 하자.

판매원 : 고객님, 이 가구는 어떠세요? (직접적으로 고객의 생각을 묻는다.)

고객 : 글쎄요, 좀 더 구경하고 싶은데요. (고객은 이번이 네 번째 방문이다.)

판매원 : 이 가구는 마지막 남은 제품이라 이번 기회를 놓치시면 나중에는 구입하지 못하실 수도 있습니다. (고객을 압박하기 시작한다. 하지만 요즘 고객들은 이런 압박에 쉽게 넘어가지 않는다.)

고객 : 네, 아내랑 상의해보고 다시 오도록 하지요.

판매원 : 이 정도 일도 아내랑 상의를 하시나요? 고객님께서 직접 결정하시면 되죠. (마치 고객을 주관 없는 '공처가'라고 조롱하는 듯해 고객의 반감을 사기 쉽다.)

고객 : 아내가 집에서 기다리고 있어서 반드시 의견을 물어봐야 하거든요.

판매원 : 네, 좋습니다. 그럼 마음대로 하세요. (판매원이 포기하듯이 말한다.)

고객 : …. (고객은 불편한 마음으로 매장을 떠난다.)

"고려해보겠다." "남편(아내)과 다시 상의해보겠다." "비교해보겠다"와 같은 고객의 반응은 판매과정에서 자주 부딪히는 것이다. 그것은 고객이 거절의 구실을 찾는 것일 수도 있고 솔직한 마음의 표현일 수도 있다.

이때 판매원들이 먼저 할 일은 고객의 말이 어느 유형에 속하는지를 파악하는 것이다. 다시 말해서 고객의 진정한 이유를 알아야 한다는 것이다. 하지만 대부분의 판매원들은 이와 무관한 말을 늘어놓거나 기계적으로 제품의 장점만을 강조한다. 심지어 대답 한마디 하지 못하는 소극적인 태도를 보이기도 한다.

이견이나 거절, 보류와 같은 부정적인 고객의 반응에 대처하는 방법으로는 다음의 3가지를 들 수 있다.

적당히 압박하되 강약을 조절하라

고객이 이견을 제시했을 때는 곧바로 행동에 나서야 한다. 아무런 행동도 취하지 않으면 고객은 흥미를 잃고 부담 없이 매장을 떠날 것이다.

수많은 판매사례를 통해 나는 한 가지 중요한 사실을 알 수 있었다. '적당한 압박'이 고객의 태도를 수동적인 것에서 능동적인 것으로 변화시키고 이견의 본질적인 이유를 드러나게 한다는 것이다. 그에 따라 거래 성사의 비율도 높아짐은 물론이다.

제일 주의할 것은 압박의 강도 조절이다. 너무 커서도 안 되고 너무 작아서도 안 된다. 압박이 너무 크면 고객이 거부감을 느끼게 되고, 너무 작으면 아무런 효과도 거두지 못하기 때문이다.

유혹하고 촉구하라

고객이 이견을 제기한 진짜 이유를 알아낸 다음에는 즉시 관련 문제를 처리하고, 곧 이어서 고객에게 구매를 제안해야 한다. 있을 때 잘하라는 말처럼 고객이 있을 때 구매로 이끌어야지 그렇지 않으면 공연히 힘만

쓰고 아무런 성과도 거두지 못하게 된다. 고객이 매장에 있는 동안의 기회를 놓치지 않고 적극적으로 판매를 진행하려면 2가지를 꼭 실천해야 한다.

첫째, 고객을 유혹한다. 고객에게 지금 구매하면 어떤 이익을 얻을 수 있는지 있는 대로 알려줘야 한다. 사람은 기본적으로 이익을 추구하는 성향을 가지고 있으므로 구매할 경우와 그러지 않을 경우의 이익과 손해를 분명히 전달하면 판매 성공률을 크게 높일 수 있다.

둘째, 구매를 촉구한다. "오늘이 마지막이다." "특별행사가 마감된다." "증정품이 한정되어 있다"는 등의 정보를 주어 고객의 구매를 촉구한다.

다시 오게 하라

유혹과 촉구에도 불구하고 고객이 진심으로 결정을 어려워한다면 판매원은 고객의 그런 마음도 헤아려줘야 한다. 정말로 더 알아보고 싶거나 가족과 상의해야 하는 경우 계속해서 밀어붙이면 오히려 역효과만 낳을 수 있다.

하지만 고객을 그대로 떠나보내지는 말아야 한다. 그 고객이 우리 매장을 다시 찾을 수 있게끔 조치를 취해야 하는 것이다. 한 연구 결과에 따르면, 고객이 일단 재방문하면 상품을 구매할 확률이 70%에 이른다고 한다.

고객의 재방문율을 높이는 방법으로 판매원들이 꼭 알아야 할 2가지가 있다.

첫째, 고객의 체면을 세워준다. 체면이 서지 않으면 고객은 상품이 아무리 마음에 들어도 다시는 매장을 찾지 않을 것이다. 반대로 체면을 세워주면 상품이 다른 곳과 비슷하거나 조금 못해도 판매원을 생각해서 다시 찾아올 가능성이 크다.

둘째, 강한 인상을 남긴다. 고객이 매장을 나서서 다른 매장을 돌아보다 보면 많은 유혹을 받게 될 것이고, 결국에는 우리 제품에 대한 인상이 모호해질 수 있다. 그렇게 되면 재방문하지 않을 공산이 커진다. 따라서 고객이 매장을 나가기 전에 재차 제품의 장점을 강조하는 등의 방법으로 고객에게 강하고 깊은 인상을 남기도록 해야 한다.

| 실전연습 |

판매원 : 고객님, 이 가구는 어떠세요?

고객 : 글쎄요, 우선 구경을 좀 더 하고 싶군요. (고객은 이번이 네 번째 방문이다.)

판매원 : 고객님, 물건을 구입하실 때는 신중을 기하시는 게 당연합니다. 특히나 가구 구입은 큰돈이 드는 일이니 꼼꼼히 살피고 많이 비교해본 다음에 구입하셔야 후회가 없으시겠죠. (고객의 생각을 인정하여 우호적인 분위기를 만든다.)

고객 : 그렇죠. 게다가 아내하고도 다시 한 번 더 상의해봐야 할 것 같아요.

판매원 : 사모님이 댁에서 기다리고 계실 테니 분명 의견을 물어보셔야 되겠죠. 참, 고객님, 지난번에 사모님께서도 한 번 오셨는데 어떻게 말씀하시던가요? (계속해서 고객의 판단을 존중함으로써 호감을 얻는 동시에, 아내

의 생각을 묻는 등 고객의 주변까지 배려한다.)

　고객 : 마음에 들어 하는 것 같더군요. 하지만 한 번 더 비교를 해봐야… . (고객은 '조금 더 보겠다'에서 '아내와 상의하겠다'를 거쳐 마지막에 '한 번 더 비교해보겠다'에까지 도달했다. 이제 판매원은 '한 번 더 비교해보겠다'를 돌파하기만 하면 된다.)

　판매원 : 고객님, 더 비교해보고자 하시는 마음은 저도 충분히 이해합니다. 다만 한 가지 이해되지 않는 부분이 있어서 여쭤보고 싶은데요. 주로 어떤 것을 비교하시나요? 저한테 알려주실 수 있으신지요. 제 생각에는… . (미소로 고객을 대하며 생각을 이야기하도록 잠시 기다린다.)

　고객 : 대형 브랜드인 점이나 색상과 디자인 등은 모두 마음에 들지만 가격이 조금 비싼 것 같아서요. (고객의 마지막 문제는 결국 가격으로 귀결되었다.)

　판매원 : 그러시군요. 저희 제품이 조금 비싸게 느껴지신다는 거죠? 그럼 가격 외에도 달리 더 망설이시는 이유가 있으신가요?

　고객 : 다른 것은 문제가 없습니다. 가격이 문제죠.

　판매원 : 그러면 제가 이렇게 이해해도 될까요? 고객님께서는 가격을 제외하고는 이 가구의 디자인과 품질, 크기, 색상에 모두 만족하시기 때문에 오늘 가격만 맞는다면 구매를 결정하실 수 있는 거로군요. 그렇죠? (고객의 퇴로를 막는 훌륭한 질문이다. 거래를 성사시키기 전에 많이 사용할 것을 권한다.)

　고객 : 음, 그렇다고 말할 수 있지요.

　판매원 : 좋습니다, 고객님. 솔직히 말씀해주셔서 감사합니다. … (이어

서 가격문제를 해결한 뒤 즉시 거래를 성사시키도록 한다.)

고객 : …. (만일 고객이 그래도 한 번 더 생각해보겠다고 하면 다음 단계로 들어가 고객의 재방문을 유도한다.)

판매원 : 고객님, 신중히 선택하시려는 마음은 저도 이해합니다. 하지만 이 가구는 고객님께 정말 안성맞춤이에요. 스타일과 디테일을 한번 보세요. 이 가구의 재질은… 기능 면에서도… 게다가 이 제품은 하나밖에 남아 있지 않습니다. 이렇게 하시는 게 어떠세요? 우선 24시간 동안 물건을 팔지 않고 보관해둘 테니 생각해보시고 다시 오세요. 고객님 댁에 놓으면 정말 잘 어울릴 거예요. 이렇게 여러 번 방문해주셨는데 정말 이 제품을 놓치지 않으셨으면 합니다. (친절하고 정중하게 고객을 문밖으로 배웅한다. 이렇게 하면 고객은 결정을 바꾼 자신의 행동에 대해 미안함을 느끼는 동시에 감동을 받아 재방문할 확률이 높다.)

고객의 이견을 처리하는
'황금법칙 4단계'

어쩌면 고객의 이견은 판매원에게 피할 수 없는 숙명과도 같다. 따라서 긍정적으로 수용하는 태도와 합리적으로 처리하는 기술이 필요하다.

나는 100여 차례에 걸쳐 각 분야의 매장에서 이견처리 과정을 관찰하고 분석한 결과를 바탕으로 '고객의 이견을 처리하는 황금의 4단계'를 도출했다. 이를 숙지하고 현장에서의 지속적인 활용을 통해 자신의 습관으로 만들 수 있다면 누구나 고객의 이견을 능숙하게 처리할 수 있을 것이다.

유형에 맞게 대응방법을 준비한다

어떤 판매원들은 고객의 이견에 부딪히면 어쩔 줄 몰라 한다. 이는 준비가 되어 있지 않기 때문이다. 실제로 매장에서 고객들이 제기하는 이견은 수십 가지에 이르지만, 이것들을 유형별로 분류해보면 그 수가 많지 않으며 그에 따른 준비도 어렵지 않게 끝낼 수 있다. 만약 당신이 1년 동안 40건의 이견에 직면하여 내용을 이해하고 분류하여 각각의 처리방법을 파악한다면 이후에 어떤 이견이 발생해도 능숙하게 처리할 수 있을 것이다.

구체적인 준비과정은 매주 하나의 이견을 놓고 휴식시간을 이용하여 반복적으로 이해하면서 특히 그 대응방법을 모색하는 것이다. 그런 다음 별도의 시간을 정해 판매원들끼리 역할을 나누어 숙달될 때까지 실제처럼 연습한다.

준비가 된 판매원들은 근무 중에 어떤 고객의 이견에 부딪히더라도 당황하거나 잘못된 대응을 하는 일이 없게 될 것이다. 이견의 유형을 파악하여 자신이 연습한 것에 따라 침착하게 대응하면 된다.

고객의 이견을 복창한다

이견을 처리할 때는 서두르지 말고 고객의 이견부터 복창하는 것이 좋다. 나는 우수 판매원들이 이 방법을 습관적으로 활용한다는 사실을 알았다. 그렇게 하면 고객들이 존중받는다는 느낌을 받을뿐더러 판매원을 대하는 고객의 태도도 한결 부드러워진다.

방법은 간단하다. 고객의 이견을 경청하고 나서 2초 정도 있다가 "고객님 말씀은 …이라는 것이지요?" "고객님 뜻은 …라고 이해해도 될까요?" 라고 하면 된다.

이견을 복창함으로써 판매원은 자신이 고객의 뜻을 제대로 이해했는지 확인할 수 있고, 이견에 대응하기 위한 시간을 벌 수도 있다. 아울러 고객으로부터 이견에 대한 보다 많은 설명을 듣게도 된다. 이처럼 사소한 행동 하나가 판매원과 고객을 모두 즐겁게 한다.

이견의 이면을 알아낸다

때로 고객들은 직접적으로 거절하기가 미안해서 거짓 이견을 말하기도 하고, 진짜 이유는 감춘 채 다른 이유들로 거절을 변호하기도 한다. 이때 판매원들이 해야 할 일은 '원치 않는다'에서 '않는다'의 핵심 이유를 찾아내서 '않는다'를 해소하고 '원한다'로 바꾸어 거래를 성사시키는 것이다.

우수 판매원들은 고객의 이견에 대해 심도 있는 탐색을 진행함으로써 이견의 진정한 이유를 이해하려고 노력한다. 그렇게 해서 고객을 수동적인 자세에서 능동적인 자세로, 거래를 불가능의 상태에서 가능의 상태로 변화시킨다. 그들의 탐색은 이런 식으로 이루어진다.

"지금 가장 우려하시는 것이 무엇인지 알려주시겠습니까?"

"구매를 포기하시려는 진짜 이유가 무엇인지 알려주실 수 있겠습니까?"

"저희 제품이 비싸다고 하셨는데, 실례지만 어느 브랜드와 비교하셨는지 여쭤봐도 될까요?"

"어느 브랜드를 선택하시든 그건 고객님의 권리입니다. 저는 단지 어떤 부분에서 제 설명이 미흡했는지 알고 싶을 뿐입니다. 고객님께서 저희 브랜드 제품을 포기하신 이유가 무엇인지 알려주실 수 있겠습니까?"

이 같은 질문을 통해 고객이 이견을 제시하는 저간의 사정을 상세히 알아가는 과정에서 해결책을 구할 수 있다.

'3F'를 활용한다

이른바 '3F'라는 것은 판매원이 고객의 이견에 공감하고(Feel), 다른 고객들이 느꼈던(Felt) 점을 말해주고, 방법을 찾아(Found) 고객의 이견을 처리하는 3단계를 말한다.

- ▶ 1단계(Feel. 공감한다) – 판매원의 시각에서 고객의 이견을 인정한다.
- ▶ 2단계(Felt. 느꼈다) – 다른 단골고객들도 비슷한 이견을 제시한 적이 있다.
- ▶ 3단계(Found. 찾는다) – 이견에 관한 정확한 정보를 제공한다.

|3F의 언어 유형|

고객 : 이곳 제품은 ○○브랜드보다 훨씬 비싸네요. (고객이 이견을 제시한다.)

판매원 : 맞습니다. 저희 브랜드의 가격이 ○○브랜드보다 조금 비싸다는 점은 저희도 인정합니다(1단계). 전에 몇몇 단골고객들께서도 유사한 문제를 제기하신 적이 있었습니다. 그분들은 …라고 말씀하셨죠(2단계). 하지만 자세히 따져보시고 나서는 단순히 가격만 보면 저희 제품이 조금 비싸지만 장기적인 사용의 측면에서 보면 성능 대비 가격이 훨씬 저렴하다며 만족해하셨지요(3단계).

판매원 : 고객님, 지난번 그 바닥재에 대해서는 고려해보셨나요? (고객은 매장에 세 번째 방문했다.)

고객 : 다른 점은 모두 마음에 드는데 가격이 너무 비싸군요. (고객이 단도직입적으로 말한다.)

판매원 : 고객님, 그러니까 바닥재의 가격이 조금 비싸다는 말씀이시지요? (고객의 이견을 복창한다.)

고객 : 맞아요. 가격이 조금 더 저렴하면 구입을 고려해볼 수 있을 것 같습니다.

판매원 : 고객님께서 비싸다고 하시는 것이 가치에 비해 그렇다는 말씀인가요, 아니면 예산을 초과했다는 말씀인가요? (고객의 이견을 탐색하기 시작한다.)

고객 : 이곳 제품은 다른 브랜드보다 너무 비싼 것 같아요. 그 정도로 가치가 있어 보이지 않는데요.

판매원 : 실례지만 어느 브랜드 제품과 비교해보셨는지 말씀해주실 수 있나요? (한층 더 나아가 고객의 이견을 심도 있게 탐색한다.)

고객 : ○○브랜드는 색상이나 재질, 풍격 면에서 이곳 제품과 크게 다르지 않은데 가격은 ○○위안밖에 되지 않더군요.

판매원 : 고객님, 좋은 정보를 알려주셔서 감사합니다. ○○브랜드는 저희도 잘 알고 있습니다. 고객님, 겉모습만으로 좋은 바닥재와 그렇지 않은 바닥재를 판단할 수 있다고 생각하십니까? (고객의 흥미를 끌어내면서 3F로 넘어가는 포석을 깐다.)

고객 : 그러면 뭘 더 봐야 한다는 거죠?

판매원 : 고객님, 바닥재는 거의 반영구적으로 사용하는 것입니다. 옷처럼 입다가 마음에 들지 않는다고 새로 살 수 있는 것이 아니지 않습니까? (고객의 질문에 바로 대답하지 말고 한층 더 고객의 흥미를 자극하도록 한다.)

고객 : 그거야 그렇지만….

판매원 : 고객님께서 가격에 관심을 가지시는 것은 저도 충분히 이해합니다. 이전에 몇몇 단골고객분들께서도 ○○브랜드와 저희 브랜드를 비교하신 적이 있지요. 대부분의 고객분들이 저희 바닥재가 ○○브랜드보다 조금 비싸다고 느끼셨습니다. 하지만 나중에서야 바닥재를 선택할 때는 외관보다 제품의 디테일한 기술과 AS가 더 중요하다는 사실을 깨닫게 되셨지요. 이런 요소들이야말로 진정으로 브랜드의 가치를 보여주는 증거들이죠. 이쪽으로 오셔서 …을 한번 보시지요. (3F를 사용했다.)

가격, 깎아주어야 하나
말아야 하나

가격문제는 최종 판매단계에서 가장 많이, 중점적으로 부딪히는 문제
이자 판매자들을 곤란하게 하는 문제다. 고객들은 마음에 드는 상품을
놓고도 어떻게 해서든 가격을 깎으려고 든다. 마치 판매원이 제시하는 가
격은 언제나 자신의 예상을 초월하며, 거품이 끼어 있으므로 얼마든지
할인의 여지는 있다는 식이다. 어떤 고객은 상품을 보기도 전에 다짜고
짜 가격부터 묻기도 한다. 이러다 보니 가격 앞에서 밀고 당기는 판매원
과 고객의 싸움이 그칠 날이 없는 것이다.

실로 가격문제는 판매원들의 영원한 골칫거리라고 할 수 있다. 그렇다
고 이를 회피하거나 방치할 수도 없는 노릇이다. 매일같이 고객은 할인을
요구할 것이고 우리는 그런 고객을 상대해야만 한다. 따라서 판매원들에
게는 가격을 둘러싼 온갖 문제를 파악하고 해결할 수 있는 능력이 필수
불가결하다.

많은 판매원들이 상품의 가격이 지나치게 높게 책정되었다는 불만을
갖고 있다. 그들은 가격을 내리기만 하면 매출이 금방 튀어오를 것이라고
생각한다. 비싸서 사람들이 사지 않는다는 것이다. 하지만 그렇지 않다.
'고객은 결코 싼 상품을 좋아하는 것이 아니라 싸게 구입한 상품을 좋아

하는 것'이기 때문이다. 그러므로 가격을 흥정할 때는 고객에게 '싸게 구입했다'는 느낌을 주는 것이 관건이다.

판매원들이 운명처럼 지고 가야 할 가격의 딜레마에서 헤어나려면 어떻게 해야 할까?

고객의 습관은 우리가 길들인 것

아이에게 나쁜 습관이 있다면 누구의 책임이 가장 크다고 생각하는 가? 여러 가지 대답이 나올 수 있겠지만 나는 부모의 책임이 가장 크다고 생각한다. 아이는 태어날 때 백지상태이므로 나쁜 습관은 대부분 부모에 의해 학습된다고 볼 수 있다.

고객도 마찬가지다. 고객이 브랜드와 판매원에 대해 갖고 있는 관념은 대개 브랜드와 판매원이 고객에게 심어준 것이라 할 수 있다. 예를 들면 이렇다.

한 고객이 신발을 사러 왔다. "이 신발은 가격이 얼마나 합니까?" 판매원이 대답한다. "200위안입니다." 고객이 말한다. "비싸군요. 혹시 100위안에 주실 수 있나요?" 판매원이 대답한다. "그 가격에는 직원들도 구입할 수 없습니다." 이에 고객이 몸을 돌려 매장을 나가려고 한다. 막 문을 나서려는데 판매원이 소리친다. "막 문을 열었으니 마수걸이라고 치고 그 가격에 드리죠." 고객은 결국 100위안에 신발을 구매한다. 하지만 고객은 전혀 싸게 구입했다는 느낌을 받지 못한다. 오히려 더 가격을 깎지 못했다며 아쉬워할 수도 있다.

석 달 뒤 고객이 다시 매장에서 비교적 마음에 드는 옷을 발견하고서 물었다. "이 옷은 얼마나 합니까?" 판매원이 대답한다. "200위안입니다." 고객은 지난번의 교훈에 따라 말한다. "너무 비싸네요. 80위안에 주시면 안 되겠어요?" 판매원이 말한다. "그 가격에는 불가능합니다. 조금 더 생각해주시죠." 고객이 짐짓 뒤돌아서 나가려는 척을 한다. 그가 문을 나서기도 전에 판매원이 그를 불러 세운다. "고객님, 정말 흥정을 잘하시네요. 오늘 장사가 잘된 것은 아니지만 마지막 장사라고 치고 그 가격에 드리죠." 고객은 속으로 다시 후회하게 된다. "아이고, 정말 깎아도 깎아도 끝이 없네. 다음에는 아예 50위안을 불러야겠다."

매번 바뀌는 고객의 심리에 주의하기 바란다. 그는 앞으로도 계속해서 가격을 깎기 위한 노력을 멈추지 않을 것이다. 그러면 판매실적은 어떻게 되겠는가? 처음에는 100위안에 물건을 팔아 약간의 돈을 벌 수 있을지도 모르지만 다음에는 그렇지 않을 것이다. 눈앞의 이익에 어두워 벌인 오늘의 할인이 내일의 재앙이 되어 돌아오게 된다.

알고 보면 가격으로 인한 판매원의 고충은 제멋대로인 가격 결정 탓이다. 다시 말해서 우리 판매원들 스스로가 고객들을 그렇게 만들어온 셈이다. 이제부터라도 올바른 가격 책정으로 고객과 판매원의 관계를 새롭게 정립해야 한다. 습관은 들이기 나름이다.

가격 이야기는 나중에

매장에서 어떤 상품이 제일 잘 팔리는가? 대부분은 특가상품이라고

답할 것이다. 이유는 당연히 저렴한 가격이다. 꼭 마음에 들지는 않아도 고객들은 특가상품이라면 일단 너도나도 관심을 보인다. 이는 바꾸어 말하면, 특별히 고객의 마음을 끌지 못하는 상품은 저렴하지 않으면 팔기 어려운 것이다.

그런데 참으로 기이한 것은 먼저 가격을 제시하는 판매원들이 많다는 사실이다. 상품은 별로이니 가격으로라도 고객들을 유혹해보겠다는 심산일까? 도대체 민감한 가격문제를 서둘러 꺼내는 이유가 뭘까?

광둥의 한 중고급 백화점에서 교육훈련을 진행할 때였다. 이 백화점에는 이름 있는 국내 브랜드들과 일부 글로벌 브랜드가 입점해 있었다. 여기서도 나는 몹시 유감스러운 장면들을 마주해야 했다. 내가 방문한 20개 매장 가운데 12개 매장에서 가격을 미끼로 사용하고 있었던 것이다. 고객이 물건을 살펴보려고 멈춰 선 지 3초가 채 안 되어 판매원이 가격을 알려주었다. "고객님, 이 상품은 현재 20% 할인판매 중입니다." "고객님, 이 상품은 할인해서 680위안입니다."

고객이 미처 상품의 장점을 파악하기도 전에 가격부터 말해주는 것은 특별한 할인행사 코너를 제외하고는 절대 피해야 할 행위다. 그것은 판매원 스스로 상품의 가치를 떨어뜨리는 일일 뿐만 아니라 판매를 시작부터 어렵게 만드는 결과를 낳는다. 가격을 알려주었을 때 고객이 보이는 첫 반응은 대부분 "그렇게 비싸요?"라는 말이다. 상품을 제대로 알지 못한 상태인 데다 판매원이 제시하는 가격은 언제나 높다는 선입견이 작용하는 것이다.

나는 판매원들에게 초기에는 가격 이야기를 꺼내지 말라고 말한다. 가격은 판매원이 매우 조심해서 다루어야 할 카드와 같다. 카드를 성급히 꺼내 들면 낭패를 보기 쉬운 것처럼 가격을 미리 이야기하면 고객과의 관계에서 수세에 몰리기 십상이다. 고객이 그냥 나가버리면 어떻게 하냐는 반문이 나올 수 있지만, 관심이 조금이라도 있는 고객이라면 그렇게 재빨리 매장을 뜨지 않으니 염려하지 않아도 된다.

그렇다면 가격부터 물어오는 고객들은 어떻게 상대하는 것이 좋을까? 제일 먼저 고객의 주의를 다른 곳으로 돌리는 것이다. 탐색한 결과에 따라 관련 이야기를 자연스럽게 이끌어내면 초기의 가격문제로 인한 불리함을 피해갈 수 있다. 예컨대 신발 매장이라면 신발의 용도나 갖추어 입을 옷의 색상 등에 관해 질문하고, 인테리어 매장이라면 집이 위치한 지역이나 층수, 집의 방향, 풍격과 면적 등을 알아볼 수 있을 것이다.

아래에 참고가 될 만한 2가지 사례를 소개한다.

| 실전연습 1 |

판매원 : 고객님, 어서 오세요. ○○전문점입니다.

고객 : 이 옷은 가격이 얼마나 하나요? (고객이 정장을 한 벌 가리켰다.)

판매원 : 고객님, 정말 안목이 훌륭하시네요. 이 상품은 저희 브랜드의 신상품입니다. 출근하실 때 입으시려는 거죠? (고객에게 반응을 보이되 문제에는 직접적으로 답하지 않는다. 그런 다음 바로 다른 질문을 던져 고객의 주의를 다른 곳으로 돌린다.)

고객 : 예….

판매원 : 고객님, 정장은 조화가 매우 중요합니다. 실례지만 갖고 계신

바지는 주로 어떤 색상인가요? (전문가적 인상을 심어주는 동시에 고객의 문제를 깊이 있게 파고든다. 판매원이 해야 할 첫 번째 일, 즉 능동적으로 탐색하기다.)

고객 : 짙은 색 옷이 많은 편이에요.

판매원 : 아, 그렇다면 이 옷을 함께 입으셔도 전혀 문제가 되지 않겠네요. 게다가 고객님의 피부나 몸매에 아주 잘 어울리실 겁니다. 고객님, 우선 한번 입어보세요. 자, 탈의실이 이쪽에 있으니 오셔서…. (판매원이 해야 할 두 번째 일, 즉 고객의 체험을 유도하는 것이다. 만일 고객이 구매하지 않고 계속해서 가격을 물으면 이때는 즉시 알려주어도 된다.)

| 실전연습 2 |

고객 : 이 타일은 어떻게 파나요? (고객이 고급 타일을 가리킨다.)

판매원 : 고객님, 정말 안목이 높으시네요. 이 타일은 최근에 아주 인기 있는 상품입니다. 하지만 타일은 옷을 사는 것과는 달라서 댁에 시공했을 때 보기 좋은 것이 중요하죠. 아무래도 집은 늘 생활하는 공간이니까요. 그렇지 않겠습니까? (직접적으로 문제에 대답하지 말고 질문을 던져 화제를 전환하는 방법을 자주 시도하도록 한다.)

고객 : 음… 어떻게 다르죠?

판매원 : 고객님, 타일은 일단 시공하고 나면 집안의 인테리어나 풍격과 어울리지 않는다고 해서 옷을 갈아입듯 모두 떼어내고 다시 깔 수가 없습니다. 선택을 잘못하면 마음에 들지 않는 타일과 거의 평생을 함께 보내야 하지 않겠어요?

고객 : 그것도 맞는 말이네요.

판매원 : 고객님, 저는 8년 동안 이 업종에서 일해왔습니다. 괜찮으시다면 제가 몇 가지 추천해드려도 될까요? 실례지만 댁의 인테리어 공사는 어느 정도 진행되었나요? (고객의 문제를 심도 있게 파헤쳐 판매원이 해야 할 첫 번째 일, 즉 능동적으로 탐색하기를 진행한다.)

가격정책의 정답은 '통일 90% + 탄력 10%'

매장에서 종종 이런 질문을 받는다. "왕 선생님은 가격을 통일하는 것과 탄력적으로 운영하는 것 중 어느 것이 바람직하다고 생각하시나요?"

가격정책의 원칙은 가격을 통일적으로 적용하는 것이다. 같은 회사에 속한 전국의 지점들이 주로 이와 같은 방식을 취한다. 일관된 상품 이미지를 지키는 데 유리하고 매장관리도 상대적으로 수월한 것이 가격 통일의 장점이다. 하지만 융통성을 발휘할 여지가 없어 판매에 어려움을 주기도 하는 등의 단점도 있다.

그에 비해 탄력적인 가격정책은 운영의 묘를 살릴 수 있다. 판매원이 재량권을 발휘할 수 있고 다량구매로 에누리를 받으려는 고객들을 만족시켜 단기간에 판매를 촉진하기에 유리하다. 하지만 자칫 잘못하면 미래의 실적과 브랜드 이미지에 큰 손상을 주기도 한다. 또한 재무상의 회색지대가 발생하여 매장관리가 어려워지고 업무량도 증가할 수 있다.

여러 가지를 종합할 때 나는 '통일 90% + 탄력 10%'의 가격정책이 합리적이라고 생각한다. 이렇게 하면 원칙을 지키면서도 융통성 있는 대응이 가능해진다.

구매를 촉진하는 '3보 퇴보 가격제시법'

탄력적인 가격정책하에서는 가격을 제시하는 방법이 최종 결과에 결정적인 영향을 미친다. 여러 가지 방법들이 있지만 여기서는 그중에서도 가장 효력 있는 '3보 퇴보 가격제시법'을 소개한다.

3보 퇴보 가격제시법은 '가격계단 감소법'으로 부르기도 하는데, 가격을 제시할 때마다 조금씩 낮추는 것이다. 하지만 감소 폭이 점진적이어야 하며 가격제시 횟수가 3번을 초과하지 말아야 한다. 이 방법은 인테리어 제품과 같이 내구성이 좋은 제품 판매에 적합하다. 타일 판매를 예로 들어 내용을 좀 더 상세하게 들여다보자.

첫 번째 가격은 일종의 포석이다

고객들은 일반적으로 판매원이 제시한 첫 번째 가격을 믿지 않으며, 가격에 전혀 융통성이 없는 것도 좋아하지 않는다. 많은 고객들이 흥정하기를 좋아하는 것은 상품이 비싸기 때문이 아니라 고객 스스로 협상능력을 과시하고 싶어 하기 때문이다. 특히 여러 사람이 동시에 구매할 때는 더더군다나 그렇다.

판매원은 첫 번째 가격을 제시하기 전에 상품의 가치(즉 고객이 비교적 마음에 두고 있는 상품의 장점)를 강조하는 데 중점을 두어 가격에 대한 고객의 민감도를 약화시켜야 한다. 그렇게 하면 고객의 거부감을 줄일 수 있고 두 번째 가격 제시에서 유리한 포석으로 작용할 수 있다.

가격을 제시했는데 고객이 도저히 받아들일 수 없다는 반응을 보이면 얼른 다른 가격을 제시해보아 고객이 받아들일 수 있는 하한선을 추정한다. 물론 그 하한선은 수용해서는 안 되는 것이다.

두 번째 가격은 양보와 조건이 따른다

첫 번째로 제시한 가격이 고객에게 거부당하면 판매원이 두 번째 가격을 제시해야 하는데, 이때는 가격을 낮추는 양보와 동시에 몇 가지 조건을 덧붙여야 한다. 예컨대 구매면적이 50제곱미터 이상이 되어야 한다든가, 바닥과 벽의 타일을 모두 구매해야 한다든가, 아니면 3가구 이상이 공동구매해야 한다는 등의 부가조건을 다는 것이다.

덧붙인 조건을 고객이 수용하지 않을 것 같으면 점장이나 다른 책임자의 승인을 받아야 한다는 사실을 고객에게 주지시킨다. 요컨대 자신의 퇴로를 열어두면서 고객에게 이번에는 가격을 양보하기 쉽지 않다는 느낌을 주는 것이다. 조건 없이 두 번째 가격을 제시하면 퇴로도 막히고 이후에 선회할 여지도 사라질 뿐 아니라, 고객에게 너무 쉬운 협상이라는 인상을 주어 소중하게 받아들여지지 않을 가능성이 크다.

조건적 양보를 하거나 상사의 허락을 받아 두 번째 가격을 제시하는 방법에는 2가지 장점이 있다. 첫째는 고객에게 제시한 첫 번째 가격이 진실한 것이라는 느낌을 주고, 둘째는 고객에게 두 번째 가격에 대한 인정을 받으면서 고객의 체면까지 세워준다는 것이다.

세 번째 가격은 거래를 성사시킬 수 있어야 한다

아직도 거래를 성사시키지 못했다면 세 번째 가격을 제시하는 수밖에 없다. 삼세번이라는 말도 있듯이 이번에는 기필코 거래를 성사시킬 수 있는 마지막 가격이 되어야 한다.

두 차례의 흥정을 통해 판매원은 고객이 받아들일 수 있는 가격이 얼마인지 비교적 정확하게 짐작할 수 있게 된다. 그렇다면 세 번째 가격은 반드시 흥정을 끝낼 수 있는 정확한 가격이어야 한다. 또한 고객에게도 이것이 하한가이며 더 이상 흥정의 여지는 없다는 느낌을 주어야 한다. 사전에 최고 책임자나 사장에게 허락을 받아 그를 마지막 가격 협상의 우군으로 삼는 일도 잊어서는 안 된다.

3보 퇴보 가격제시법의 본질은 반드시 모든 거래에서 3번의 가격을 제시하라는 것이 아니라 가격을 제시할 때마다 마지막으로 여기고 고객과 협상하라는 것이다. 한 번에 성사시킬 수 있는 거래에서 두 번째 가격을 제시할 필요는 없다. 고객에게 싸게 구입했다는 느낌을 주어 거래를 성사시켰다면 이 방법을 제대로 적용한 것이다.

상품의 가치감을 높여라

만년필을 사려는 두 사람이 있다고 가정해보자. 그중 한 사람은 만년필의 가치가 20위안이라고 생각하고, 또 다른 사람은 50위안이라고 생각한다. 만일 현재 만년필의 정가가 40위안이라면 누구의 가격 민감도가 낮을까? 판매원은 누구를 설득하는 것이 더 쉬울까? 가격 민감도가 낮은, 만년필의 가치를 50위안이라고 생각한 사람을 설득하기가 쉬울 것이다.

고객이 필사적으로 값을 깎으려고 하는 이유는 다른 것이 아니다. 손해를 보지 않을까 두려워하는 마음과 가치를 인정하지 못하는 한계로 인해 상품에 대한 가격 민감도가 높아졌기 때문이다. 따라서 판매원은 고객의 가격 민감도를 최대한 낮추는 방법을 잘 알고 있어야 한다.

가격 민감도를 낮추기 위해서는 다방면으로 상품의 가치감을 높여야 한다. 그렇다면 어떻게 해야 상품의 가치감을 높일 수 있을까?

브랜드를 키운다

나이키 전문매장에서 800위안에 판매되는 운동화의 상표를 떼어내고 리닝의 상표로 바꾸어 리닝 전문매장에 둔다면 당신은 얼마에 팔 수 있다고 생각하는가?

품질이나 기능이 동일한 상품이라도 브랜드가 다르면 판매되는 가격에 차이가 생길 수밖에 없다. 그것은 바로 브랜드의 가치 때문이다. 800위안의 나이키 운동화가 리닝 상표를 다는 순간 가격은 리닝 운동화와 똑같은 수준으로 떨어지게 된다. 그래서 브랜드, 브랜드 하는 것이다.

브랜드는 결코 하루아침에 만들어지지 않는다. 하지만 오래도록 만들어나갈 만한 가치가 충분한 것이다. 상품을 판매하면 작은 돈을 벌 수 있지만 브랜드를 만들면 사업을 확장하여 큰돈을 벌 수 있다. 이것이 오늘날 점점 더 많은 기업들이 브랜드에 집착하는 이유다.

매장 이미지를 제고한다

다시 나이키의 예를 들어보자. 나이키 매장에서 800위안에 판매되는 나이키 운동화를 농산물시장의 노점에 두고 팔면 얼마에 팔 수 있다고 생각하는가? 당신이 고객이라면 얼마를 주고 사겠는가? 만약 800위안에 팔겠다고 하면 사람들이 화를 내지 않을까? 어떤 사람이 정말로 800위안을 주고 사겠다고 하면 당신은 그를 정상이라고 생각할까?

우리의 이런 생각은 매장에도 엄연히 가치가 존재하며 그것이 고객의 인식에 강력인 영향을 미친다는 사실을 간접적으로 말해준다. 가정용품 회사 하오펑징의 총책임자인 왕쯔쑹(王自松)이 최종 판매단계의 규범문제와 관련한 대화를 나누던 중 이런 말을 했다. "왕 선생님, 매장의 이미지가 확실히 실적에 큰 영향을 미칩니다. 수치만 봐도 알 수 있습니다. 하오펑징에서 실적 10위에 드는 매장 가운데 7곳이 이미지가 좋은 대형 매장들이거든요."

매장의 가치감을 높이는 일에 힘써야 한다. 사장부터 매장의 이미지를 위한 인테리어 개선에 과감히 투자할 수 있어야 한다. 투자하지 않고 아낀 돈은 나중에 실적 하락과 재고량 증가에 2배로 반영될 것이다. 판매원들은 항상 깨끗하고 아름다운 매장의 이미지를 유지할 수 있도록 최선의 노력을 다해야 한다.

직원교육에 투자한다

베이징의 대자연나무마루에서 순회 교육훈련을 진행하고 있을 때 네이멍구영업소의 바오 총매니저가 내게 이야기 하나를 들려주었다.

새로 문을 연 매장이 있었는데 개점 후 5개월간의 설치면적이 월 200 제곱미터가 안 될 정도로 참담하기 이를 데 없었다. 결국 면목이 없어진 점장이 사장을 찾아가 말했다. "사장님, 장사가 너무 안 되니 저도 방법이 없습니다. 이 지역은 이런 바닥재를 팔기에 부적합한 것 같습니다." 그의 말뜻은 사장에게 매장을 철수하라는 것이었다. 하지만 사장은 고민 끝에 유지 결정을 내리고 점장을 교체하기에 이르렀다. 그런데 불가사의한 일이 일어났다. 점장이 교체된 그달에만 2,000제곱미터의 실적을 올렸고 이 실적이 연속해서 3개월간 유지된 것이었다.

결국은 사람이다. 브랜드의 가치도 매장의 가치도 사람에 의해 좌우되고, 최종 판매단계의 가치도 사람으로 결정된다. 가치 중에서 사람의 가치만큼 중요한 것이 없다. 판매원의 가치가 모든 것이다.

판매원의 가치를 높이려면 교육훈련에 집중해야 한다. 교육훈련에의 투자가 최고의 투자수익률을 보장한다. 일이 즐거워지고 만족도가 높아지면서 덩달아 실적이 올라간다. 그야말로 일석이조라 할 수 있다.

청두의 터나이얼소파는 패브릭소파를 전문으로 하는 소형 가구회사지만 최근 몇 년 사이에 비약적인 발전을 이루었다. 금융위기의 영향으로 많은 인테리어회사들이 경영난을 겪을 때에도 이 회사는 창립사상 최고의 성장을 기록했다. 그 이면에는 교육을 특별히 중시하는 추이 총매니저의 역할이 있었다.

이 회사는 매년 열리는 청두의 가구전시회 기간에 매장전문가를 초빙하여 전국의 점장들을 위한 강연회를 개최한다. 나도 두 차례나 초청을 받아 강연을 한 바 있다. 그때 추이 총매니저가 나의 책 500권을 일괄 구입하여 직원들에게 나눠주고 함께 학습했다는 이야기를 들었다.

회사가 적극 나서서 매장을 지원하고 직원들의 가치를 높이기 위해 노력하면 매장의 실적은 자연스럽게 올라가게 되어 있다. 터나이얼소파가 그 증거다.

살 수밖에 없게 만드는 가격협상의 묘수

가격을 조금만 낮추거나 전혀 낮추지 않고도 전처럼 상품을 판매할 수 있는 방법은 무엇일까? 매장의 이윤을 신속하게 높일 수 있는 방법은 없을까? 만일 당신이 이런 문제로 곤혹스러움을 느끼고 있다면 이제부터 내가 이야기하려는 '손쉽게 많은 돈을 버는 가격협상 기술'을 주의 깊게 들여다보기 바란다.

강 너머에 1위안이 놓여 있고 다리를 건너야만 손에 넣을 수 있다면 당신은 그것을 가지러 가겠는가? 금액이 너무 적어 그럴만한 가치가 없다고 느낄 것이다. 그렇다면 강 너머에 1위안이 아닌 50위안이 놓여 있다면 어떻게 하겠는가? 아마도 어느 정도는 마음이 동할 것이다. 50위안이라는 액수가 어느 정도 매력을 주기 때문이다. 적어도 하루의 식사문제는 해결할 수 있는 돈이지 않은가.

만일 50위안을 10만 위안으로 바꾼다면 어떤 상황이 벌어질까? 장담하건데 모든 사람들이 먼저 차지하기 위해 앞다투어 달려가느라 다리 위가 아수라장으로 변하고 말 것이다.

하지만 이때 누군가가 이 다리는 현재 무너질 확률이 50%이고, 다리

아래에는 깊이를 알 수 없는 빠른 물살이 지나고 있어 떨어지면 살아 돌아올 확률이 거의 희박하다고 알려준다면 어떻게 될까? 그래도 여전히 모든 사람들이 너도나도 달려들까? 그렇지 않을 것이다. 10만 위안이 목숨까지 내걸 만큼의 가치를 지녔다고 생각하는 사람은 별로 없을 것이다.

이익이 행동을 이끌고, 고통은 행동을 막는 법이다. 우수한 판매원은 고객들에게 자신의 상품을 구매할 경우 얻게 될 이익을 구체적으로 알려줌으로써 고객의 구매행위를 이끄는 동시에, 자신의 상품을 구매하지 않을 경우 부딪히게 될 고통을 상기시킴으로써 고객이 다른 경쟁상품을 구매할 수 없게 만든다. 이것이 바로 실적을 올리는 비결 중의 비결이다. 기쁨과 고통의 근거를 연이어 제시하는 방식으로 고객을 설득할 수 있다면 굳이 가격을 낮추지 않더라도 거뜬히 거래를 성사시킬 수 있을 것이다.

한 가지 예를 더 살펴보자. 지금 눈앞에 커다란 장어 한 마리가 있는데, 그것을 입에 넣고 5분간 씹은 뒤 날것으로 삼켜야만 5만 위안을 얻을 수 있다면 당신은 그렇게 하겠는가? 아마도 망설이게 될 것이다. 하지만 이런 경우는 어떨까? 가장 사랑하는 아들이 중병에 걸렸는데 의사가 이틀 내에 수술하지 않으면 아들을 잃게 될 것이라고 말했다. 하지만 당장 2만 위안의 수술비를 마련할 방법이 없다. 이때 누군가 장어를 먹기만 하면 2만 위안을 주겠다고 하면 당신은 먹겠는가? 어떻게 해서든 먹으려 들 것이 분명하다. 그렇지 않은가?

왜 이런 차이가 생기는가? 이익과 고통이 일으키는 심리적 영향이 다르기 때문이다. 첫 번째 상황에서 장어를 먹는 행동은 5만 위안의 이익을 얻기 위한 것인데, 먹지 않아도 아무런 고통을 받지 않는다. 5만 위안이라는 이익이 장어를 날로 먹는 행동을 이기지 못하는 것이다. 하지만 두 번째 상황은 다르다. 장어를 먹으면 2만 위안을 얻을 수 있을 뿐이지만 먹지 않으면 아들을 잃을 수도 있다. 그 고통이 장어를 날로 먹는 행동을 촉진하는 것이다.

이러한 원리는 고객과의 가격협상에서도 그대로 통한다. 한편으로는 제품이 고객에게 가져다주는 이익을 강조하면서, 다른 한편으로는 고객이 제품을 놓칠 경우 겪게 될 고통을 부각하는 것이다. 그런데도 현장의 판매원들은 가격에 대한 고객의 이견을 접할 때마다 여전히 할인이나 사은품, 또는 제품 기능과 같은 제품의 이익을 강조하는 것에 그칠 뿐, 판매원의 최대 무기라 할 수 있는 구매하지 않음으로써 겪게 될 고통에 대해서는 주목하지 않는다. 그들의 설득력이 떨어지는 주된 원인이 여기에 있는데도 말이다. 현재 당신은 고객을 상대할 때 어떻게 하는가?

| 실전연습 |

판매원 : 고객님, 이 가구를 어디로 보내드리면 될까요? (고객은 이미 세 차례 방문했다. 이 가구를 비교적 마음에 들어 하고 가격에 대해서도 별다른 이견을 제시하지 않아 판매원이 능동적으로 거래를 성사시키려 하고 있다.)

고객 : 서두를 것 없어요. 아무래도 가격이 조금 비싼 것 같은데 500위안만 깎아주시면 안 되나요? (거래 성사의 마지막 장애물이다.)

판매원 : 고객님, 500위안만 깎아드리면 구입하시겠다는 말씀이시죠?

고객 : 맞아요.

판매원 : 고객님, 저도 가구를 하나라도 더 판매하면 실적도 오르고

좋습니다. 하지만 가격은 정말로 도와드리기가 어렵네요. 이 점 양해해 주실 것을 부탁드립니다. (판매원은 고객에게 자신의 하한선을 명확하게 알려 주는 동시에 자신이 매우 난처해하고 있음을 고객이 느끼게 한다.)

　　고객 : 하지만… 정말로 사고 싶은데 조금만 더 깎아주세요.

　　판매원 : 고객님께서 이 가구를 구입하고 싶어 하시는 마음은 충분히 이해합니다. 저도 정말로 고객님께 이 가구를 판매하고 싶습니다. 게다가 이 가구는 고객님께 정말로 잘 어울리거든요. 고객님, 사실 가구를 구입 하실 때는 가격 외에 외관이나 디자인, 품질, 그리고 안전성을 고려해야 하지 않을까요? (질문을 통해 고객의 생각을 전환한다. 그리고 잠시 후 바로 말을 이어간다.) 품질이 좋지 않거나 안전성이 기준에 미달되는 가구는 구입 한 지 얼마 되지 않아 번번이 귀찮은 문제가 발생하지 않나요? (고통의 결 과를 강조한다. 대답을 기다릴 필요 없이 이야기를 계속한다.) 이처럼 안전하 지 못한 환경에서 오랫동안 생활하다 보면 건강도 보장하기 어려울 겁니 다. 그때 가서는 단순히 500위안의 문제가 아닐 수도 있지요. 그렇지 않 을까요? (고통의 결과를 재차 강조한다.)

　　고객 : 음…. (고객이 침묵하거나 고개를 끄덕여 동조를 표한다.)

　　판매원 : 고객님, 이 가구는 비록 고객님의 예산을 500위안 초과하긴 하지만 저희는 대형 브랜드로서 모든 자재에 엄격한 품질과 안전성 테스 트를 거치기 때문에 안심하고 구입하셔도 됩니다. 편안하고 안전하게 사 용하실 수 있으므로 지금 500위안을 더 투자하시는 것이 훨씬 더 이득 이라고 볼 수도 있습니다. 고객님께서 현명한 선택을 하시리라 믿습니다. (고객이 얻게 될 이점을 알려준다.)

고객 : 음, 그 말도 일리 있군요. (고객의 마음이 움직이기 시작한다.)

판매원 : 고객님, 저는 8년 동안 가구를 판매했기 때문에 자신 있게 말씀드릴 수 있습니다. 게다가 이런 상황을 수없이 봐왔기 때문에 진심으로 권해드리는 겁니다.

고객 : …. (고객이 이미 기본적으로 판매원의 말에 동의하고 있으므로 거래의 성사를 시도해볼 수 있다.)

판매원 : 고객님, 카드로 하시겠습니까, 현금으로 하시겠습니까? (선택적 문제를 제시하여 능동적으로 거래를 성사시키도록 한다.)

09

결제의 신은
누구 편인가

거래 성사율을 획기적으로 높이는 비법

고객이 서고 싶게 하라

거래의 성사에 지나치게 욕심을 부리는 판매원은 위대한 판매원이 될 수 없다. 그렇다고 관심까지 보이지 않는다면 그는 이미 판매원이라고 할 수 없다. 판매원은 어디까지나 매장의 실적에 책임 있는 존재이기 때문이다.

판매의 마지막 단계인 거래 성사 시점에서 마무리를 제대로 하지 못하여 일을 그르치는 판매원들을 종종 보게 된다. 다 된 밥에 코를 빠뜨리는 격으로 안타깝고 억울한 일이 아닐 수 없다. 이는 판매원 자신뿐만 아니라 고객에게도 결코 이롭지 않다.

판매원의 노력을 완성시키는 매장의 거래 성사율을 저하시키는 요소는 무엇일까? 어떻게 하면 이를 보다 효과적으로 끌어올릴 수 있을까?

무엇이 거래 성사율을
좌우하는가

왜 어떤 판매원은 아주 손쉽게 거래를 성사시키는 반면에 당신은 그렇지 못하는 것일까? 왜 어떤 판매원은 결제의 순간에 포정(庖丁)이 소를 잡듯 여유로운데 반해 당신은 가슴을 졸이는 것인가?

사실 판매원들은 전혀 걱정할 필요가 없다. 거래 성사율에 영향을 미치는 몇 가지 핵심요소를 자세히 분석하고 그 결과에 맞추어 처리하면 충분히 거래 성사율을 높일 수 있다.

거래 성사율에 영향을 미치는 핵심요소는 다음의 5가지로 정리할 수 있다.

상품의 적합성 여부

고객이 매장에 들어온 이유는 자신에게 이익을 가져다줄 물건을 사기 위한 것이다. 판매원이 이런 고객에게 적합하지 않은 상품을 추천한다면 어떻게 될까? 당연히 실망할 것이고 심지어 판매원을 의심하게 될 것이다. 결제는 생각할 수도 없다.

지당한 이야기지만, 거래 성사율을 높이려면 판매원이 학습을 통해 해당 영역에서의 전문성을 높여야 한다. 그래야 명의처럼 '환자'에게 정확한 '약'을 처방할 수 있으니까 말이다. 부적합한 약을 처방하는 판매원은 판매원으로서의 자격이 없는 것이다. 우수 판매원들을 보라. 그들은 대부분 자기 분야의 전문가로서 고객에게 가장 적합한 상품을 추천한다. 그 결과로 고객의 신뢰를 얻고 거래 성사율도 일반 판매원의 2~5배에 달하게 되는 것이다.

구매 이유 충족

거래가 성사되지 않는 것을 고객 탓으로 돌리는 판매원들이 있다. 그들은 자신이 고객에게 거래 성사의 이유를 충분히 제공하지 않아 구매를 결정할 마음이 생기기 않았다는 사실을 모르거나 애써 외면한다. 이는 판매원들이 상품과 고객의 문제를 깊이 이해하지 못했다는 뜻이다.

따라서 고객의 결제 회피율이 높은 편이라면 판매원은 자신이 고객의 문제와 요구를 철저하게 살폈는지부터 반성해보아야 한다. 철저하지 못했다면 다시 탐색하고 확인하는 노력을 기울여야 한다. 또한 제품이 고객에게 가져다줄 이익과 고통에 대해 분명하게 이야기했는지에 대해서도 자문해보아야 한다. 적당한 시기에 고객의 문제와 결합하여 제품의 장점을 강조할 수도 있다.

판매원은 자신이 고객에게 충분한 신뢰를 주지 못했다고 생각되면 자신의 문제점을 수정하고 거래 성사율을 높이기 위해 끊임없이 훈련해야 한다.

고객의 이견 처리

　고객은 대부분 자신의 이익을 최대화하기 위해 거래가 성사되기 전에 다양한 문제를 제기한다. 이 때문에 판매원과 고객 사이에 예상치 못한 장애물이 생겨난다. 바로 이러한 장애물을 제거하고 최적의 시기에 고객과의 거래를 성사시키는 것이 판매원의 임무다.

　그러나 많은 판매원들이 자질과 능력의 부족으로 문제 해결에 자신감을 보이지 못하고 있다. 자연 거래 성사율도 떨어진다. 반면에 우수 판매원들은 고객의 이견을 처리하고 거래를 성사시키는 데 탁월한 역량을 발휘한다. 그 역량은 물론 꾸준한 학습과 개선의 노력에서 나온 것이다.

　거래 성사의 복병은 언제 어디서 튀어나올지 모른다. 하지만 부족한 점을 채우기 위해 노력하는 판매원에게 이는 결코 두려운 존재가 아니다.

판매원의 거래 촉진

　그동안 나는 줄곧 판매원은 남자, 고객은 여자 같다는 생각을 해왔다. 연애할 때의 남자들처럼 판매원은 모두가 능동적이어야 한다고 말해왔다. 하지만 매장의 현실은 그렇지 않은 것 같다.

　항저우의 한 중급 쇼핑몰에서 15차례에 걸쳐 거래가 성사되는 순간의 상황을 면밀히 추적해본 적이 있다. 그런데 놀랍게도 그 가운데 10번은 고객이 주도한 것이었다. 판매원은 그저 수동적인 태도로 고객의 거래 촉진에 부응하기만 했을 뿐이었다. 남녀 15쌍 가운데 무려 10쌍이 여자의 적극적인 대시로 연인관계로 발전할 수 있었던 셈이다.

이 사실은 우리 판매원들에게 많은 반성을 요구한다. 우리가 고객과의 거래를 성사시키면서 얼마나 능동적으로 행동했는지 돌아볼 필요가 있다. 고객이 "○○제품 주세요." "포장해주세요." "어디서 계산하죠?" "영수증 주세요"라고 말하는 경우가 많지 않았는지 돌이켜봐야 한다는 것이다.

"일찍 일어나는 새가 벌레를 잡는다"는 속담이 있다. 더 좋은 벌레를 더 많이 잡으려면 보다 일찍 일어나 적극적으로 찾아나서는 행동이 필요하다. 고객과의 거래를 성사시키는 일도 마찬가지다. 고객이 요구하기 전에 한발 앞서 선수를 치고 나갈 수 있어야 한다. 상황을 능동적으로 주도할 때 거래 성사율도 높아지는 것이다.

그렇다면 능동적인 판매태도란 구체적으로 무엇을 말하는가? 고객이 거래를 촉진하지 않아도 판매원이 때가 됐음을 느끼고 감각적으로 거래 성사를 제안하는 것이다. 판매원들은 반드시 이러한 감각을 갖춰야 한다. 거절의 위험을 전혀 배제할 수는 없지만, 거래 성사를 위한 적극적인 시도는 그럴 만한 가치를 지닌다. 어쨌거나 판매는 언제나 거절의 위험을 감수해야 하는 행위이며, 설사 거절당한다 하더라도 판매원에게는 하등 손해볼 것이 없는 것이다.

거래 성사에 대한 자신감

판매는 판매원과 고객이 서로에게 심리적 영향을 주고받는 과정이기도 하다. 여기서 자신감이 부족한 판매원은 자기 물건에 대해 고객에게 신뢰감을 줄 수 없으며, 신뢰감을 주지 못하면 고객을 설득할 수도 없게 된다. 자신감은 판매원이 반드시 지녀야 할 마음가짐이다.

실적이 평범한 판매원들은 판매과정에서 말을 더듬고 결단력이 부족하며 무기력한 모습을 드러낸다. 자신감 부족에서 기인하는 이런 모습들이 거래 성사를 직접적으로 방해한다. 반면에 실적이 우수한 판매원들은 고객과 상대할 때, 특히 거래 성사의 단계에서 더욱 확신에 찬 모습을 보여준다. 여유 있는 표정과 힘찬 목소리, 거래를 촉진하는 표현으로 고객에게 즉시 구매를 결정할 수 있는 충분한 신뢰감을 준다.

5가지만 알면
거래 성사 문제없다

모든 거래에는 결과가 있어야 한다. 남녀의 연애가 결혼으로 완성되듯이 거래도 실적으로 증명되는 것이다. 또한 거래는 하나의 과정이기도 하다. 연애과정이 순조로워야 결혼에 이를 수 있는 것처럼 거래과정이 원만해야 마침내 실적을 올릴 수 있는 것이다. 판매원은 거래의 과정과 결과 모두에 성심을 다해야 한다.

종종 판매원들이 거래 성사 단계에서의 미숙한 대응으로 많은 기회를 눈앞에서 놓치곤 한다. 그러면서 내게 거래 성사율을 높일 수 있는 방법을 묻곤 한다. 내가 그들에게 알려준 5가지 사항을 소개한다. 이를 제대로 파악하여 실천하면 금세 실적의 변화를 체감할 수 있을 것이다.

고객의 이익을 보장하라

거래에서는 반드시 윈-윈의 원칙에 기초해야 한다. 즉 자신의 이익을 고려하는 동시에 고객의 이익도 고려해야 한다. 서로의 이익이 보장되어야만 고객과의 공존관계를 유지하고 매장을 위한 장기적인 이익을 도모할 수 있다. 눈앞의 자기 이익만 쫓느라 고객의 이익을 소홀히 하는 거래는 당장에는 득이 되는 것처럼 보일지 몰라도 얼마 못 가 더 큰 손실을 초래한다.

앞에서 살펴본 바와 같이 판매의 최고 경지는 물건을 판매하는 동시에 신뢰를 얻음으로써 고객과 친구가 되는 것이다. 친구가 될 수 없다면 최소한 고객과 적이 되는 일만이라도 막아야 한다.

고객이 호감을 보이는 순간을 놓치지 마라

물은 99도에서는 끓지 않는다. 좀 더 열을 받아 100도가 되어야 비로소 뽀글뽀글 소리를 내며 끓어오르게 된다. 만약 99도 상태에서 더 이상 열을 공급받지 못하면 이내 식어버릴 것이고, 다시 끓어오르기 위해서는 2배의 시간과 에너지를 필요로 하게 될 것이다.

거래를 성사시키는 것이 바로 물을 끓이는 일과 다르지 않다. 99도에서 계속 열을 가해야 하는 것처럼 분위기가 무르익었을 때 바로 거래를 성사시켜야 한다. 그렇지 않으면 물이 식듯 모처럼 찾아온 거래 성사의 기회도 날려버리기 십상이다. 우수 판매원들은 거래 성사의 단계에서 특별한 수완을 발휘한다. 고객의 언어와 몸짓을 통해 거래에 대한 민감도를 살피면서 거래 성사의 시점이 왔다고 판단되면 재빨리 행동에 들어간다.

일반적으로 거래 성사의 시기는 고객의 중요한 문제가 처리되고 처리 결과에 만족할 때로 고객이 상품에 호감을 나타내는 순간이다. 예를 들어 계속해서 상품을 만지거나, 상품에서 눈을 떼지 못하며 관심을 두거나, 고개를 끄덕이며 미소를 짓는 등의 태도를 보이면 바로 거래 성사 단계로 넘어가야 한다.

용기 있는 판매원이 영수증을 발급한다

외모, 학력, 경제력 면에서 조건이 비슷한 3명의 남자가 동시에 한 여자를 사랑하게 되었다면, 마지막에 여자의 선택을 받을 가능성이 가장 큰 남자는 누구일까? 당연히 적극적으로 구애하는 남자일 것이다. 여자가 어떤 남자를 선택할지 쉽게 결정하지 못하고 있을 때는 용기 있게 나서는 남자가 흔들리는 여자의 마음을 차지할 가능성이 크다.

고객도 마찬가지다. 거래 성사의 단계에서 3개의 상품 가운데 하나를 선택해야 하고, 게다가 각 브랜드가 여러 면에서 큰 차이가 없다고 한다면, 좀 더 능동적으로 거래를 촉구하는 판매원이 거래를 성사시킬 확률이 높다. 우수 판매원들은 고객이 먼저 거래를 제안할 때까지 기다리지 않는다. 그들은 가능한 모든 기회를 이용하여 자발적으로 고객과의 거래를 성사시킨다. 고객이 먼저 거래의 성사를 요구하는 경우가 드물다는 사실을 잘 알고 있기 때문이다.

능동적인 판매원이 계산서를 쟁취한다. 우수 판매원들의 행동을 통해 나는 그들이 거래 성사의 과정에서 밀고 당기기에 매우 능하다는 사실을 발견했다. 이른바 당기기란 판매의 과정에서 고객의 흥미와 욕구를 자극하여 상품에 대해 호감을 갖도록 만듦으로써 거래 성사의 '온도'를 높이는 것이다. 밀기는 고객이 거래 성사의 의도를 드러내 보이는 즉시 거래를 제안하여 구매 결정을 촉진하는 것이다.

고객에게 확신을 선사하라

상품을 비교하는 단계와 구매하는 단계에서 고객의 심리상태는 현격한 차이를 보인다. 상품을 비교하고 평가할 때에는 상품의 기능에 매우 만족할 수 있지만, 정작 구매해야 할 때는 망설이거나 자신감이 부족해질 수 있다. 구매는 확실히 돈을 지불하는 것을 의미하기 때문이다. 이때 고객은 판매원으로부터 상품과 구매 결정에 대한 확신을 얻고 싶어 한다. 그래서 판매원에게 "정말 구매해도 될까요?" "정말 싸고 좋은 상품인가요?"와 같은 질문을 하곤 한다.

이때 판매원들은 반드시 자신 있는 태도로 고객에게 그 결정이 얼마나 현명한지, 상품이 고객에게 얼마나 적합한지를 알려줘야 한다. 판매원 자신이 상품에 대해 가지고 있는 자신감을 고객에게 그대로 전달해야 한다. 또한 같은 의미여도 더 큰 신뢰감이 느껴지는 표현을 쓸 줄 알아야 한다. 예컨대 "이 상품은 분명 잘 어울리실 거예요"라고 하는 대신 "이 상품이야말로 고객님께 제격입니다"라고 말해야 한다.

거래를 성사시킬 때 가장 피해야 할 것은 자신 없는 질문으로 고객의 의견을 묻는 것이다. 이는 예의나 겸손의 표현이 아니라 오히려 자신감의 부족을 드러내는 것이다. 예컨대 "어떤 물건을 원하세요?" "사실 상품은 결정하셨나요?" "계산해드릴까요?"라고 말하는 대신 "좋습니다. 지금 계산해드릴 테니 잠시만 기다리세요." "고객님, 이건 샘플이에요. 새것으로 가져다드릴 테니 잠시만 기다리세요." "고객님, 지금 포장해드릴 테니 잠시만 기다려주세요"라고 말해야 한다.

판매의 고수들은 거래를 성사시킬 때 조금도 망설이지 않는다. 자신이 고객에게 돈을 벌고 있는 것이 아니라 고객을 돕고 있다는 사실을 분명하게 인식하고 있는 것이다.

질문하지 말고 행동하라

남자가 오랫동안 짝사랑해온 여자에게 처음으로 키스하려고 할 때 "샤오리, 나 너 좋아해. 키스해도 될까?"라고 묻는다면 결과는 어떻게 될까? 십중팔구 거절당하지 않을까? 전혀 개의치 않고 "알았어. 살짝 해. 화장 망가지게 않게"라고 말할 여자가 몇이나 되겠는가? 그렇다면 키스의 성공률을 높이는 방법은 뭘까? 간단하다. 두 사람의 느낌이 통하고 분위기가 조성되었다면 두 말할 필요 없이 과감한 동작으로 남자가 여자를 안고 입을 맞추면 된다.

판매원과 고객 사이의 거래가 성사되는 원리도 이와 마찬가지다. 고객에게 불필요한 질문을 할 필요 없이 곧바로 필요한 행동을 취하면 된다. 예컨대 판매원이 직접 명세서를 작성해주거나 물건을 포장해주거나 고객에게 지불방식을 묻는 것이다. 이러한 행동을 통해 고객이 이미 거래를 결정해버린 단계로 넘어감으로써 자신도 모르는 사이에 고객이 거래 성사의 상태로 진입하도록 이끄는 것이다.

사고 나서도
고객은 불안하다

일반적으로 고객들은 거래가 이루어지고 나면 홀가분하면서도 약간의
긴장감을 갖게 마련이다. 홀가분한 것은 오랜 시간의 선택과 비교를 통
해 마침내 자신이 원하던 '보물'을 얻은 데다 앞으로 더는 이로 인해 동분
서주할 필요가 없어졌기 때문이다. 긴장감은 과연 자신이 올바른 구매를
한 것인지 걱정되고, 특히 바가지를 쓰거나 속은 것은 아닌지 두렵기 때
문이다.

이것이 고객의 심리다. 만일 판매원이 거래 성사 후의 이런 심리를 감
안하여 적당하게 인도하지 못하면 고객의 후회를 야기하고 이로 인해 '잘
삶아진 오리를 날려 보내는' 결과를 초래하고 만다. 이러한 일은 인테리
어 분야에서 특히 많이 일어난다. 실제로 내가 성상(聖像)마루나 야오방
(耀邦)실내소품, 모나리자타일, 화살표욕실용품, 페아노주방용품 등의
기업에서 강의할 때 직원들이 가장 큰 관심을 보인 것도 이와 관련된 문
제였다.

나는 판매원들이 다음의 4가지 측면에만 주의하면 이러한 문제의 발생
을 충분히 방지할 수 있다고 생각한다.

끝났다고 끝난 것이 아니다

무슨 일이건 사전 예방이 사후 처리보다 백 번 낫다. 구매 후유증도 사전 조치가 필수적이다. 판매원은 고객이 구매를 후회하는 일이 없도록 끝까지 최선을 다해야 한다. 판매 이전에 거래 성사를 위해 노력을 기울인 만큼 판매 후에도 변함없는 서비스로 고객과 우호적인 관계를 유지할 수 있도록 한다. 어떤 경우에도 고객의 후회를 유발하는 일이 없어야 한다. 혹 그런 조짐이 조금이라도 보이면 지체 없이 조치를 취하여 막아야 한다.

매장이 오래도록 번성하기를 바라는가? 그렇다면 고객의 구매를 평생 책임진다는 각오로 일관되게 진심 어린 서비스를 제공하기 바란다. 이것이 고객의 후회를 막고 신뢰를 쌓아 계속해서 관계를 이어가는 비결이다.

유혹으로부터 고객을 보호하라

고객이 상품을 구매하고 나서 조금은 불안한 상태에 있을 때 가족이나 친구가 회의적인 반응을 내놓거나 경쟁업체가 보다 강한 유혹의 손길을 내밀기라도 하면 고객은 언제든 흔들릴 수 있다. 그렇게 변하기 쉬운 고객의 마음을 다잡기 위해서는 판매원의 추가적인 개입이 필요하다.

구매를 결정한 고객과 가볍고 편안한 이야기를 나누는 것도 좋고, 고객의 결정이 얼마나 현명한 것인지를 새삼 확인시켜주는 것도 좋다. 절대 피해야 할 일은 계산을 끝낸 고객에게 전과 다른 태도를 보이는 것이다.

약간이라도 냉담한 태도를 취한다면 고객은 당신의 판매동기를 의심하게 될 뿐만 아니라 당신을 큰 곤경에 빠뜨릴지도 모른다.

구매를 후회하는 고객이 있을 때

갖은 노력으로 고객을 안심시켜주었는데도 불구하고 여전히 불안해하는 고객이 있을 수 있다. 이럴 때에도 당신은 결코 당황하거나 흥분해서는 안 된다. 그럴 필요도 없다. 우수 판매원들은 이런 상황에서 고객이 솔직한 마음을 털어놓을 수 있도록 유도하는 동시에 고객의 생각에 근거하여 적절한 처리를 해준다.

사실 판매원들에게 가장 골치 아픈 것은 고객이 구매를 후회하는 이유를 솔직하게 이야기하지 않고 감추는 경우다. 그러면 정말로 고객의 문제를 해결해줄 방법이 없기 때문이다. 따라서 고객의 속마음을 알아내는 일이 무엇보다 중요한데, 적당한 시기를 포착하여 진지한 대화 분위기를 조성하면 효과가 있다. 필요하다면 약간의 압박을 가할 수도 있을 것이다. 예를 들어 "고객님, 규정대로라면 계약금을 돌려드리지 않아도 되지만 이유를 사실대로 말씀해주세요. 그래도 저희가 고객님을 만족시켜드릴 방법이 없다면 계약금을 모두 돌려드리도록 하겠습니다. 그렇게 하시겠어요?" "고객님, 결정을 바꾸시게 된 이유가 뭔가요? 이유를 말씀해주시고 제가 설명을 해드린 뒤에도 여전히 생각이 바뀌지 않으신다면 계약금을 모두 돌려드리겠습니다. 어떻게 생각하세요?"와 같이 유도할 수 있다.

손해를 보더라도 좋은 인상만은 남겨라

이제까지의 모든 노력에도 불구하고 고객이 구매를 후회하고 있다면 판매원으로서도 더 이상 어쩔 도리가 없다. 마음의 여유를 가지고 거래 성사에 대한 미련을 깨끗이 접어야 한다.

판매원의 최선에도 유종의 미를 거두지 못하는 거래가 있다. 하지만 그러한 경우는 1년에 겨우 두세 건 정도에 불과하다. 매장의 실적에 별반 영향을 미치지 않는다. 괘념치 않아도 된다. 설사 들인 공에 비추어 다소 손해를 본다 하더라도 마지막까지 고객에게 좋은 인상을 남길 수 있다면 그것만으로도 족히 가치 있는 일이라고 할 수 있다. 그리고 좋은 인상을 받은 고객은 언젠가 다시 돌아오게 된다.

10

고객은 언제,
무엇에 감동하는가

고객을 팬으로 만드는 기적의 서비스

고객이 사고 싶게 하라

왜 어떤 매장은 출입고객의 수가 갈수록 감소하고 매출도 점점 줄어드는 반면, 어떤 매장은 갈수록 인기가 높아가고 매출도 쑥쑥 올라가는 것일까?

왜 어떤 판매원은 몇 년이 지나도 충성도 높은 고객을 얼마 확보하지 못하는 반면, 어떤 판매원은 일한 지 얼마 되지 않았음에도 많은 고객을 빈번하게 찾아오는 친구로 만드는 것일까?

왜 어떤 판매원은 매번 고객과 소통할 때 냉담하게 현금과 물건만 주고받을 뿐인 데 반해, 어떤 판매원은 가족을 대하듯 고객에게 정성과 친절을 베푸는 것일까?

왜 어떤 판매원은 자신의 매장에서 갈수록 흥미를 잃어가는 반면, 어떤 판매원은 갈수록 애착을 가지고 최선을 다하게 되는 것일까?

이러한 의문들은 판매원이 고객에게 어떻게 서비스해야 하는가의 문제와 밀접하게 관련되어 있다. 이 장에서는 고객을 감동시키는 서비스의 비밀을 풀어보고자 한다.

평생
구두만 신겠다

"배움에는 끝이 없다"는 말이 있다. 판매 또한 인간의 역사가 지속되는 한 영원히 끝나지 않을 것이고 끝날 수도 없다. 우수 판매원들 역시 거래의 성사를 계기로 고객에게 훌륭한 서비스를 제공함으로써 고객을 영원히 자신의 충성고객으로 만든다.

아오캉(奧康)구두회사 매장에서 조사연구를 진행할 때, 우연히 아오캉의 사내 간행물을 읽다가 인상 깊은 이야기를 보게 되었다. 이 이야기는 '판매는 영원히 끝나지 않을 것이고 끝날 수도 없다'는 이치를 완벽하게 설명해주고 있었다.

한 고객이 난창(南昌)의 전문매장에서 아오캉의 구두를 구매했다. 한 달 뒤 그 고객이 판매원을 찾아와 구두의 품질에 대해 문제를 제기했다. 구두를 신은 지 며칠 만에 구두 밑창에 구멍이 났기 때문이다. 당시 판매원은 영문을 알 수 없어 고객의 구두를 본사로 보내 조사하게 했다. 본사에서 조사한 결과 보일러공인 고객이 장시간 고온의 석탄재에 노출되어 구두 밑창에 구멍이 났다는 사실이 확인되었다.

상황에 비춰볼 때 아오캉은 아무런 책임이 없었다. 하지만 아오캉은 책임감 있는 대형 브랜드로서 구두를 무상으로 수리하여 난창으로 보내주었다. 그런데 난창 매장에서 전화를 걸었을 때 고객은 구직을 위해 항저우에 가 있었고 한동안 난창으로 돌아오지 않을 계획이었다.

고민 끝에 난창의 매장에서는 본사에 알아본 뒤 구두를 항저우의 원싼루(文三路)에 위치한 매장으로 보냈다. 구두가 항저우에 도착했을 무렵 고객은 이미 린하이(臨海)에서 취직하여 일하고 있었다. 결국 원싼루 매장에 도착한 구두를 다시 린하이의 매장으로 보내야 했다. 린하이 매장에서 구두를 건네받은 고객은 매우 감격해하며 평생 아오캉의 구두만 신겠다고 맹세했다.

한 켤레의 구두를 파는 것은 사실 아주 작은 거래에 불과하다. 하지만 판매 후의 서비스를 통해 고객을 감동시키고 평생의 고객으로 만들 수 있다면 그것이야말로 최고의 거래라고 할 수 있다. 아오캉이 바로 그렇게 했다. 물건을 파는 데만 초점을 맞추고 판매 후의 서비스에는 소홀한 다수의 브랜드 매장들과 달리 그들은 고객의 근본적 관심사에 끝까지 주목했다. 고객이 구매 시점보다 상품을 사용하는 동안의 서비스에 더 큰 관심을 보인다는 사실을 알고 그에 맞추어 고객감동 서비스를 실천했다.

고객에게 서비스를 제공하는 일은 회사나 판매원 개인에게 적지 않은 부담을 준다. 하지만 이러한 서비스에의 투자가 최고의 보상을 가져다준다는 사실을 기억해야 한다.

진정한 감동은
관계 후에 찾아온다

　남자가 여자를 좋아할 수는 있지만 아내로 맞이할 수 있는 것은 아니다. 이유는 간단하다. 여자의 마음을 완전히 사로잡지 못하기 때문이다. 여자에게 또 다른 선택의 여지가 있을 수도 있고, 남자의 고백이 미덥지 못할 수도 있다. 고객을 향한 판매원의 구애도 같은 결과를 낳을 수 있다. 판매원은 서비스나 품질을 자신해도 고객은 이를 믿지 않고 더 큰 만족을 주는 다른 매장에 눈길을 주기도 한다.

　나는 매장에서 이루어지는 서비스에 대한 연구를 바탕으로 서비스에 두 단계, 즉 고객만족과 고객감동이 있다는 결론을 얻었다. 고객만족은 서비스의 1단계라고 할 수 있는데, 이것이 구매로 곧장 연결되는 경우는 흔치 않다. 그에 비해 고객감동은 서비스의 2단계이자 최고봉으로 최상의 결과로 이어진다. 감동을 받은 고객은 경쟁상품의 유혹에 대한 '항체'를 보유하게 되는 것은 물론 구매한 상품에 대한 높은 충성도를 보인다. 심지어 주변 사람들에게 대대적으로 홍보하는 역할을 자처하기도 한다.

　고객감동의 효력은 거의 무한대라고 해도 좋을 정도다. 하지만 고객을 감동으로 이끄는 길은 결코 순탄치 않다. 판매원들이 아무리 잘해도 고객을 감동시키기가 쉽지 않기 때문이다. 대부분의 고객들은 판매원의 서비스를 당연한 일로 여기며, 특히 판매 이전의 서비스는 다분히 의도적이라고 간주한다. 이러한 고객들을 감동의 도가니로 몰아넣는 방법이 있다. 판매 후의 서비스가 그것이다.

고객들은 판매 후의 서비스에 특별한 관심을 보인다. 그리고 기대 이상의 만족을 얻으면 열렬한 반응으로 화답한다. 바로 고객감동이다. 다른 매장이나 판매원에게서 받을 수 없었던 서비스에 놀라움과 감사의 마음을 품게 되는 것이다. 우리가 판매 후의 서비스에 각별한 신경을 써야 하는 이유가 바로 이것이다.

얼마 전 고급 여성 브랜드인 베이징 화이트칼라패션의 요청으로 본사에 대한 컨설팅과 매장에 대한 조사와 연구를 병행한 적이 있었다. 당시 먀오훙빙(苗鴻冰) 회장이 들려준 말이 있다. 그는 "화이트칼라의 서비스는 한마디로 고객에게 행복감을 주는 것"이라고 했다. 즉 고객을 감동시켜 그로 하여금 평생 서비스를 받고 있다는 느낌 속에 살게 하겠다는 뜻이었다. 얼마나 멋진가.

물론 고객의 행복감은 절로 만들어지지 않는다. 제품과 서비스, 특히 판매 후의 서비스를 통해 완성되는 것이다. 그중에서도 나는 서비스를 이루는 각 부분의 중요성을 강조한다. 진정한 고객감동은 남들이 주목하지 않는 미세한 부분에서 일어나는 것이기 때문이다.

서비스는
달라야 서비스

유명한 남성 브랜드인 푸젠징바(福建勁覇)의 쿤밍 지점에서 중개상들과 점장들을 위한 교육훈련을 진행하던 때였다. 우연히 사람들과 함께 고객을 감동시키는 판매 후의 서비스를 실행하는 방법을 놓고 열띤 토론을 벌이게 되었다. 당시 그들과 나눈 이야기의 일부를 소개한다.

"여러분, 판매원들은 고객에게 어떤 서비스를 제공해야 할까요?" 내가 물었다.

"왕 선생님, 고객에게 무료로 다림질을 해주는 서비스를 제공하면 어떨까요?" 어느 사장님이 손을 들고 말했다.

"그렇다면 제가 물어보죠. 정말로 다림질을 받으러 오는 사람들이 많은가요?" 내가 미소를 지으며 물었다.

"많지 않습니다. 현재 무료로 다림질 서비스를 해주는 업체가 많은 데다 너무 번거로워 고객들도 잘 이용하지 않는 편이지요." 사람들 중에 누군가 현재의 사정을 털어놓았다.

"그렇다면 여러분은 고객이 자주 오길 원하시나요?" 내가 되물었다.

"아니요. 귀찮기만 하죠." 앞줄에 앉은 여성이 솔직하게 말했다.

"그렇다면 한 가지 묻겠습니다. 친구 사이에 왕래가 줄어들면 관계가 점점 소원해지지 않을까요?" 내가 이렇게 질문하자 사람들 사이의 의견이 분분해졌고 누군가 나의 말에 동의를 표시했다.

"그렇다면 판매원은 어떻게 해야 할까요?" 내가 계속해서 사람들의 생각을 유도했다.

"고객들이 귀찮게 여기지 않도록 해야죠." 한 청년이 깊이 있는 대답을 했다.

"어떻게 해야 귀찮다고 여기지 않을까요?" 내가 그에게 물었다.

"경쟁사와 차별화하려면 전화예약을 받거나 무료배송을 해줄 수도 있죠." 똑똑한 청년이라 그런지 조금만 유도해주었는데도 곧장 해답을 찾아냈다.

"경쟁사에서도 같은 방법을 취하면 어떡하죠?" 누군가 일어나 반대의견을 제시했다.

"그러면 우리는 무료로 드라이클리닝을 해주고 배송도 무료로 해주면 됩니다.." 청년은 다른 사람들이 감히 할 수 없는 일들을 제시했다.

"그건 너무 귀찮은 일이잖아요. 게다가 비용도 많이 들고요." 사람들이 강력하게 반론을 제기하기 시작했다.

"…"

당신이라면 이 청년의 방법을 고수할 수 있겠는가? 나는 그의 방법을 적극 지지한다. 물론 드라이클리닝 비용이 더 들고 판매원들도 더 바빠질 수 있다. 하지만 그렇게 1, 2년만 유지하면 고객의 감동은 극대화될 것이고 매장은 충성도 높은 고객을 보다 많이 확보할 수 있을 것이다. 게다가 그들은 브랜드를 대대적으로 홍보하는 일도 마다하지 않을 것이다.

매장의 의무사항도 아닌 데다 경쟁사에서도 좀처럼 하지 않는 기대 이상의 서비스를 제공받았기 때문이다.

물론 서비스를 제공할 때는 현실적으로 어느 정도의 기준을 설정할 필요가 있다. 예컨대 VIP고객이나 지정된 지역에 거주하는 고객들에게만 서비스를 제공할 수도 있다. 아니면 업무량이 적은 비수기에 한해 혜택을 부여할 수도 있다. 또는 세탁소 몇 군데와 제휴관계를 맺어 비용 부담을 줄일 수도 있다.

서비스의 근본 목적은 고객과의 접촉 기회를 늘리고 차별화된 서비스를 제공함으로써 고객에게 깊은 감동을 전달하는 것이다. 이것이 달성되었을 때 고객은 시기에 상관없이, 설사 가격이 조금 비싸더라도 우리 매장을 계속해서 찾게 된다. 고객과의 안정적인 관계 형성은 물론 고급 브랜드로서의 이미지 구축을 통해 결과적으로 더 큰 이윤의 창출이 가능해지는 것이다.

고객과 우호적인 관계를 유지하고 싶은가? 별도의 가격인하 없이 상품을 판매하여 매장의 장기적인 발전을 도모하고 싶은가? 그렇다면 어떤 방식으로든 고객의 감성에 호소하는 서비스, 사소해 보이는 부분에 충실한 서비스, 남들이 하지 않는 특별한 서비스에 주의를 기울이기 바란다. 설령 이로 인해 추가비용이 발생하고 당장의 판매실적으로 나타나지 않는다 해도 말이다. 하지만 전혀 걱정할 필요는 없다. 이러한 방법을 고수하면 틀림없이 고객들이 감동할 것이고 보다 큰 이익을 안겨다줄 테니까 말이다.